Reimut Reiche

Geschlechterspannung

Eine psychoanalytische Untersuchung

D1694176

Das Anliegen der Buchreihe Bibliothek der Psychoanalyse besteht darin, ein Forum der Auseinandersetzung zu schaffen, das der Psychoanalyse als Grundlagenwissenschaft, als Human- und Kulturwissenschaft und als klinische Theorie und Praxis neue Impulse verleiht. Die verschiedenen Strömungen innerhalb der Psychoanalyse sollen zu Wort kommen, und der kritische Dialog mit den Nachbarwissenschaften soll intensiviert werden. Bislang haben sich folgende Themenschwerpunkte herauskristallisiert:

Die Wiederentdeckung lange vergriffener Klassiker der Psychoanalyse – wie beispielsweise der Werke von Otto Fenichel, Karl Abraham und Otto Rank – soll die gemeinsamen Wurzeln der von Zersplitterung bedrohten psychoanalytischen Bewegung stärken. Einen weiteren Baustein psychoanalytischer Identität bildet die Beschäftigung mit dem Werk und der Person Sigmund Freuds und den Diskussionen und Konflikten in der Frühgeschichte der psychoanalytischen Bewegung.

Im Zuge ihrer Etablierung als medizinisch-psychologisches Heilverfahren hat die Psychoanalyse ihre geisteswissenschaftlichen, kulturanalytischen und politischen Ansätze vernachlässigt. Indem der Dialog mit den Nachbarwissenschaften wiederaufgenommen wird, soll das kultur- und gesellschaftskritische Erbe der Psychoanalyse wiederbelebt und weiterentwickelt werden.

Stärker als früher steht die Psychoanalyse in Konkurrenz zu benachbarten Psychotherapieverfahren und der biologischen Psychiatrie. Als das anspruchsvollste unter den psychotherapeutischen Verfahren sollte sich die Psychoanalyse der Überprüfung ihrer Verfahrensweisen und ihrer Therapie-Erfolge durch die empirischen Wissenschaften stellen, aber auch eigene Kriterien und Konzepte zur Erfolgskontrolle entwickeln. In diesen Zusammenhang gehört auch die Wiederaufnahme der Diskussion über den besonderen wissenschaftstheoretischen Status der Psychoanalyse.

Hundert Jahre nach ihrer Schöpfung durch Sigmund Freud sieht sich die Psychoanalyse vor neue Herausforderungen gestellt, die sie nur bewältigen kann, wenn sie sich auf ihr kritisches Potential besinnt.

BIBLIOTHEK DER PSYCHOANALYSE
HERAUSGEGEBEN VON HANS-JÜRGEN WIRTH

Reimut Reiche

Geschlechterspannung

Eine psychoanalytische Untersuchung

Psychosozial-Verlag

Die Deutsche Bibliothek – CIP Einheitsaufnahme

Reiche, Reimut:
Geschlechterspannung : eine psychoanalytische Untersuchung /
Reimut Reiche. - Gießen : Psychosozial-Verl., 2000
(Bibliothek der Psychoanalyse)
ISBN 3-89806-006-3

© 2000 Psychosozial-Verlag
Goethestraße 29, 35390 Gießen
Tel.: 06 41/7 78 19, Fax: 06 41/7 77 42
e-mail: psychosozial-verlag@t-online.de
Umschlagabbildung: Victor Brauner, Frica la peur, 1950
© VG Bild-Kunst, Bonn 2000
Umschlaggestaltung: nach einem Reihenentwurf des
Ateliers Warminski, Büdingen
Printed in Germany
ISBN 3-89806-006-3

Inhalt

Vorbemerkung

Dies ist nicht in erster Linie ein Buch über die *Beziehung* zwischen den Geschlechtern, und überhaupt kein Buch über *Beziehungen*. Wer Wissen und Aufklärung über soziosexuelle Rollen und darüber sucht, wie Frauen und Männer miteinander, gegeneinander oder unter sich ihre Beziehungen gestalten, gestalten sollten, sich darin abquälen oder glücklich werden, der ist heute mit Literatur leicht versorgt.

In diesem Buch wird in erster Linie eine innere Beziehung *im* Mann und *in* der Frau untersucht – und diese innere Beziehung wird als *Geschlechterspannung* benannt. Das andere Geschlecht »hat etwas«, das dem eigenen mangelt, und die aus dieser Differenz sich ergebende Spannung hat vielfältige historische, kulturelle, ökonomische und psychische Erscheinungsformen. Die Spannung, die letztlich aus der Zweigestaltigkeit des Geschlechts selbst herrührt, zeige ich in diesem Buch vor allem mit den methodischen Mitteln der Psychoanalyse auf. Mit und in der Psychoanalyse kann man nichts beweisen, sondern bestenfalls etwas evident machen. Darum enthält dieses Buch ein eigenes Kapitel über die Methode der Psychoanalyse.

Herzlichen Dank den fünf Frauen und Männern, die hier als Protagonisten der Fallgeschichten auftreten. Ich wünsche ihnen und mir, daß sie sich in diesen Geschichten wiedererkennen können. Herzlichen Dank Heinrich Deserno und Volkmar Sigusch, die alle Teile dieses Buches in den vier Jahren seiner Entstehung verfolgt und mit mir durchgesprochen haben. R. R.

1. Kapitel:
Mann und Frau
Ein theoretischer Entwurf

Vier Relationen

Das Verhältnis von Mann und Frau ist bestimmt durch *Unterschiedenheit* des Geschlechts; *Ungleichheit* in der Verteilung von sozialen und ökonomischen Herrschaftspositionen; *Kampf, Gewalt* und *Versöhnung* in den Geschlechterbeziehungen – und *Gleichheit* im Es, den Trieben im Zustand ihrer Ungerichtetheit.

Die Begriffe von Ausbeutung, Herrrschaft oder Gewalt scheinen das Gemeinsame der so bezeichneten vier Relationen ebensowenig zu erfassen wie die gegenläufigen Begriffe von Harmonie, Partnerschaft und Liebe. Wenn die Biologie und das Unbewußte miterfaßt werden sollen, beginnen alle Aussagen über die Herrschaft des Mannes fragwürdig auszusehen; soll aber eben letztere Dimension sichtbar werden, so verwandeln sich alle biologischen und psychologischen Aussagen in ideologische, im Interesse von Herrschaft gemachte Aussagen. Der Begriff, der sich anbietet, das Gemeinsame dieser vier Relationen auszudrücken, ist der Begriff der *Macht*, ein zugleich sehr übergreifender und sehr schillernder Ausdruck. Es regt an zu verdinglichendem Denken, indem er, allein durch die Macht des Wortes, vorgaukelt, es gäbe außer dem Subjekt und dem Objekt noch ein Drittes, etwa die Macht der Liebe; aber dieses Spiel ist durchsichtig und kann auch wieder aufgelöst werden, denn jedermann weiß, daß es außer den beiden Beteiligten keine dritte Macht gibt, obwohl wir es nicht lassen können, sie zu suchen – und wenn wir sie als »die primäre Sozialisation« oder »die Gesellschaft« oder »das Patriarchat« dingfest gemacht haben, sind wir nur einer zeitgemäßeren Projektion auf den Leim gegangen. Und doch kann man die Beziehung zweier Punkte zueinander nur durch die Einführung eines dritten bestimmen.

Die Biologie

Ich beginne mit der ersten Relation: biologische Unterschiedenheit. Es gibt ungeschlechtliche und geschlechtliche Fortpflanzung. Phylogenetisch hat sich die geschlechtliche durchgesetzt; diese Linie gibt bereits vielfältigen Anlaß zu anthropomorphen Deutungen: sie als Sieg (der Differenzierung) zu feiern oder als Niederlage (der Harmonie des Anfangs) zu betrauern.

Ist biologisch noch einigermaßen Übereinkunft zu erzielen, was als geschlechtliche und was als ungeschlechtliche Fortpflanzung zu bezeichnen sei [1] – obwohl es einige Argumente dafür gibt, daß alle Fortpflanzung von allem Anfang an eine geschlechtliche sei (vgl. Laviolette und Grassé, 1971) –, so befinden wir uns mit der Frage, welches Geschlecht »am Anfang« der geschlechtlichen Fortpflanzung männlich und welches weiblich ist, alsbald auf schwankendem Boden. Auf der Entwicklungsstufe der Protisten läßt sich noch experimentell zeigen, daß die Gameten einer Kultur x, die untereinander nie kopulieren, sich gegenüber den Gameten der Kultur y, weiblich, aber gegenüber den Gameten der Kultur z männlich verhalten. Das hat Starck in seinem Lehrbuch der Embryologie zu der tiefgründigen Formulierung veranlaßt: »Z ist dann stärker weiblich als x« (1975: 92)

Männlich und weiblich bedeuten dabei zunächst nur, daß bei der zu beobachtenden Befruchtung (Verschmelzung zweier Gameten) mindestens ein minimaler Unterschied der beiden Gameten, sei es in ihrer morphologischen Struktur, sei es in ihrem physiologischen Verhalten, feststellbar ist.

Drei Gesetze der Sexualität

Dieses Grundmuster hat Max Hartmann zu seiner genetischen Theorie der allgemeinen bipolaren Zweigeschlechtlichkeit [2] geführt, die er durch die gesamte Phylogenese verfolgt und schließlich in drei naturwissenschaftlichen Gesetzen der Sexualität formuliert hat, die durch

---

[1] »Um zu einer für Tiere, Blütenpflanzen, Thallophyten und Protisten in gleicher Weise anwendbaren einheitlichen Nomenklatur zu gelangen, hatte ich daher vorgeschlagen (Hartmann, 1903), allgemein, wie das für die höheren Organismen schon immer geschah, den Vorgang der *Fortpflanzung durch Gameten* als geschlechtliche Fortpflanzung anzusprechen und sie als *Gametogonie* zu bezeichnen, die ungeschlechtliche Zellfortpflanzung (die in der Botanik meist Sporenbildung genannt wurde) dagegen als *Agamogonie, Fortpflanzung durch Agameten.* Diese Vorschläge hatten sich fast allgemein eingebürgert« (Hartmann, 1943: 3).
[2] »Es ist Grundvoraussetzung einer allgemeinen Sexualitäts- und Befruchtungstheorie, daß in allen Fällen von Befruchtung, auch dort, wo die Gameten resp. Gemetenkerne weder morphologisch noch in ihrem physiologischen Verhalten unterschieden werden können, *zwei* den männlichen (Spermien, Pollenkernen, Androgameten) und weiblichen Gameten (Eier, Gynogameten) der übrigen Organismen entsprechende Geschlechtszellen (Kerne) kopulieren, d. h. überall eine *bipolare Zweigeschlechtlichkeit* vorhanden sei« (Hartmann, 1943: 20)

9

ihre Schönheit[3] bestechen. Es sind dies das »Gesetz der allgemeinen bipolaren Zweigeschlechtlichtkeit«, das dazu antithetische »Gesetz der allgemeinen bisexuellen Potenz« und schließlich das wie eine Aufhebung dieser Polarisierung klingende »Gesetz der relativen Stärke der männlichen und weiblichen Determinierung«.

Das erste Gesetz besagt, daß die Strukturen und Funktionen, die bei der Fortpflanzung wirksam werden, sich durch die Phylogenese hindurch auf zwei Geschlechter »polar« verteilen; das zweite Gesetz, daß eine andere Macht oder »Potenz« gegen diese Polarisierung wirkt; und das dritte Gesetz, daß die Verwirklichung des Geschlechtstyps männlich/weiblich vom »relativen Valenzverhältnis der geschlechtsdeterminierenden Faktoren« (Starck, 1975: 92) abhängt.

Max Hartmann bezeichnet die bisexuelle Potenz mit »AG« und nimmt an,

»daß die A-Potenz, die Fähigkeit, die männliche Entwicklung zur Auswirkung zu bringen, in jedem Organismus und in jeder Zelle (ob diploid oder haploid) in derselben Weise und derselben Stärke vorhanden ist wie die G-Potenz, die Fähigkeit zur Entwicklung der weiblichen Eigenschaften... Es besteht zwar durchaus die Möglichkeit, daß diese allgemeine bisexuelle Potenz künftig wenigstens teilweise in ein System von AG-Erbfaktoren auflösbar ist. Aber wir wissen nicht, ob und wie das der Fall sein wird. Es erscheint mir höchst wahrscheinlich, ja sogar fast sicher, daß doch stets eine davorliegende andersgeartete nichtgenetische bisexuelle Potenz als das *Wesentliche* übrig bleibt« (Hartmann, 1943: 390f.).

Dies rätselhafte »Davorliegende« beschäftigt die Menschheit von Anfang an. All die vielfältigen mythologischen, religiösen, wissenschaftlichen und politischen Anstrengungen, dies »Davorliegende« – übrigens die einzige gewissermaßen manifest philosphische Formulierung in dem genannten Werk von Hartmann – zugunsten eines Primats des Männlichen oder eines Primats des Weiblichen aufzulösen, sind Ideologie und markieren selbst Positionen der Erlangung oder Sicherung sozialer Herrschaft. »Bevor die Erde als eine Mutter vorgestellt worden war«, sagt M. Eliade in seiner Abhandlung über »Die Mutter Erde und die kosmischen Hierogamien«, »wurde sie als eine rein kos-

---

[3] Die Schönheit eines naturwissenschaftlichen Gesetzes ist ein verläßlicher Führer in der Beurteilung der Frage, ob es wahr ist (vgl. Waelder, 1965: 194 f.)

mische schöpferische Macht ungeschlechtlich oder, wenn man dies vorzieht, übergeschlechtlichen Charakters empfunden« (Eliade, 1961: 237).

In den Humanwissenschaften gibt es eine modische Tendenz, ein Primat des Weiblichen oder eine übergeordnete weibliche Potenz mit eklektisch der Biologie entnommenen Beispielen zu belegen. Solche Konstruktionen mögen als Kampfparolen sinnvoll sein. Warum auch nicht den jahrhundertelang betriebenen naturwissenschaftlichen Mummenschanz einmal umkehren, mit dem die »natürliche« Superiorität des Mannes begründet wurde. Verdächtig ist jedoch, daß die »strenge« naturwissenschaftliche Forschung, noch dazu die im Auftrag der großen Monopole betriebene, ihren endokrinologisch neuesten Hut mit feministischen Federn schmückt.

In einer Übersichtsarbeit, die sich mit der steuernden Wirkung des Y-Chromosoms, also des sog. »männlichen« Chromosoms, und mit der Bedeutung des Androgens in der androgen-kritischen Frühphase der fötalen Entwicklung beschäftigt, kommt z. B. Neumann, der auf diesem Gebiet führende Endokrinologe in der Bundesrepublik, zu dem Schluß, daß für die weibliche somatische Differenzierung keinerlei hormonale Impulse erforderlich sind, und fährt dann fort mit der abenteuerlichen Behauptung:

Im Anschluß an die Festlegung des somatischen Geschlechts erfolgt die Differenzierung des psychischen Geschlechts. Es hängt nur von der An- oder Abwesenheit von Androgenen ab, ob die Differenzierung im männlichen oder weiblichen Sinne geschieht... Alle weiblichen Differenzierungsschritte verlaufen hormonunabhängig, nur die männliche Sexualdifferenzierung wird hormonal gesteuert. Es besteht primär – unabhängig vom genetischen Geschlecht – eine Tendenz zur weiblichen Differenzierung« (Neumann, 1980: 74f.).

Die infantile Sexualmythologie, die solcher Schlußfolgerung zugrunde liegt, wird besonders gut sichtbar in einer Äußerung über die Differenzierungsleistung des Y-Chromosoms:

»Zusammenfassend sei festgestellt, daß für die Differenzierung eines Ovars offensichtlich keinerlei Induktoren erforderlich sind, während die Hodendifferenzierung vom Y-Chromosom abhängig ist. Interessant ist in diesem Zusammenhang, daß das definitive Ovar der undifferenzierten Gonadenanlage sehr viel ähnlicher ist als der Hoden. Von der Phylogenese her betrachtet wird dies auch sehr verständlich, denn es muß ja zunächst einmal ungeschlechtliche Fortpflanzung gegeben haben, d. h. das Weibliche ist primär« (aaO: 46).

Die hier sichtbar werdende Identifizierung des »primär« Ungeschlechtlichen mit dem »Weiblichen«, die sich bis zur Theorie einer »basic femaleness« aufschwingen kann (vgl. Jost, 1973), ordnet dem Weiblichen die bekannten Qualitäten des Unbeweglich-statisch-überdauernden zu und dem Männlichen Differenzierung, Entwicklung und Risiko. Das ist Schöpfungsmythologie im Zustand ihrer ideologischen Umarbeitung auf dem Übergang vom matristischen (oder mindestens vor-patristischen) zum patristischen Gesellschaftstyp. Biologisch fragwürdig ist diese Denkfigur vor allem, weil sie, nimmt man sie ernst, auf die Konzeption eines Soma (Körperzelle) hinausläuft, das phylogenetisch den Geschlechtszellen vorausgeht; oder aber auf die Konzeption einer biologisch ursprünglichen Parthenogenesis (weibliche Selbstbefruchtung).

Die eine Konzeption ist so unsinnig wie die andere; der Begriff der Körperzelle wird überhaupt erst sinnvoll mit der Differenzierung von Gameten und Soma (davor spricht man einfach von Zellen und Zellteilung), und Parthenogenesis ihrerseits setzt geschlechtliche Bipolarität bereits voraus. Vor allem liegt dieser Konzeption eine polare Interpretation der Geschlechtsunterschiede zugrunde, zu der überholtes naturwissenschaftliches Denken in binären Modellen von jeher verführt.

Der Sexualdimorphismus

Der *Sexualdimorphismus*, also die biologische Tatsache der Zweigestaltigkeit des Geschlechts, läßt sich in einer Reihe von phylogenetisch wirksamen Gestaltungsprinzipien anschaulich machen. In einem interessanten Überblick unterscheidet Bischof (Bischof, 1980: 28f.) fünf »Unterprobleme« des Sexualdimorphismus: Anisogamie, Gonochorismus, Organkomplementarität, Strukturdimorphismus und Verhaltensdimorphismus. Er kommt zum selben Schluß wie Count in seiner Theorie des »Biogramms«: »Auch der geschlechtliche Dimorphismus ist nur eine relative Angelegenheit« (Count, 1970: 22).

Bischof zufolge ist es der Mensch als gesellschaftliches Wesen, der an die Stelle des biologisch gleitenden Mehr-oder-Weniger ein rigoroses Entweder-Oder setze – und er folge dabei einem gesellschaftlichen Ordnungsbedürfnis, das äußerlich eindeutige, also bipolare und binär interpretierbare Zustände schaffen möchte, aber für diese äußerlich erreichte Bipolarität den Preis erhöhter innerer Spannung bezahlen müsse.

Dies Ordnungsbedürfnis, dessen Drängen auch den ungelösten Fragen aus den infantilen Sexualtheorien eines jeden Menschen entstammt, richtet in den Naturwissenschaften um so mehr Unheil an, je mehr das letztlich triebhafte Bedürfnis unter dem Mantel einer scheinbar wertneutralen taxonomischen, binären oder sonstwie strukturierten Ordnung sich verbergen kann. Noch einmal auf das – an sich periphere – Theorem von Neumann bezogen, bedeutet dies: Dessen Blick ist ausschließlich auf das hormonelle Substrat des Gonochorismus bei den höheren Säugetieren gerichtet, also auf ein Unterproblem des sexuellen Dimorphismus.

Gonochorismus bedeutet, daß die meisten Tierarten in jeweils zwei Formen von Individuen existieren, von denen die einen nur Eizellen und die anderen nur Samenzellen produzieren; der Ergänzungsbegriff hierzu ist »echter« Hermaphroditismus (etwa im Sinne von Einhäusigkeit bei den höheren Blütenpflanzen). Dieses hormonelle Substrat wird dann zur alleinigen Folie stilisiert, von der sich die Antworten auf die alle Kinder bewegenden Fragen ablesen lassen sollen: Wer war zuerst da, und wer ist wichtiger: Vater oder Mutter?

Die drei biologischen Gesetze Hartmanns werfen eine Vielzahl von Fragen auf, die weit über die genetische Geschlechtsbestimmung – also über den Gesichtspunkt der Anisogamie im Sexualdimorphismus – hinausweisen. Man könnte sie z. B. auf das »Gesetz« der Arterhaltung beziehen und dann feststellen, daß, solange sich eine Art (hier ganz im Sinne Darwins verstanden als Fortpflanzungsgemeinschaft) erhält, auch der A- und G-Faktor Hartmann sich als gleich mächtig ausgleichen müssen. Allein schon seine Faszination würde den Versuch rechtfertigen, die drei *genetisch* konzipierten Gesetze der Geschlechtsbestimmung auf alle übrigen Gesichtspunkte der Geschlechtsbestimmung zu übertragen – und zu schauen, wie weit solche Übertragung als sinnvoll erscheint. Dabei müssen wir uns klar machen, daß wir nicht erst beim fünften Gesichtspunkt, also dem sog. Verhaltensdimorphismus, nicht mehr nur das Geschlecht bestimmen, sondern die Beziehung des männlichen und des weiblichen Geschlechts zueinander, also ein Machtverhältnis (vgl. das dritte Gesetz Hartmanns) untersuchen. Der Übergang von der Geschlechtsbestimmung zur Untersuchung der Beziehung der beiden Geschlechter bedeutet zwar einerseits einen Paradigmawechsel. Dieser hat seinen verdinglichten Ausdruck in der Kluft zwischen Natur- und Geisteswissenschaften. Andererseits kann dieser Übergang nur ein dynamischer sein.

Ich würde gern die Behauptung aufstellen, daß die drei von Hartmann herausgearbeiteten Gesetze für das gesamte Biogramm[4] einer Art gelten, den Menschen eingeschlossen. Eine solche Behauptung traue ich mir gegenwärtig nicht zu, wenn sie auch einen Grundgedanken dieser Arbeit bildet. Es bereitet z. B. überhaupt keine Schwie- rigkeit, den sexuellen Strukturpolymorphismus, der in einem Termiten»staat« zur Ausprägung kommt, und seine Funktion für das Termitenbiogramm in den Begriffen dieser drei Gesetze zu beschreiben. Dasgleiche gilt für die so unterschiedlichen soziosexuellen Verhaltensweisen der nichtmenschlichen Primaten, ihre unterschiedlichen Formen von Parentalismus und Familialismus, von Mono- und Polygamie, von vorübergehender Abtretung der Weibchen von seiten der Sippenführer an jüngere Männchen zum Zwecke der Kopulation usw.

Vier sexuelle Aktionen

Vom zellulären bis zum höchsten Säugetier-Niveau kann man die phylogenetisch entwickelten sexuellen Funktionen in zwei große Aktionen zusammenfassen: *Befruchtung und Begattung*[5] und die dabei zum Zuge kommenden Aktionsmodi wiederum in zwei große Gruppen gliedern: *Entleerung* (Ausscheidung, Trennung) und *Vereinigung* (Verschmelzung). Diese vier Aktionen (oder: Funktionen) bilden das Axiom für eine Theorie der Sexualität, die das biologische Substrat ebenso umfaßt wie die kulturell entwickelten Beziehungen von Mann und Frau.

Michael Balints frühe Arbeit »Psychosexuelle Parallelen zum bio-

---

[4] Aus der Sicht der biologisch orientierten Anthropologie gehört auch das, was man das Soziogramm nennen könnte, also der psychosoziale Überbau, zum Biogramm – so wie Count (1970) diesen Begriff gebraucht.
[5] Begattung meint alle Vorgänge, die zur Vereinigung der Gameten notwendig sind, die aber nicht von den Gameten selbst durchgeführt werden. Die Aktion der Gameten ist die Befruchtung. Phylogenetisch ist die Befruchtung natürlich älter als die Begattung.

genetischen Grundgesetz« (1930) ist der Einführung dieses gedanklichen Koordinatensystems und seiner Anwendung auf die Psychoanalyse gewidmet. Diese Arbeit baut ihrerseits auf der »Genitaltheorie« Sándor Ferenczis von 1924 auf, in der sehr spekulative, aber bis heute weder biolgisch noch psychoanalytisch eingeholte Überlegungen zur Phylogenese von Befruchtung und Begattung entwickelt und auf die Ontogenese von Koitus, Orgasmus und Schlaf bezogen werden.

Ferenczi hatte, mit (teilweise falschen und falsch verstandenen) paläontologischen und zoologischen Begründungen, eine phylogenetische Katastrophentheorie entwickelt und fünf phylogenetische Katastrophen postuliert:

1. Entstehung organischen Lebens;
2. Entstehung individueller (einzelliger) Wesen;
3. Beginn der geschlechtlichen Fortpflanzung und der Artentwicklung im Meere;
4. See-Eintrocknung, Anpassung der Tiere ans Landleben und Entwicklung von Tierarten mit Begattungsorganen;
5. Eiszeiten und Menschwerdung.

Entsprechend der zu seiner Zeit noch wörtlich genommenen – und heute als naturalistische Illusion entlarvten – Idee, wonach die Ontogenese die Phylogenese »wiederhole« (sog. Biogenetisches Grundgesetz), hat er die Wiederholung dieser »Katastrophen« auf die Ontogenese projiziert:

1. Reifung der Geschlechtszellen;
2. »Geburt« der reifen Keimzellen aus der Keimdrüse;
3. Befruchtung und Embryoentwicklung im Mutterleib (Analogiesierung von Meer und Amnion);
4. Geburt und Entwicklung bis zum Ödipuskomplex;
5. Latenzzeit und die Entwicklung zum Erwachsenen, Mann und Frau (vgl. Ferenczi, 1924: 92).

Die tragende Idee dieser Theorie ist der von Ferenczi so genannte »thalassale Regressionszug« (griech. thalatta, das Meer), der, nach der ökologischen Katastrophe der Eintrocknung des Meeres, dazu führt, daß die Lebewesen vom »freundlichen« Meereselement auf das »feindliche« Land wechseln und damit gezwungen sind, von der äußeren zur inneren Befruchtung überzugehen. Sie überwinden die »Katastrophe« also dadurch, daß sie das Meer nach innen verlegen,

Fruchtwasser enthaltende Schutzorgane (Amnien) entwickeln und Begattungsvorrichtungen treffen. In Analogie zum psychoanalytischen Begriff der Internalisierung könnte man von einem phylogenetischen Vorgang der Verinnerlichung sprechen, der – aus der Sicht Balints (1930: 34) – mit dem Orgasmus belohnt wird. Dem phylogenetischen Progressionszug (vom Meer zum Land) entpricht ein (thalassaler) Regressionszug: der ontogenetische Wunsch nach Rückkehr zur Mutter (Amnion) und der phylogenetische »Wunsch« nach Rückkehr (»Verschmelzung«) ins Meer.

Fasziniert von der noch heute verführerischen Keimbahnlehre Weismanns[6] verfolgt Ferenczi die Vorgänge von Triebspannung Triebentladung, Unlust und Lust zurück bis zur Spur der Gameten:

»Man muß sich also vielleicht mit der Idee befreunden, daß, gleichwie die unerledigten Störungsmomente des individuellen Lebens im Genitale gesammelt und dort abgeführt werden, sich die mnestischen Spuren aller phylogenen Entwicklungskatastrophen im Keimplasma ansammeln. Von dort aus wirken sie in demselben Sinne wie nach *Freud* die unerledigten Störungsreize der traumatischen Neurosen: sie zwingen zur fortwährenden Wiederholung der peinlichen Situation… Was wir *Vererbung* nennen, ist also vielleicht nur das *Hinausschieben des größten Teils der traumatischen Unlusterledigungen auf die Nachkommenschaft*, das Keimplasma aber, als Erbmasse, ist die Summe der von den Ahnen überlieferten und von den Individuen weitergeschobenen traumatischen Eindrücke…« (Ferenczi, 1924: 88). »Es genügt… anzunehmen, daß im Begattungsakte und im gleichzeitigen Befruchtsungsakte nicht nur die *individuelle (Geburts-) und die letzte Art-Katastrophe (Eintrocknung), sondern auch alle früheren Katastrophen seit Entstehung des Lebens* zu einer *Einheit* verschmolzen sind, so daß im Gefühl des Orgasmus nicht nur die Ruhe im Mutterleibe, die ruhige Existenz in einem *freundlicheren Milieu*, sondern auch die *Ruhe vor der Entstehung des Lebens*, d. h. auch *die Todesruhe der anorganischen Existenz* dargestellt ist…« (aaO: 84).

---

[6] »In ihrer letzten Konsequenz führt diese Lehre zu der Vorstellung, daß das Soma gewissermaßen ein Anhang der streng isolierten Generationsfolge der Keimplasmaträger ist« (Starck, 1975: 11). Zur Aktualität der Diskussion um die Keimbahnlehre vgl. Laviolette und Grassé (1971: 30ff.).

Vom Mainstream der psychoanalytischen Orthodoxie sind Ferenczis phylogenetische Theorien mit dem Etikett der biologistischen, mystischen und anthropomorphen Spinnerei versehen – und verdrängt worden.[7] Zur Strafe dafür ist die psychoanalystische Sexualtheorie seitdem gekennzeichnet von Stagnation, Framentierung – und Wiederkehr des Verdrängten: einer Vielzahl von Ideologemen und Mythologemen, die unter der Decke der unterschiedlichen mythos- und spekulationsgereinigten psychoanalytischen Theorien wuchern.[8] Balint unternimmt in seiner Arbeit von 1930 noch einmal den Versuch, die genannten vier »Aktionen« der Sexualität (Befruchtung und Begattung, Entleerung und Vereinigung) durch die gesamte Phylogenese zu verfolgen und parallelisiert die markanten Etappen mit der Ontogenese der psychosexuellen Entwicklung des Menschen, dargestellt in den Begriffen der oralen, analen und genitalen Phase.

Wenn man mit solcher Einstellung des Blicks auf die Phylogenese schaut, gibt es eigentlich nur *drei sexuelle* »*Generationen*«: Gameten, Gametozyten und Gametozytenträger.[9] Projiziert auf die Ontogenese, ergeben diese drei »Generationen«: Ovum, Ovarien und übri-

---

[7] Erst jüngst ist durch ein von Ilse Grubrich-Simitis aufgefundenes Manuskript Freuds (1985) bekannt geworden, wie sehr Freud selbst an Ferenczis Theorie beteiligt war. In ihrem editorischen Essay zu diesem Freud-Text kommt Grubrich-Simitis zu dem bermerkenswerten Ergebnis: »Die traumatische Realerfahrung in Freuds früher Auffassung von der Hysterie-Ätiologie erscheint in der vollentfalteten psychoanalytischen Theorie in die stammesgeschichtliche Vorzeit zurückverlegt, aus der ontogenetischen in die phylogenetische Dimension verschoben. So gesehen, sind die psycholamarckistischen Theorieteile der Metapsychologie so etwas wie eine Klammer zwischen zwei Entwicklungsstadien der Freudschen Lehre« (1985: 110f.). Dort auch Hinweise und Kommentar zur neueren englischen und amerikanischen Literatur zum Verhältnis von Biologie und Psychoanalyse. – Zur Rezeption und Verleugnung Ferenczis in der psychoanalytischen Theoriegeschichte siehe auch J. Cremerius (1983).
[8] Der Nachweis dieser Behauptung würde den Rahmen dieser Arbeit sprengen. Es ist jedoch bereits als Indiz zu werten, daß, im Gegensatz zu anderen psychoanalytischen Themen, etwa Psychosomatik oder Technik, kein Lehrbuch, keine Monographie und noch nicht einmal eine Übersichtsarbeit vorliegt, die die Entwicklung der psychoanalytischen Sexualtheorie im Zusammenhang darstellt.
[9] Balint hat diese Terminologie von J. Meisenheimer, einem extremen Anhänger Weismanns, übernommen. Weil sie sich nicht durchgesetzt hat, seien hier Balints Erläuterungen zitiert. *Gametozyten*: »Sie befruchten sich nie, haben aber dennoch Sexualfunktionen, nur andersartige, und zwar Bildung und Ausscheidung der Gameten. Diese Funktionen können ohne Zwang als Äquivalente der analen Befriedigungsformen – Kotbildung und Stuhlentleerung – gedeutet werden.« *Gametozytenträger*: »Auf die Gameten und Gametozyten wurde hier eine dritte Generation überschichtet, die nach Meisenheimer Gametozytenträger genannt wird. Sie ist vorerst von der Sexualität ausgeschlossen und heißt daher im Gegensatz zu den »Keimzellen« das »Soma«. Man kann im Zweifel sein, ob dieses asexuell oder bisexuell ist, sicher ist es, daß an ihm überhaupt keine Sexuelfunktionen nachweisbar sind. Es produziert die Gametozyten, läßt dann irgendwie – meistens durch einen Riß – den fertigen Gameten freien Weg, und damit ist es mit ihnen fertig« (1930: 17f.).

ger somatischer »Anhang« (Uterus, Vagina und übriger Leib) bei der Frau; Spermium, Hoden und übriger somatischer Anhang (Penis und übriger Leib) beim Mann – eine faszinierende Sichtweise, auf die wir uns aus vielerlei Gründen nur sehr widerstrebend einlassen.[10]

Balint rekonstruiert – und phantasiert – nun die Geschichte dieser drei Generationen als einen *Kampf* von Eros und Soma (wohlgemerkt: nicht von Eros und Thanotos), in dem Eros den Sieg davonträgt. Zum entscheidenden Machtfaktor in diesem Kampf wird wiederum der *Orgasmus.* Auf seinem Höhepunkt wird das vorübergehend ganz mit Eros »besetzte« (sexualisierte) Soma wieder »frei«, und es findet eine Neuverteilung von Energie statt, die Leben – jetzt verstanden als Einheit von biologischem Leben und psychischem Lebendigsein – möglich macht.

Was den physiologischen Aspekt des Orgasmus-Geschehens betrifft, wird diese Sichtweise durch die Forschungsergebnisse von Masters und Johnson (1966) bestätigt. Es ist, Sigusch zufolge, z. B. nicht möglich, bezogen auf die Frau, »den Orgasmus nach irgendeiner lokalen Reaktion zu bezeichnen oder zu rubrizieren. Dann müßte man nicht nur vom ›klitoridalen‹ oder ›vaginalen‹, sondern auch – zum Beispiel – vom ›kardialen‹, zerebralen‹ oder ›uterinen‹ Orgasmus sprechen. Jede dieser Benennungen ist aber eine Contradictio in adjecto, weil sich der Orgasmus nicht anatomisch oder physiologisch ›zerlegen‹ läßt« (Sigusch, 1970: 55). Im Gegenzug »versucht das Soma, seine Herrscher abzuschütteln, sie gleich seinen Exkreten auszuscheiden« (Balint, 1930: 34), denn es möchte ein von sexueller Erregung – oder in der Formulierung Freuds: von Unlustspannung – freies »Leben« führen.

Balint verfolgt metaphorisch die »Karriere des Eros« zurück bis zur Aktion der Gameten – also zur Frage, was sie zur »Verschmelzung« zwingt. Ich kann auch dieser Frage jetzt nicht weiter nachgehen, möchte aber mit Klaus Heinrich (1966) feststellen, daß auch das Nicht-Stellen der Frage nach dem Ursprung den, der nicht mehr fragt, nicht aus dem Bann des Ursprungsmythos entläßt.

Befruchtung und Begattung werden von Balint in seither nicht mehr erreichter Klarheit als Einheit im Widerspruch gefaßt – weder als etwas, das zusammenzugehören hat (das läuft immer auf eine ideo-

---

[10] Im gleichen Sinn sagt schon Ferenczi: »...man wäre versucht (wenigsten im Moment der Begattung) den Körper des Männchens einfach ein *Megasperma*, den des Weibchens ein *Megaloon* zu nennen« (1924: 87).

logische, z. B. konservativ moraltheologische Position hinaus), noch als etwas, das getrennt zu sein hat (denn das wäre nur die – sich als progressiv mißverstehende – abstrakte Negation der reproduktiven Sexualideologie), sondern als etwas, das in seiner (einzelwissenschaftlichen) Getrenntheit eine biologische Einheit bildet. Die Beziehung von Befruchtung und Begattung wird ideologisch reflektiert in den jeweils historisch und politisch unterschiedlichen Meinungen und Behauptungen darüber, ob »Zeugung und Lust« zusammengehören, zusammengehören sollen, nicht zusammengehören usw.

So verfällt auch der Satz von Sigusch, der »die Konzeption als einen letztlich asexuellen biologischen Vorgang bezeichnet« (Sigusch, 1970: 64), als Kampfansage gegen die »reproduktive Sexualideologie« intendiert, selbst der Ideologie. Er zerreißt das Band, das Befruchtung und Begattung biologisch verbindet, mit antiviktorianischem Rigorismus. Dieser nimmt seine vordergründige Legitimität daher, daß Zeugung und Lust auf dem mittlerweile phylogenetisch erreichten Niveau über physiologische Bahnen laufen, die als getrennte erscheinen. Vordergründig darum, weil wir die Erregungsvorgänge, die bei der Gametenvereinigung frei werden bzw. zu dieser hinführen, heute nicht besser kennen als zu der Zeit, in der Ferenczi und Balint ihre heute so eilfertig als mystisch verworfenen Ideen entwickelt haben.[11]

Der Orgasmus

Gleichheit, Unterschiedenheit, Ungleichheit, Kampf und Versöhnung der Geschlechter sind nirgends sonst auf so eindrucksvolle Weise dargestellt wie im Orgasmus. Die sexualwissenschaftlich ermittelten Verlaufskurven und Häufigkeitsverteilungen des Orgasmus bei Mann und Frau beleuchten grell die jeweils kulturell vorfindlichen Unterschiede in der Selbst-Realisierung der Geschlechter; ihnen zum Trotz läßt der Orgasmus sich ebensowenig nach männlich und weiblich auflösen wie andere psychophysische Ausnahmezustände – etwa das Niesen, der Wutanfall, die Ohnmacht oder der allergische Zusammenbruch.

Der *unterschiedliche* Bau der Geschlechtsorgane bei Mann und

---

[11] Im Lichte der Überlegungen von Balint und Ferenczi ist es fraglich, ob Sigusch recht hat, wenn er schreibt: »Die Menschheit wäre ganz bestimmt nicht ausgestorben, wenn niemals eine Frau einen Orgasmus erlebt hätte« (Sigusch, 1970: 63).

Frau hat, vermutlich vom Anfang des menschlichen Denkens an, Anlaß zu Spekulationen über und vor allem zu *Begründungen für* die unterschiedlichen sozialen Rollen von Mann und Frau, für Über- und Unterordnung etc. gegeben. Ebensowenig wie es einen klitoridalen oder vaginalen Orgasmus – und entsprechendes beim Mann – gibt, ebensowenig gibt es einen hetero- oder homosexuellen, autoerotischen oder perversen Orgasmus. Man kann ihn genausowenig an ein Objekt binden – das ist Ideologie mit syntaktischen Mitteln – wie an ein Körperorgan. Ebensowenig dürfte es wohl einen männlichen im Gegensatz zu einem weiblichen Orgasmus geben. Die »bisexuelle Potenz« Hartmanns findet nach meinem Dafürhalten hier ihren entwikkeltsten Ausdruck.

Diese bisexuelle Potenz läßt sich psychoanalytisch nachweisen als Verschmelzung von Subjekt- und Objektrepräsentanzen im Augenblick des Orgasmus. Ich behaupte, daß es, bezogen auf den psychischen Aspekt (internalisierte Objektbeziehungen) dieses Vorgangs, immer »ein Mann und eine Frau« sind, deren Bilder verschmelzen. Männlich und weiblich lösen sich im Moment des Orgasmus auf und formieren sich wieder neu – gleichgültig in welcher körperhaften (manifesten) Objektbeziehung (heterosexuell, homosexuell, autoerotisch bzw. mit einem Fetischobjekt) er statthat, gleichgültig auch, an welchen Körperorganen er ausgelöst wird und welche bewußtseinsfähigen Phantasiebilder hierbei evoziert werden.[12] Damit wird kein Primat des Heterosexuellen gegenüber dem Homosexuellen oder sonst einem Sexuellen postuliert.

Aber es wird damit ein Primat und eine humanspezifische Omnipräsenz der Urszene und des Ödipuskomplexes postuliert. Vom Beginn der subjektiv wahrgenommenen sexuellen Erregung an muß demnach das Kind, gleichgültig welchen Weg der manifesten sexuellen Objektwahl es später einschlagen wird, *mit Vater und Mutter fertig werden*, und dies kann es nur, weil es sich bisexuell identifizieren kann. Darum hebt auch Freuds schöner und oft mißverstandener Begriff der *konstitutionellen Bisexualität* nicht nur auf die biologische Konstitution ab, sondern auch auf die »im Unbewußten stets vollzogene homosexuelle Objektwahl« (Freud, 1905: 44 und 1938: 78).

Physiologisch ist der Orgasmus zwar ein »Ein-Personen-Phänomen«, psychoanalytisch betrachtet ist er aber weder ein Ein- noch ein

---

[12] Im Gegensatz hierzu unterscheidet Morgenthaler (Morgenthaler, 1980: 342) die Fusionsvorgänge im Orgasmus sehr scharf nach Heterosexualität, Homosexualität und Onanie.

Zwei-»Personen«-Phänomen, sondern ein Mehr-»Personen«-Phänomen, bestehend aus dem handelnden Ich und allen im Moment des Orgasmus miteinander verschmelzenden Subjekt- und Objektrepräsentanzen. Auf das inzestuöse Hauptobjekt anspielend, hatte Freud schon 1899 in einem Brief an Fließ geschrieben: »Ich gewöhne mich auch, jeden sexuellen Akt als einen Vorgang zwischen vier Individuen aufzufassen. Darüber wird viel zu reden sein« (Freud, 1950: 249).

Ob die an die unbewußten Selbst- und Objektrepräsentanzen gehefteten affektiven Qualitäten von gut und böse, sterben und überleben, schön und häßlich, stark und schwach, leer und voll, männlich und weiblich immer als so bipolar wahrgenommen und empfunden werden müssen, wie wir dies gewohnt sind, ist eine andere Frage. Jedenfalls lösen sich diese Polarisierungen im Augenblick des Orgasmus auf, und sei es auch nur »für einen Augenblick«. Diese Auflösung wird offenbar als so großartig empfunden, weil sie immer mit einem symbolischen Neubeginn[13] zusammengeht. Daß sich aber »männlich und weiblich« im Moment des Orgasmus auflösen können, verweist zugleich auf die prägenitale Folie des sexuellen Geschehens im Stillvorgang. »Auflösen« (verschmelzen, fusionieren) ist ein sehr basaler psychischer Vorgang, dessen Wurzeln in der Zeit vor der Bildung fester innerer Objekte ruhen. In letzter Instanz sind es wohl immer das innere Bild der Mutter und des nach dem Stillen oder Füttern an ihrer Brust einschlafenden Kindes, die im Moment des Orgasmus miteinander verschmelzen. Über dieses Hintergrundsbild legen sich dann später andere, differenziertere Bilder von Mann und Frau.

Zentral für das Verständnis dieses Geschehens sind zwei Konzepte von Lewin: das der *Traumleinwand* mit dem »unausgefüllten Bild der abgeflachten Brust« (Lewin, 1950: 79) und das der *Trias oraler Wünsche*, nämlich »verschlingen, verschlungen werden und einschlafen« (Lewin, 1950: 99ff.). Der Gedanke Lewins ist nun, daß das unausgefüllte innere Bild der abgeflachten Brust, das sich ursprünglich im Einschlafen nach dem Stillen bildet, sozusagen als Traumleinwand für alle Träume – und ich möchte ergänzen: für den Orgasmus – erhalten bleibt. Angelegt ist dieser Gedanke bereits bei Radó (1926) in dessen Begriff des alimentären Orgasmus.

---

[13] Balint spannt den Bogen vom biologischen Neubeginn des Lebens in der Kernreduktion bis zu dem später klinisch so bedeutsam gewordenen Begriff des Neubeginns – der vitalen Reorganisation der psychischen Persönlichkeit in der Durcharbeitung der Grundstörung (Balint, 1930: 34ff.).

Gleichheit im Es

In einem Sprung zur »Gleichheit im Es« – meiner vierten Relation in dem Bemühen, eine literarische Ordnung in das Verhältnis von Mann und Frau zu bringen – halte ich mich zunächst an Freud: »Die Macht des Es...« – so beginnt das Kapitel über die Trieblehre in seiner letzten, unabgeschlossenen Arbeit, dem »Abriß der Psychoanalyse«. Im Zusammenhang des Ich würde man niemals von »Macht« sprechen, sondern von Herrschaft oder Zusammenbruch, von Reife, Stärke und Schwäche, also von Ausformungen, die ich mit meiner zweiten und dritten Relation zu bezeichnen versuche. Macht bezieht sich auf etwas Ungerichtetes, Daseiendes, das die Psychoanalyse mit dem Begriff des Triebes zu fassen versucht.

Kann es auf dieser Ebene Unterschiede zwischen Mann und Frau geben? Die Frage ist, so gestellt, nicht zu beantworten, denn jeder Versuch einer Antwort läßt den Trieb in biologische Körperorganisation einerseits, metapsychologische und philosophische Denkfigur andererseits zerfallen. Ich möchte dieses Problem an einer sehr geglückten Formulierung über den Gegensatz von »Sexuellem« und »organisierter Sexualität« verdeutlichen, die Fritz Morgenthaler in seiner Arbeit über »Sexualität und Psychoanalyse« verwendet hat:

»Sprechen wir vom Sexuellen, im Gegensatz zur organisierten Sexualität, handelt es sich um die Triebhaftigkeit im Es, also um ein energetisches Potential, das dem Erleben ganz allgemein etwas Dranghaftes verleiht. Die Triebregungen sind ungerichtet, ziellos, zeitlos, unkonditioniert und vor allem unbewußt. Das einzige, was wir über sie aussagen können, betrifft ihre Tendenz. Die Tendenz der Triebregung ist Bewegung... Die Vorgänge des Sekundärprozesses richten sich in erster Linie darauf, die Bewegung aufzufangen, die vom Primärprozeß ausgeht... Sprechen wir von Sexualität, im Gegensatz zum Sexuellen, handelt es sich um das, was der Sekundärprozeß aus den Triebregungen im Es gemacht hat« (Morgenthaler, 1984: 21 f.).

Als Sexualität ist hier gefaßt, was das Ich unter dem Zugriff des Realitätsprinzips und der in ihm sich ausdrückenden geschichtlichen Gestaltungen aus dem Sexuellen macht. Das Sexuelle selbst bezieht sich auf den Primärprozeß, der bei Morgenthaler als »das Lebendige«, das »Dranghafte« und als »Ungerichtetheit« benannt wird. Von diesem Pol her betrachtet ist es überflüssig, Unterschiede zwischen Mann und Frau anzunehmen. Wir haben hier nämlich den diskursiven Bereich von Psychologie und Soziologie schon hinter uns gelassen und befinden uns im Bereich der für jede Wissenschaft unverzichtbaren Grundannahmen des Lebens.

Natürlich ordnet auch Morgenthaler der Sexualität einen biologischen Ort zu: »Die eigentliche Heimstätte der Sexualität sind die Geschlechtsorgane und ihre Funktionen« (aaO: 28). Und von diesem Pol her betrachtet, gibt es sehr wohl Unterschiede zwischen Mann und Frau, jenseits jeden Realitätsprinzips. Hier ist z.B. gedacht an den Bereich der vielfältigen Unterschiede in der hormonellen Ausstattung, im Bau der Genitalien, im Behaarungs- und Muskelansatz usw., zugleich auch an einen Bereich, den der Mann nur als Zuschauer betreten kann, den der prokreativen Funktionen der Frau.

Die Frage lautet jetzt: Wird durch die unterschiedliche biologische Ausstattung von Mann und Frau, also durch die der bisexuellen Potenz entgegenwirkende bipolare Zweigeschlechtlichkeit (erstes und zweites Gesetz der Sexualität) auch eine »letzte«, biologisch bedingte seelische Unterschiedenheit von Mann und Frau geschaffen? Das ist die letzte Frage danach, ob es »das Weibliche« und »das Männliche« überhaupt gibt. Diese Frage wird prädominant in allen radikalfeministischen Überlegungen. Bezogen auf die Formulierungen Morgenthalers: Gibt es nur männliche und weibliche *Sexualitäten* (in unterschiedlichen historischen und kulturellen Mustern) – oder gibt es auch das *Sexuelle* in (letztlich biologisch bedingter) unterschiedlicher männlicher und weiblicher Gestalt?

Wenn wir uns auch der verdinglichenden Denkweise, wonach der Mensch eine Seele »hat«, nie ganz entziehen können, so muß uns doch bewußt bleiben, daß der Mensch die Seele nicht ebenso *hat* wie Hirn oder Leber, sondern daß jedem Menschen aufgegeben ist, das zu *bilden*, was in der Psychoanalyse psychische Struktur genannt wird, und daß diese durch ständige Umwandlungsprozesse, Metabolisierungen gebildet (und erhalten!) wird, die ihren Ausgang, in jedem Moment des Lebens, vom Körper nehmen. Eine Seele hat man nicht, so verstanden, sondern Seele (psychische Struktur) entsteht durch dauernde Metabolisierung von Körper in Seele.

Da Mann und Frau in ihren körperlichen Organen und Funktionen relativ unterschieden sind (meine erste Relation), läßt sich meine Frage jetzt so stellen: In dem andauernden, onto- wie phylogenetisch lebenslangen Prozeß der Metabolisierung körperlicher in seelische Struktur müssen Mann und Frau auf relativ unterschiedene körperliche Ausgangsmerkmale zurückgreifen. In Einklang mit dem dritten Gesetz Hartmanns ließe sich sagen: Das kann, muß aber nicht zu unterschiedlicher seelischer Strukturbildung bei Mann und Frau führen. Es ist sinnlos zu behaupten, alle Unterschiede zwischen Mann und Frau seien »nur gesellschaftlich bedingt« (»Sexualitäten« in der Formulierung Morgenthalers), und es ist ebenso sinnlos, auf dem Gegenteil zu beharren und nach angeborenen oder vererbten psychischen Unterschieden zu suchen.

Triebe als Anforderungen an das Seelenleben

Kehren wir noch einmal zur Metapher der »Macht des Es« zurück:

»Die Macht des Es drückt die eigentliche Lebensabsicht des Einzelwesens aus. Sie besteht darin, seine mitgebrachten Bedürfnisse zu befriedigen... Die Kräfte, die wir hinter den Bedürfnisspannungen des Es annehmen, heißen wir *Triebe*. Sie repräsentieren die körperlichen Anforderungen an das Seelenleben« (Freud, 1938: 70).

Die körperlichen Anforderungen an das Seelenleben kann ich mir für Mann und Frau nicht anders als gleich und unterschiedlich zugleich vorstellen – gemäß der gleichen (bisexuellen) und zugleich unterschiedlichen (bipolaren) körperlich-sexuellen Ausgangslage. Wieder erweisen sich die Formulierungen M. Hartmanns als Wegweiser aus einer Sackgasse. Alle Entwicklungspsychologien, psychoanalytische und andere, versuchen mit unterschiedlichem Erfolg, die Umwandlungsprozesse von körperlichem Substrat in seelische Struktur und Funktion zu erfassen. Der psychoanalytische Begriff der *Geschlechtsidentität* zielt genau auf diese »Umwandlung« von körperlich vorgegebenem Geschlecht in selbst empfundenes Geschlecht; im Englischen und Amerikanischen zerfällt die deutsche Einheit des Geschlechtsbegriffs bereits sprachlich in »sex« und »gender« (vgl. Reiche, 1984).

Strukturbildung bedeutet in der Psychoanalyse immer auch *Sublimierung* – und dieser Begriff wiederum ist nicht ohne Grund der Chemie entlehnt, wo Sublimation die Umformung eines Körpers von seinem festen in einen gasförmigen Zustand meint. Die Analogie zu Körper (fest) und Seele (flüchtig; gasförmig) liegt auf der Hand.

In seinen bis zuletzt unternommenen Anläufen, den Strukturbegriff des Es zu formulieren, ist Freud an der scheinbar unüberbrückba-

24

ren Kluft von »vererbt« und »erworben« immer wieder gescheitert. Beschränkt man den Es-Begriff, wie viele von Freuds Fomulierungen nahelegen, auf »alles, was ererbt, bei Geburt mitgebracht, konstitutionell festgelegt ist« (Freud, 1938: 67f.), dann erhält man einen gleichsam genetisch eingeengten Es-Begriff. Zählt man dagegen das »im Kern« schon bei der Geburt angelegt sein müssende »spezifisch Menschliche« dazu, nämlich die Tendenz zur Entwicklung (im Unterschied zur biologischen Reifung) und zur Symbolbildung (im Gegensatz zum Reiz-Reaktions-Lernen, über das auch die höheren Wirbeltiere verfügen), dann verschwimmen die Grenzen zu den beiden anderen seelischen Instanzen oder Provinzen, zum Ich und zum Über-Ich.

Max Schur hat Freuds Schwierigkeiten mit dieser Frage in seiner Monographie über »Das Es« nachgezeichnet. Er kommt darin zu dem Schluß, daß der *Übergang* vom biophysischen zum biopsychischen Organismus[14] und der entsprechende Übergang vom biosozialen (tierischen) zum psychosozialen (menschlichen) Verhalten durch »die Progression vom *Reflex* zum *Wunsch* (Schur, 1966: 48) markiert ist. Demgegenüber hatte sich Freud den primitiven psychischen Apparat des Neugeborenen nach dem Modell des Reflexbogens vorgestellt.

Der Begriff des Wunsches, der den Reflex transzendiert, ist gleichbedeutend mit dem Begriff des Symbols in denjenigen philosophischen und anthropologischen Überlegungen, die in der *Fähigkeit zur Symbolbildung* das Wesentliche dessen sehen, was Mensch und Tier voneinander unterscheidet. Die Fähigkeit zur Symbolbildung ist tatsächlich, so weit ich sehe, weder phylogenetisch (biologisch) noch ontogenetisch (psychoanalytisch) erklärbar; sie kann nur konstatiert und rekonstruiert werden.[15] Oder man kann versuchen, ihre Bedeutung zu leugnen, wie das weithin im dialetkischen Materialismus geschieht, wo sie ganz dem Begriff der Arbeit subsumiert wird. Sie repräsentiert den innersten Kern des noch immer »geheimnisvollen Sprungs« – vom Tier zum Menschen (in der Biologie) und vom Soma zur Psyche (in der Psychoanalyse). Der gemeinsame Nenner von Wunsch und Symbol ist die Repräsentanz, die Imago; man

[14] Zur biologischen Diskussion der evolutionären Entwicklung vom biosozialen zum psychosozialen Verhalten vgl. Schneirla (1957).
[15] Susanne Langer spricht in der Tradition Cassirers und des Neukantianismus vom »Grundbedürfnis des Symbolisierens«. »Tatsächlich ist Symbolisierung nicht *der* wesentliche Denkakt, sondern ein dem Denken wesentlicher Akt und geht diesem voraus« (Langer, 1942: 49).

könnte auch sagen: das vom Menschen geschaffene Bild – im Unterschied zu dem im Reiz-Reaktions-Lernen adaptierten und assimilierten Abbild.

Die Symbolbildung liefert einen Schlüssel zur Überwindung des ebenso populären wie geistlosen Denk-Gegensatzes von angeborenem (ererbten) und erworbenem (erlerntem, kulturell vermitteltem usw.) Verhalten. Denn mit der Symbolbildung tritt zwischen die beiden denkgewohnten – und für das Verständnis tierischen Verhaltens auch ausreichenden – Klassen von Bedeutungsträgern, nämlich die genetisch fixierte und die durch Lernen geprägte, eine dritte Klasse von Bedeutungsträgern: nämlich die Identifikationen, die durch Symbolisierung gebildeten Bedeutungsträger.

Harold Lincke hat diese Unterscheidung in seinem großartigen und düsteren anthropologischen Entwurf über »Instinktverlust und Symbolbildung« herausgearbeitet. Er spricht im Zusammenhang der Symbolbildung von »identifikatorischer Reproduktion« (Lincke, 1981: 131), um eine wesentliche Gemeinsamkeit mit der genetischen Reproduktion (instinkt-gesteuerte Verhaltensweise) zu betonen: Symbol-gesteuertes Verhalten (das über Imagines, Introjekte, Repräsentanzen »läuft«) kann ebenso wie genetisch gesteuertes Verhalten nicht mehr verlernt, vergessen oder gelöscht werden.

Die Fähigkeit zur Objektliebe – oder zum Haß und zur Versöhnung – wird beim Menschen weder genetisch abgerufen, noch kann sie erlernt oder wieder verlernt werden; jedenfalls nicht im Sinne des Reiz-Reaktions-Lernens im ethologischen oder behavioristischen Denkmodell. Das wird besonders deutlich an neurotischen oder perversen Symptomen, die man aus dieser Sicht als biologisch sinnlose Symbolsysteme bezeichnen kann, die einerseits nicht genetisch fixiert sind, aber andererseits so fest verankert sind wie genetisch determinierte Programme und jedenfalls nicht wieder verlernt oder vergessen werden können. Das ist auch der Grund, warum mit Verhaltenstherapie (die nach dem Reiz-Reaktionsmodell operiert) letztlich nur Symptomverschiebungen zu erzielen sind.

Mit der Entwicklung der Symbolfunktion entsteht die Möglichkeit, jedem Ding jede mögliche Bedeutung zu verleihen. Damit mußte – im phylogenetischen Rückblick – die biologische Verhaltensorganisation und Realitätserfassung über kurz oder lang zusammenbrechen. Dies »über kurz oder lang« ist die Geschichte des Menschen.

Nach diesem kurzen Umweg über die Symbolbildung kann ich

Freuds oben zitierte Bestimmung des *Triebes* als die »körperlichen Anforderungen an das Seelenleben« nunmehr folgendermaßen interpretieren: Auf dem Weg vom sexuellen Organ (der biologischen Ausstattung) zur sexuellen Gestalt (z. B. der Geschlechterbeziehung in einer Epoche) muß grundsätzlich Körperhaftes in Symbolisches transformiert werden.[16] Dabei wird die biologische Ordnung nie eliminiert, aber immer durchbrochen. Das Paradigma hierfür ist zivilisationsgeschichtlich die Transformation des Penis in den Phallus, also die Transformation eines Organs in ein Symbol (einen Wunsch, eine Ideologie, einen Kult, eine Weltanschauung, kurz – einen Modus der Organisation der Beziehung der Menschen untereinander).

Im Es, als dem von der Psychoanalyse so bezeichneten »Ort« der Symbolbildung, gibt es keine Gegensätze, sondern nur Bewegung. Die Polarisierung von männlich und weiblich, die »Verlötung« (Freud, 1905: 121) von Eigenschaften (männlich und weiblich) mit Individuen (Mann und Frau) ist in erster Linie eine organisatorische und Differenzierungsleistung des Ich. Was wir Geschlechtsidentität nennen, ist eines ihrer Resultate. Freie Bewegung der Libido besteht im Unbewußten (metapsychologisch unterschieden vom Strukturbegriff des Es) weiter fort. Hier treffen wir – aus der Sicht des organisierten Ich oder des Sekundärprozesses – sowohl auf schrecklich überzeichnete Gegensätze als auch auf chaotische Vermischungen (Aufhebung von »ordnenden« Gegensätzen). Hier sind der mütterliche Phallus, die oral verschlingende Vagina, der anale Penis, die väterliche Brust, der Brust-Penis und all die anderen Unterwelt-Figuren zu Hause – psychoanalytische Metaphern, die der freien Beweglichkeit der Libido terminologischen Tribut zollen. Freud hatte wohl die – später von Morgenthaler begrifflich herausgestellte – Differenzierung von organisierter Sexualität und dem frei beweglichen Sexuellen (Libido) im Sinn, wenn er feststellte:

»Wir haben die Triebkraft des Sexuallebens Libido genannt. Das Sexualleben wird von der Polarität Männlich–Weiblich beherrscht; ...Aber ...Es gibt nur eine Libido, die in den Dienst der männlichen wie der weiblichen Sexualfunktion gestellt wird. Wir können ihr selbst kein Geschlecht geben...« (Freud, 1932: 140 f.)

---

[16] An anderer Stelle charakterisiert Freud den Triebbegriff als »Grenzbegriff zwischen Seelischem und Somatischem« (Freud, 1915: 214).

Diese Auffassung ist wiederum in schönem Einklang mit den von Max Hartmann formulierten drei Gesetzen – und ebenso mit dem bis heute erreichten Erkenntnisstand der Endokrinologie.

Ungleichheit

Der erste Blick auf die *zweite Relation* – Ungleichheit in der Verteilung sozialer und ökonomischer Macht – zeigt die Dinge in einem scheinbar schattenlosen Licht: In der Geschichte hat sich die Herrschaft des Mannes über die Frau überall durchgesetzt; sie erscheint universell als Geschichte männlicher Machtergreifung. Patriarchat ist das Stichwort – Macht der Mütter das Gegenstichwort. Meine *dritte Relation* möchte die Triebkräfte und unbewußten Motive für *Kampf*, *Gewalt* und *Versöhnung* in den Geschlechterbeziehungen erfassen, die sich in jeder Generation und in jeder Epoche neu entfalten. Die psychoanalytische Betrachtungsweise, bezeichnet durch die Begriffe des Triebs und des Unbewußten, soll die biologische (»Generation«) und die historische (»Epoche«) Dimension in ihrem Schnittpunkt sichtbar machen.

Wenn wir die psychologische als »innere« Realität zu bezeichnen gewohnt sind und von der »äußeren«, biologischen, historischen, ökonomischen usw. Realität abheben, so müssen wir uns doch darüber klar sein, daß »innen« und »außen« Metaphern sind und daß es – auch dies wieder eine Grundannahme – nur eine Realität gibt. Wir sind gewohnt, die Arbeit des Psychoanalytikers darin zu erkennen, daß er fortwährend äußere oder vielmehr vom Patienten als äußerliche bzw. als von außen kommend erlebte Realität in dessen innere Realität übersetzt. Aber ebensogut kann man die Arbeit eines Friseurs, eines Historikers, einer Hausfrau, eines sog. Staatsmannes oder einer Arbeiterin am Fließband, also Arbeit überhaupt, unter dem Gesichtspunkt der Übersetzung von innerer in äußere Realität betrachten. Immer wird einem (inneren) Wunsch eine (äußere) Form, Struktur gegeben; was dabei aus dem Wunsch wird, ist eine ganz andere Frage.

So betrachtet, versinken alle klaren Beobachtungen und Feststellungen über ökonomische Ausbeutung, soziale Herrschaft, Macht und Ohnmacht in tiefe Schatten – ohne daß wir ihren Tatsachencharakter anzweifeln oder ihren Bedeutungswert mindern, etwa den der ungleichen Entlohnung von Männern und Frauen für gleiche Arbeit, den der ungleichen Verteilung von Bundestags- und Aufsichtsratssitzen auf Frauen und Männer oder der ungleichen Verteilung von Gewaltverbrechen.

Sich von jemandem – also bezogen auf mein Thema: vom Mann – als schwach oder schön oder nicht so aggressiv definieren zu lassen, kann ebenso aggressiv und ebenso befriedigend sein wie die Macht des Definierens auszuüben. Macht ausüben hat offensichtlich einen zur Gesundheit und einen zur Krankheit weisenden Pol, und der Umschlag vom einen zum anderen ist nicht leicht festzustellen. Es ist unumgänglich, Kriterien zur Unterscheidung von gesunder und kranker Befriedigung oder besser: gesunder und kranker Lust zu finden. Das in jeder Zerstörung wie Selbstzerstörung nachweisbare Moment der Lust ist sicherlich notwendiger Bestandteil des Lebensprozesses, führt aber in seiner ungezügelt ausgelebten Konsequenz immer zum Tod, zum eigenen oder dem des anderen, und kann darum nicht gesund genannt werden.

Weitere Schwierigkeiten treten hinzu. Sogenannte Passivität (des »äußeren«, vordergründigen Verhaltens) kann ebenso mächtig machen und ebenso gewalttätig sein wie Aktivität; in der Alltagssprache wird aber nur Aktivität mit Aggressivität assoziiert – und Passivität mit Erleiden.[17] Sich in Abhängigkeit begeben zu können, genauer: die eigenen Abhängigkeitswünsche zu erkennen und anzuerkennen, sie nicht verleugnen zu müssen, ist für die seelische Gesundheit ebenso unerläßlich wie das Unabhängig-Werden. Der Begriff der Autonomie schließt in der Psychoanalyse, im Gegensatz zu seinem plakativen Gebrauch in den politischen Emanzipationsbewegungen, die Fähigkeit (nicht das triebhaft agierte Bedürfnis) ein, sich in Abhängigkeit zu begeben. Risiko und Erstarrungszustand der Abhängigkeit ist die Unterordnung; aber Abhängigkeit ist dennoch mit Unterordnung so wenig gleichzusetzen wie Unabhängigkeit mit Überordnung.

Im Verlauf der menschlichen Geschichte wurde die Frau in einem Ausmaß und in einer geschlechtsspezifischen Ausprägung zum Objekt von Gewalttätigkeit, zu der es für den Mann keine Entsprechung gibt: legalisierte oder durch Brauch und Ritus sanktionierte Vergewaltigung, Tötung von Ehefrauen und neugeborenen Mädchen, He-

---

17 Darauf hat schon Freud mit der Bemerkung hingewiesen, »Es mag ein großes Stück Aktivität notwendig sein, um ein passives Ziel durchzusetzen« (Freud, 1932: 123). Desgleichen vermerkt Darwin: »...übt das Weibchen, wenn auch vergleichsweise passiv, allgemein eine gewisse Wahl aus und nimmt ein Männchen im Vorzug vor anderen an« (Darwin, 1871: 250).

xenverfolgung, Prostitution, Einsperrungen, Aussperrungen, sexuelle und Kleidervorschriften. In dem Maß, in dem im Verlauf der Zivilisation sich die Mittel der Gewaltausübung überhaupt verfeinern bzw. durch den Prozeß der Verinnerlichung ergänzt werden, tritt natürlich auch die Gewalt gegen Frauen in ihrer rohen Form zurück, ohne jedoch jemals ganz zu verschwinden. Angesichts der erdrückenden Beweise spezifischer Gewaltanwendung von Männern gegen Frauen und von spezifischer Gewalt über die Frau in der Geschichte mag der meine Überlegungen leitende Gedanke über die Aggressivität und die Macht derer, die sich »als schwach definieren lassen«, vielen wie eine Verhöhnung der Opfer klingen und manchen zu einer Freisprechung der Täter einladen. Diese Bürde hat Winnicott wohl gemeint, wenn er seine Arbeit über »Die Beziehung zwischen Aggression und Gefühlsentwicklung« mit den Worten einleitet:

»Wenn die Gesellschaft in Gefahr ist, liegt das nicht an der Aggressivität des Menschen, sondern an der Verdrängung der persönlichen Aggressivtät bei jedem einzelnen. Beim Studium der Psychologie der Aggression wird dem Studenten eine schwere Bürde auferlegt, und zwar aus folgendem Grund. In einer Gesamtpsychologie bedeutet das Bestohlenwerden das gleiche wie Stehlen, und ist ebenso aggressiv. Schwachsein ist ebenso aggressiv wie der Angriff des Starken auf die Schwachen« (Winnicott), 1950:89).

Wenngleich sich mein Gedanke ausdrücklich auf die Psychologie der Aggression bezieht und nicht unverändert auf Politik und Geschichte der Gewalt übertragbar ist, fixiert er doch die Psychologie als konstitutives Moment von Geschichte und Politik. Daraus folgt zunächst die Behauptung, daß *Mann und Frau zusammen* Geschichte und Politik machen – und daß die Frau niemals Objekt oder Opfer »männlicher« Politik ist, auch wenn nur biologisch männliche Inidviduen die Regierung bilden, in einem Parlament sitzen, dort ausgemacht frauenfeindliche Gesetze erlassen usw.

In dieser Betrachtungsweise schickt die Frau den Mann ebenso in den Krieg wie der Mann die Frau an den Herd fesselt; sie bilden zusammen ein Paar von einer ganz anderen Qualität der emotionalen Reziprozität und Einheit als Nazis und Juden, US-Aggressor und Vietkong, einzelner Notzüchter und die diesem zufällig begegnende Spaziergängerin im Stadtwald. Mag es auch zwischen den zuletzt aufgeführten und vergleichbaren »Paaren« vielfältige viktimologisch, soziologisch und historisch rekonstruierbare Beziehungen geben, die dem ersten Blick verborgen bleiben, der immer *einen* Täter und *ein* Opfer sieht, so bilden Mann und Frau in der Geschichte doch ein Paar von ganz besonderer Art. Sie sind mindestens in dem Sinn »auf immer vereint«, als sie geschichtlich niemals auseinander gehen können.

Familiarisierung des Männchens

Damit wird aber nicht behauptet, daß das Mann-Frau-Paar die ursprüngliche oder universelle gesellschaftsstiftende Einheit repräsentiere – wie dies lange über die sog. Kernfamilie behauptet wurde (Murdock, 1949). Wenn es überhaupt eine solche universelle Einheit gibt, dann ist es die Mutter mit ihren abhängigen Jungen, eine soziale Konstellation, die definitionsgemäß bei allen Säugern vorkommmt. Variieren können nur 1. das *Ausmaß der Pflege*, welche die Mutter ihren Jungen über das notwendige Minimum hinaus gibt (also die Verfügbarkeit des sich konstituierenden primären Objekts), und 2. die *Stärke der Anbindung* eines oder mehreren Männchen an diese Grundeinheit (die weder beim Tier noch beim Menschen aus nur einer Mutter und ihren Jungen zu bestehen braucht). Diese »Anbindung« kann sich bei den Säugern auf 90 Sekunden pro Generationszyklus, also die Kopulationsdauer, beschränken (beim Hamster) und bis zur monogamen Paarbildung reichen (beim Gibbon etwa).

Es spricht vieles dafür, die »Familiarisierung des Männchens« mit E. W. Count als den »bedeutsamsten Einzelvorgang« zu betrachten, »durch den sich die menschliche Familie aus den Alloprimaten entwickelt hat« (Count, 1970: 128). Robin Fox geht noch einen Schritt weiter und fragt nach dem *Grundmuster* der Fortpflanzungs- / Sozialsysteme in der Säugetier-Reihe:

»Falls es eines gibt, wäre es wichtig, dieses Muster zu bestimmen, denn es hätte auch für unsere Vorfahren vor dem ›Übergang zur Menschheit‹ gegolten. Es wäre der Rohstoff für die Hominidengesellschaft: das Fortpflanzungssystem, aus dem das ›Sozialsystem‹ entstanden ist. Ich denke, es gibt ein allen in Gruppen zusammenlebenden Primaten gemeinsames Muster, und dieses Grundmuster umfaßt die Beziehungsdynamik – oder die Strategien, wie wir sie genannt haben – die zwischen den drei Hauptblöcken oder Interessengruppen des Systems herrschen – erstens den etablierten Männchen, zweitens den Weibchen und Jungtieren und drittens den randständigen oder heranwachsenden Männchen. ›Etabliert‹ sind jene Männchen, die Zugang zu fortpflanzungsfähigen Weibchen haben, weil sie sich einen ›Harem‹ oder ein Territorium oder den Aufstieg in der Rangordnung – oder was immer erwartet wird – erkämpft haben. Ihnen gegenüber stehen die – in der Regel jüngeren – Männchen, die diesen Status erst noch erlangen wollen. Die Weibchen stehen zwischen beiden Gruppen; sie versorgen die Randgruppen mit dem ›Nachschub‹ an jungen Männchen und selegieren die ›besten Gene‹ bei den ausgewachsenen Männchen« (Fox, 1982: 18).

R. Fox sieht in der Strukturdynamik der »drei Blöcke« die gesellschaftsbildende *Macht* überhaupt; da aber jeder Verhaltensbiologe oder Paläontologe, der etwas auf sich hält, eine von allen andern bislang nicht erkannte Macht mobilisiert, will ich dieser interessanten Überlegung jetzt nicht weiter nachgehen.

Wenn man die ganze Phylogenese unter dem Aspekt der Geschlechterbeziehung verfolgt, wird man in bezug auf die in Gruppen lebenden Arten feststellen können, daß ihre Organisation der »Machtverteilung« (eine gewiß anthropomorphe Betrachtungsweise) von genetisch festgelegten stereotypen Differenzierungen (etwa bei den Termiten) zu »freieren« Organisationsprinzipien aufsteigt, in denen das Moment des Kampfes mit ungewissem Ausgang und damit Lernen, Intelligenz und Verfügung über bereits erlangte Macht zunehmend wichtig werden. Bei den Alloprimaten ist zum Organisationsprinzip innerhalb der für ein Geschlecht, Männchen und Weibchen, vorgesehenen Möglichkeiten der Rangordnung eindeutig der Status geworden. Dieser ist aber nicht mehr genetisch fixiert, sondern muß sozial festgelegt, erkämpft werden.

Teilt man, zweitens, den Lebensprozeß des Individuums in zwei sich wiederholende Zyklen ein – eine Phase der reproduktiven Aktivität und eine Phase der Reproduktionsruhe –, so wird man feststellen, daß mit der phylogenetischen Entwicklung die Phase der reproduktiven Aktivität einen immer größeren Teil der Lebensspanne ausmacht und daß sich, drittens, am Ende der Fortpflanzungsphase der soziale Dimorphismus (Count) bzw. der Verhaltensdimorphismus (Bischof) wieder verwischt; d. h.: Männchen und Weibchen gleichen sich in ihrem Verhaltens wieder an.

Mit dem Erscheinen des Menschen werden die ersten beiden Tendenzen weiter fortgeführt, die dritte aber eindrucksvoll außer Kraft gesetzt: Geschlechterrollen und intrapsychische Repräsentanzen der

Geschlechtsidentität werden so gewaltsam und ein für allemal markiert, daß man von einer bipolaren Überzeichnung der Geschlechterrollen beim Menschen sprechen kann. In der, evolutionsgeschichtlich betrachtet sehr kurzen Zeit des Übergangs vom pflanzenfressenden Primaten zum jagenden Affenmenschen kommt es zu einer Revolution (Fox) im Verhältnis der drei Blöcke; dieser Prozeß wird von unterschiedlichen Untersuchern unterschiedlich beschrieben und bewertet; als sein Resultat finden wir immer die *Familiarisierung des Männchens.* Jetzt müssen eindeutig soziale Programme zur Lösung des zentralen Problems des sexuellen Zugangs zu den Weibchen entwickelt werden, Lösungen, die sich nicht mit der Ausstoßung der unterlegenen Männchen zufrieden geben. Hier liegt der Ursprung der Initiation, der Exogamie und des Inzest-Tabus; und ebenso liegt hier die Begründung für die Universalität des Ödipuskomplexes. Damit sind aus den Männchen Männer und aus den Weibchen Frauen geworden.

Penis- und Vaginalneid

Der Penisneid der Frau erscheint aus dieser Sicht, ohne seine Existenz selbst anzuzweifeln, als ein sekundäres Phänomen, das eher Auskunft über den aktuellen historischen Stand der Geschlechterspannung gibt als über die Natur der Frau. Der Vaginalneid des Mannes erscheint jetzt als gewiß so begründet wie der Penisneid der Frau: Weil er nicht gebären kann, muß der Mann »familiarisiert« werden, mit allem geschlechtsspezifischem Haß, der hieraus erwächst.

Erst Penisneid und Vaginalneid (bzw. Gebärneid) als Paar bilden eine brauchbare psychoanalytische Konstruktion (vgl. Mitscherlich-Nielsen, 1983; Kestenberg, 1980; Chasseguet-Smirgel, 1984; Benz, 1984). Daß der Neid des Mannes auf die prokreativen Fähigkeiten der Frau (schwanger werden, gebären, stillen) so lange keinen begrifflichen Ausdruck in der psychoanalytischen Theorie gefunden hat, obwohl er in der Analyse eines jeden männlichen Patienten in verstellter oder unverstellter Form zur Darstellung kommt, ist selbst Ausdruck des Vaginalneids, der projektiv am Penisneid der Frau abgehandelt wird. Zu Recht hat J. O. Wisdom in seiner Arbeit »Male and Female« Freuds Seuxaltheorie eine »one-body-psychology« genannt (Wisdom, 1983: 160), in welcher der Mann seine Männlichkeit über den Besitz eines Penis und die Frau ihre Weiblichkeit über den Verlust eines Penis erlange.

»Weibliche Gesellschaft«

Eine zu den menschlichen »Ursprüngen« zurückgehende Betrachtungsweise verführt dazu, die Frau, sei es in ihrer Eigenschaft als Mutter, sei es als sonstwie vorgestellte Verkörperung eines weiblichen Prinzips, als in einem Mittelpunkt ruhend zu imaginieren. Der Mann streicht dann um die Mütter herum, bietet seine Dienste, Kraft, Intelligenz und Geschick an, präsentiert das Genitale, vertreibt männliche Rivalen oder verbrüdert sich mit ihnen – und begibt sich entweder friedfertig in den Machtkreis der Großen Mutter oder aber er rebelliert gegen sie und zettelt Streit an.

Diese Sichtweise führt gewöhnlich zur Konstruktion eines Ur-Matriarchats als behauptetem ursprünglichem geschichtlichem Zustand, sicher nicht weniger ideologisch als die vielen Konstruktionen eines Ur-Patriarchats.[18] Eine wissenschaftliche Linie der verehrungsvollen Wiedereinsetzung des Weiblichen, der Großen Mutter, die am Unbehagen an den menschheitsverderbenden »männlichen« Eigenschaften sich entzündet, beginnt mit Bachofen, führt über Michelet (1974), Ranke-Graves,[19] W. J. Thompson[20] und viele andere, streift den späten Herbert Marcuse und findet mit Borneman ihren Höhepunkt. Wieviel Haß gegen die Frau mit solcher Verehrung des Weiblichen abgewehrt werden kann, zeigt gerade Bornemans Werk »Das »Patriarchat«. Es beginnt mit dem doppeldeutigen Satz: »*Das Patriarchat* ist den Frauen gewidmet…« (Borneman, 1975: 7) und endet mit

---

[18] Ein ur-patriarchalischer Menschheitszustand wird u. a. behauptet von Müller (1984). Vgl. dagegen die Diskussion dieses Themas bei Wesel (1980).

[19] Das übergreifende Interesse des Gesamtwerkes von Ranke-Graves gilt dem Nachweis der gewaltsamen geschichtlichen Verdrängung ursprünglich weiblicher Gottheiten, die eine matristische Organisation der Gesellschaft vertreten, durch männliche Gottheiten – überall auf der Welt. In der »Weißen Göttin« schwingt sich Ranke-Graves, darin E. Borneman ähnlich, zu einer remythisierenden Parole auf: Die männlich dominierte, durch Technik entseelte westliche Zivilisation müsse erst in einer Apokalypse zerschellen, um dann aus sich selbst die Reinigung hervorzubringen: »…das unterdrückte Verlangen der westlichen Kultur, das einer praktischen Form des Kults der Göttin gilt…« (Ranke-Graves, 1981: 585).

[20] Thompson rekonstruiert sehr feinfühlig, wie »die Entdeckung des Getreides durch die Frauen zur Entdeckung des Krieges durch die Männer führte« (Thompson, 1981: 40) und wie es »mit der Verschiebung von religiöser, magischer Autorität zu maskuliner, militärischer Macht« (S. 45) zum Zusammenbruch der starken Machtposition der Frau in der traditionellen neolithischen Gesellschaft kam. Zusammenfassend: »Die mesolithischen Gesellschaften haben die Domestikation von Tieren, die neolithischen diejenige von Pflanzen erlebt, das Zeitalter nach dem Neolithikum erlebt die Domestikation der Frau durch den Mann« (S. 45 f.) – Im Gegensatz zu Borneman und vielen anderen, hier nicht aufgeführten Autoren der von mir angedeuteten Linie macht Thompson für diese Entwicklung nicht projektiv männliche Schlechtigkeit verantwortlich.

34

einem flammenden Aufruf zur Totalkastration der Frau im Namen der Revolution:

»Die Befreiung der Frau kann nur durch die Befreiung von der Geschlechtlichkeit erfolgen. Einerlei welche Rechte sie sich erkämpft, einerlei wie weit es ihr gelingt, die Vorurteile gegen sie abzubauen, einerlei wie weit die Angleichung der Löhne beider Geschlechter fortschreitet, drei biologische Benachteiligungen bleiben vorerst noch erhalten: Menstruation, Schwangerschaft, Verwundbarkeit der Mammae. Ehe wir nicht alle drei beseitigt haben, kann es keine Gleichberechtigung geben« (S. 531).

Angesichts solcher Widmungen ist es verständlich, daß die feministische Bewegung gegen jede, auch vorgeblich feminophil-revolutionäre Indienstnahme des Weiblichen sich sperrt; so auch gegen Marcuse, der in seinen letzten Jahren die Idee einer freien, zu sich selbst und zur Ruhe gekommenen Menschheitsverfassung im Begriff einer »weiblichen Gesellschaft« zu verfassen versuchte:

»Das Vermögen, ›rezeptiv‹, ›passiv‹ zu sein, ist eine Vorbedingung von Freiheit: es bezeichnet die Fähigkeit, die Dinge in ihrem eigenen Recht zu sehen... Diese Rezeptivität ist selbst der Boden des Schöpferischen – sie bildet den Gegensatz nicht zur Produktivität, sondern zur *zerstörerischen* Produktivität. Letztere ist das immer deutlicher hervortretende Charakteristikum männlicher Vorherrschaft; weil das ›männliche Prinzip‹ die herrschende geistige und körperliche Kraft gewesen ist, wäre eine freie Gesellschaft die ›bestimmte Negation‹ dieses Prinzips – sie wäre eine *weibliche* Gesellschaft. Diese ist grundsätzlich verschieden von jeglicher Form des Matriarchats. Das Bild der Frau als Mutter ist selbst repressiv; ...« (Marcuse, 1973: 90)

Obgleich die »Verweiblichung des Männlichen« bei Marcuse (1973: 91) als philosophische Idee gefaßt ist und nicht, wie bei Borneman, als totalitäre psychochirurgische Vision, wird die Frau doch von beiden – und sie sind hier stellvertretend für viele andere Autoren und Programme zitiert – als utopische Heilsbringerin phantasiert. Zugleich wird aber – auf der bewußten Ebene – lautstark geleugnet, daß diese Erwartung etwas mit ihrer Eigenschaft als Mutter, mit dem Mütterlichen zu tun habe.

Gegen eine, auch revolutionär intendierte, Vereinnahmung des Weiblichen, gar der Frauen als Verkörperung dieses Weiblichen, haben sich Sylvia Bovenschen und Marianne Schuller in einem Streitgespräch mit Herbert Marcuse gewandt:

»Das Bild der Frau, daran gibt es nicht zu deuteln, ist von Männern definiert, projiziert und etabliert. Dieser Sachverhalt ist so alt wie die Geschichte. Aus ihm ergibt sich ein spezifischer Präsenzmodus des Weiblichen in der Geschichte. Das Weibliche nämlich existiert nur als projektiver Entwurf – sei es in der Formulierung von Hoffnung, sei es in der Formulierung von Bedrohung« (Habermas et al., 1981: 70).

Daß der Mann im Verlauf seiner gattungsgeschichtlichen »Machtübernahme« der Frau ihr Wesen genommen habe – indem er sie »definierte« – und ihr darum nunmehr etwas fehle, ist eine – vielleicht sogar *die* – zentrale feministische Denkfigur.[21] Sie kehrt in vielerlei Gestalt in allen feministischen Texten wieder und bestätigt ebenso eindrucksvoll wie ungewollt die psychoanalytische Theorie vom Penisneid der Frau. In der Fixierung auf den Penisneid verharrt die Frau auf der Position, der Mann (oftmals selbst nur Agent der verborgenen, allmächtigen Mutter) habe ihr etwas genommen, was sie »eigentlich«, nach ihrer Anlage bzw. im Verborgenen besitze und das sie nun literarisch suchen, politisch erkämpfen und dessen banales Vorhandensein im leiblichen Mann sie, etwa durch ebenso leibliche Abwendung, zerstören müsse.

Diese Position wird in dem Gedanken, daß die Frau nur im Mann und als dessen Projektion existiere, konsequent zu Ende geführt. Den besessensten literarischen Ausdruck findet dieser Gedanke in den Schriften von Luce Irigaray (1980), die nicht müde wird, alle »männlichen« Gedanken und Begriffe der »großen« Philosphie – und jeder Gedanke steht symbolisch für den Phallus – dadurch zu zersetzen, daß sie sie mimetisch nachplappert und dabei »unbemerkt« die Wörter verdreht – ebenso wie es die kleinen Jungen und Mädchen in der ödipalen Auseinandersetzung mit den Geboten und Verboten der Eltern tun.

Es ist unbestritten, daß im Medium von Sprache, Gesetzgebung, Geschichtsschreibung, künstlerischer Produktion, überhaupt des *sichtbaren* kulturellen Ausdrucks, der Mann »definiert« – und die Frau definiert wird. Oder definieren läßt? Es gibt auch einen weib-

---

[21] Dieser Gedanke erscheint in dem o. g. Streitgespräch in der Formulierung: »...daß der eine Pol, nämlich das Weibliche, überhaupt noch nicht wirklich besteht, überhaupt keine Sprache hat, keine historische Artikulation...« (a. a. O.: 74).

lichen Zugang zur Kultur, durch alle geschichtlichen Epochen hindurch, von dem aus betrachtet es nicht so ausschießlich bedeutungsvoll ist, »kulturell kreativ« (verstanden in der Wortbedeutung der Schaffung sog. Werte der sog. höheren Kultur) zu sein. Denn vom »inneren Kreis« der Kreativität aus betrachtet, dem Erzeugen und Gebären, sind alle anderen kulturellen kreativen Leistungen nur Nebenschauplätze. Diese Sichtweise setzt freilich voraus, die Geburt des menschlichen Kindes als einen kulturellen und nicht als einen biologischen (im verengten Gebrauch dieses Wortes) Akt zu betrachten.

»Creare« bedeutet sowohl erzeugen als auch hervorbringen, gebären, umfaßt also den männlichen wie den weiblichen Anteil am »kreativen« Akt des Hervorbringens von Nachkommen. Aber der männliche Anteil am Akt ist *unsichtbar*. Es ist darum eine immer wiederkehrende ethnologische Beobachtung, daß in Kulturen, die sich soziologisch auf dem Übergang von matristischen zu patristischen Organisationsformen befinden, die Männer *im Ritual* einen besonders dominanten Status einnehmen (vgl. Berndt, 1962). Im Ritual, also dem *sichtbaren* kulturellen Ausdruck, versuchen die Männer die Frauen zu »definieren«. Bei vertiefter, etwa ethnopsychoanalytischer Betrachtungsweise läßt sich ebenso regelmäßig zeigen, daß diese Ritualisierungen im Dienst der Abwehr einer gefürchteten Bedrohung des Mannes durch die Frau stehen.

Der Übergang von der matrilinearen zur patrilinearen Organisation steht psychologisch unter dem Zeichen der Ersetzung der sichtbaren Mutterschaft durch die unsichtbare Vaterschaft. Freud hat diese Wendung, die sich religionsgeschichtlich in der Hinwendung zum unsichtbaren einen Gott des jüdischen Monotheismus ausdrückt, als »Sieg der Geistigkeit über die Sinnlichkeit, als einen Kulturfortschritt« gedeutet, »denn die Mutterschaft ist durch das Zeugnis der Sinne erwiesen, während die Vaterschaft eine Annahme ist, auf einen Schluß und auf eine Voraussetzung aufgebaut« (Freud, 1937 b: 221). Offenbar wird dieser Fortschritt vom Mann selbst als sehr ambivalent und unsicher empfunden, sonst müßte er nicht andauernd bedrohliche kulturelle Phallus-Bilder als sichtbare Zeichen des Sieges des Unsichtbaren über das Sichtbare aufstellen.

In der Entwicklungsgeschichte der Frauenbewegung seit den sechziger Jahren lassen sich drei große Etappen bzw. Richtungskämpfe ausmachen. In der ersten Etappe schält sich die feministische Bewegung allererst aus der sozialistischen (Studenten-)Bewegung heraus. In der zweiten Etappe wird um die sexuelle Indentität gerungen; politisch geht es dabei um die Frage, ob sich die Frauenbewegung »total« von »männlicher« Politik abwendet; dies Ringen nimmt als Auseinandersetzung zwischen »Lesben« und »Heterofrauen« Gestalt an. In der dritten Etappe geht es vordergründig um die Auseinandersetzung »Autonome« bzw. »Radikale« versus »Mütter«; auf einer tieferen, unausgesprochenen bleibenden Schicht um die Frage der Anerkennung von Mütterlichkeit als konstitutivem Element von Weiblichkeit.

In diesen drei Etappen wird in einer verblüffenden massenpsychologischen Parallele der psychophysische Entwicklungsprozeß vom Neugeborenen über das kleine Mädchen zur Frau nachgezeichnet – mit allen Risiken und alterstypischen Herausforderungen dieser Entwicklung. In der ersten Etappe geht es um die Frage der Individuation, der Bildung erster Identitätskerne und der psychischen Loslösung aus der Symbiose (Mutter = sozialistische Bewegung). In der zweiten Etappe muß die sexuelle Identität (Beginn des 2. Lebensjahres) gewonnen, müssen phallische Selbstbehauptung und Autonomie erlangt werden. In der dritten Etappe geht es um die Frage, ob auf der Stufe der Adoleszenz, der imaginierten Omnipotenz, der homosexuellen Autarkie verharrt wird (»homosexuell« hier nicht als sexuelle Objektwahl verstanden, sondern als Weltsicht, als Position einer phantastischen und phantasierten Unabhängigkeit vom anderen Geschlecht). Oder ob die biologische Basis als Herausforderung für weitere Entwicklung, in der Auseinandersetzung mit Mutterschaft und Mütterlichkeit, anerkannt wird. Damit ist, wie gerade die »Mütter« der Frauenbewegung gezeigt haben, etwas anderes intendiert als das regressive Sich-Hineinfinden in eine tradierte soziale Mutter-Rolle. Diese Parallele legt ein Stück Naturwüchsigkeit, Macht des Lebendigen, bloß. Das wird von den »Autonomen« als bedrohlich empfunden, denn der »Autonome« fürchtet nichts mehr, als daß das Leben seiner Allmacht Grenzen setzt. Vielleicht wird darum die Wende zu den »Müttern« von Alice Schwarzer (1981: 97) als »biologistische« Unterwerfung verkannt und gebrandmarkt.

Versöhnung der Geschlechter

In Wirklichkeit deutet hier der Reifeschritt sich an, den ich in meiner dritten Relation als »*Versöhnung der Geschlechter*« bezeichne. Diese muß in jeder Generation, in jeder historischen Epoche, in jeder politischen Bewegung, in jedem kreativen Akt neu errungen werden. Um mich auf Mann und Frau konzentrieren zu können, hatte ich mit der Feststellung begonnen, es gäbe außer den »beiden Beteiligten« keine dritte Macht, und mußte dann sofort einschränken: Die Beziehung zweier Punkte zueinander lasse sich nur durch die Einführung eines dritten bestimmen. Dann habe ich viel disparate Triangulationspunkte benannt, von der Bewegung der Gameten bis zur Frauenbewegung. Der Begriff der Versöhnung markiert ebenfalls einen solchen Punkt; er weist auf die Sühne für die in Elternmord und Inzest begangene Schuld. Das Produkt der Sühne ist das Kind. Das Kind steht für die Kontinuität des Lebens und damit virtuell für die Aussöhnung mit den beiden großen Kränkungen: nicht autark und nicht unsterblich zu sein. Ebenso steht es für Gesellschaftsbildung und damit für tödliche Auseinandersetzung, Kampf und Gewalt.

Biologische und psychische Geburt

In einer weiteren Zuspitzung habe ich gesagt, die Geburt des menschlichen Kindes sei kein biologischer, sondern ein kultureller Akt. In der Tat erreicht das menschliche Kind erst nach einem Jahr den Ausbildungsgrad, den ein seiner Art entsprechendes Säugetier zur Zeit der Geburt verwirklichen müßte. Adolf Portmann hat dafür den Begriff des »extrauterinen Frühjahrs« geprägt und den Menschen eine physiologische Frühgeburt genannt (Portmann, 1944: 57f. und 87f.). In der psychoanalytischen Entwicklungspsychologie von M. Mahler wird dieses Frühjahr »Brutzeit« genannt (Mahler, 1968: 22).

In diesem extrauterinen Frühjahr, in dieser Brutzeit, findet die »psychische Geburt« statt, ohne welche die biologische Geburt gleichsam als Abort enden würde. Bei dieser zweiten Geburt kommt dem primären Objekt, in der Regel der Mutter, die Rolle des Geburtshelfers zu – zunächst als erweiterter Reizschutz, dann als symbiotischer Partner, dann als erstes Liebes- und zugleich auch schon Trennungsobjekt. In diesem ersten Jahr werden die entscheidenden und nie mehr auszulöschenden Kerne des Identitätsgefühls und der sexuellen Identität gebildet.

Wenn man die oben dargestellten Überlegungen M. Schurs berücksichtigt, ist die psychische Geburt dann abgeschlossen, wenn an der Stelle des Reflexes der Wunsch und damit an die Stelle der Instinkteingebundenheit bzw. des Instinktmangels die Identität tritt: Ich bin der, der so beschaffen ist, daß er dies wünscht. Dieser Vorgang »läuft ab« mit einer Macht von solcher Naturnotwendigkeit, daß selbst psychoanalytische Autoren immer wieder versucht sind, von ihrem eigenen auf das biologische Paradigma zu wechseln und dann nicht mehr von Identifizierung und Introjektion, sondern von Prägung sprechen. »Die einzige Mutter prägt ihr einziges Kind«, sagt H. Lichtenstein (1961) und meint damit, daß die Mutter ihrem Kind zwar nicht eine festgefügte Identität, aber doch ein Identitäts-Thema vorgebe. Dieses Thema ist bestimmt durch ihre eigenen Identifizierungen, durch ihre Wünsche und Phantasien in bezug auf sich selbst und dies »einzige« Kind und bleibt diesem Kind für dessen ganzes Leben unabänderlich erhalten. Vor allem über diese Identifizierungen, Wünsche, Phantasien der Mutter kommt im extrauterinen Frühjahr der Vater ins Leben des Kindes.

Kann man also sagen, daß für die Ontogenese der Menschwerdung die Mutter wichtiger ist als der Vater, die Frau wichtiger als der Mann? Selbst wenn man den Blick auf das extrauterine Frühjahr einengt, ergibt diese Frage keinen Sinn. Dem Menschen stehen auf seinem Weg zur Menschwerdung *zwei* große Aufgaben zur Lösung an – universell, soweit ich sehe, also durch alle geschichtlichen Epochen hindurch und in allen kulturellen Ausformungen, in denen sich Geschichte materialisiert. In der Psychoanlayse werden sie als dyadischer Konflikt und als triadischer Konflikt bezeichnet.

Dyadischer und triadischer Konflikt

Im dyadischen Konflikt geht es um die oben angedeutete Lösung vom Primärobjekt Mutter, um die Lösung aus der Dyade. Ich möchte noch einmal deren dramatische Dialektik betonen: Einerseits ist die Herstellung der Symbiose selbst ein biopsychischer und, sofern wir den Akzent auf die psychische Komponente des Geschehens legen, ein kultureller Akt. Dieser erfordert, daß die Frau, die empfängt, auch bereit wird, Mutter zu werden. Sie muß die Position der adoleszenten Autonomie, die ja in Wahrheit die Tochter-Position ist, aufgeben wollen und aufgeben können, um eine Position der Mütterlichkeit einzunehmen. Sonst mißlingt der Bildungsprozeß der »symbiotischen Membran« (M. Mahler) schon im Vorfeld des psychischen Geburtsaktes.

Diese »Membran« wird von Mutter und Kind in einem ersten, gemeinsamen kreativen Akt geschaffen. Aber anders als das neugeborene Kind, das seinen Teil zu diesem Akt ganz selbstverständlich beisteuert, weil es die Mutter braucht und über angeborene psycho-biologische Potentiale verfügt, um dieses Brauchen zu signalisieren, kann die Mutter sich initial vom Kind abwenden, die Signale unbeantwortet lassen oder verzerrt beantworten. Winnicott hat dieses Erfordernis an die Mutter in der ihm eigenen betörenden Schlichtheit ausgedrückt: Sie muß »good enough« sein (Winnicott, 1956).

Andererseits muß die Mutter dem Kind gestatten, sich aus der Symbiose wieder zu lösen, in gewissem Sinn: diese zu zerstören wie eine zweite Placenta. Um sich selbst treu werden zu können, d. h. eine eigene abgegrenzte Identität, ein Gefühl des unverwechselbaren Ich-Selbst zu entwickeln, muß das Kind dem Primärobjekt untreu werden. Die phantasierte Untreue zum Primärobjekt und die daraus erwachsenden Gefühle von Schuld und Haß treten in jeder therapeutischen Analyse zutage, wenn diese genügend weit geführt wird.

Auf höherer Stufenleiter begegnen wir so wiederum dem Begriffspaar der Gameten-Aktion: Vereinigung und Trennung. Desgleichen kommen uns die drei Gesetze der Sexualität von M. Hartmann wieder in den Sinn: Der Ausgang im Kampf um die Bildung der sexuellen Kern-Identität (»Core gender identity« im Sinne von R. Stoller) wird im dyadischen Loslösungskonflikt entschieden. Um dem Kind die Loslösung gestatten zu können, muß die Mutter die Getrenntheit von ihrer eigenen Mutter akzeptiert haben, mit ihr, ebenfalls innerlich, versöhnt sein. Sie darf ihr etwa nicht mehr vorwerfen, daß sie gerade diese und keine andere (»bessere«) Mutter gehabt habe. Das schließt die Lösung des Kernkomplexes im triadischen Konflikt bereits ein: sie muß der Mutter ihren Mann lassen können und ihm, also ihrem Vater, nicht die bessere Frau sein wollen.

Im triadischen Konflikt geht es um die Einführung des Dritten, um die Hinwendung zu und die Auseinandersetzung mit ihm. Der triadische Konflikt ist der Ödipuskomplex. Auch er hat ein Doppelgesicht. Das Kind wendet sich dem Dritten zu in seinem – letztlich biologisch begründeten – doppelten Verlangen: der Lösung vom Primärobjekt und dem Verlangen, neue Objekte triebhaft zu besetzen. Wo kein leiblicher Vater präsent ist, wird er, wie jede Analyse mit »vaterlosen« Patienten zeigt, in der Phantasie erschaffen. Dieser Vater wird einerseits geliebt und andererseits, weil Mann der Mutter, als Rivale gefürchtet und als Konkurrent gehaßt.

Um dem Kind die Lösung von der Mutter zu erleichtern, muß der Mann als Vater verfügbar sein, die Position der Väterlichkeit einnehmen können. Väterlichkeit bedeutet in diesem Kontext in erster Linie, daß er nicht mit den gleichen Waffen zurückschlägt, z. B. auf die »inzestuöse« Liebe des Kindes nicht mit wirklicher inzestuöser »Gegenliebe« antwortet, daß er das Kind nicht ebenso idealisiert und nicht ebenso angreift wie das Kind ihn. Er muß um das Kind auf der ödipalen Stufe ebenso besorgt sein können wie die Mutter um das Kind in der Dyade. Damit ist die phylogenetisch höchste Stufe der Familarisierung des Männchens – und historisch: des Mannes – erreicht. Diese Position kann er, wie die Frau, nur einnehmen, wenn er sich mit seinem Schicksal als Sohn dieser Mutter und Sohn dieses Vaters ausgesöhnt hat. Andernfalls muß er in irgendeiner Form flüchten, um immer – und sei es anklagender oder rächender – Sohn bleiben zu dürfen.

Im Ödipuskomplex nimmt die Vereinigung mit den Eltern (oder einem Elternteil) die Form des Inzestwunsches an, die Trennung von den Eltern (oder dem anderen Elternteil) die Form der Elterntötung. Beides, Inzest und Elterntötung, muß notwendigerweise, als Wunsch und Phantasie, begehen, wer zu einer reifen Form der Abgrenzung gelangen will. Diese Abgrenzung beinhaltet – in der Sühne für die in der Phantasie begangenen Verbrechen – die Fähigkeit, Schuld zu ertragen, und die Fähigkeit, die Verantwortung für das eigene Leben zu übernehmen.

Wenn wir das ödipale Drama aus der Optik von Vater und Mutter und nicht, wie gewohnt, aus der des Kindes betrachten, dann können nur die Mutter und der Vater dem Kind bereits im dyadischen Konflikt ein ebenbürtiger Partner sein, die ihrerseits den triadischen Konflikt (Ödipuskomplex) für sich gelöst haben. Die Formulierung Freuds, der Ödipuskomplex sei der Kernkomplex der Neurosen, verliert nichts von ihrer Wahrheit. In der Mutter-Kind-Dyade ist der Vater einerseits unsichtbar (als Repräsentanz) in der Mutter enthalten; real schafft er im günstigen Fall die mehr oder weniger sichtbaren Voraussetzungen, die es der Mutter erlauben, sich vorübergehend ganz auf die psychische Position der Mütterlichkeit einzustellen.

Mann und Frau werden so erst über die Positionen Vater und Sohn, Sohn und Mutter, Mutter und Tochter, Tochter und Vater, Vater und Mutter erschlossen. Das ist keine Propaganda für biologische Mutter- und Vaterschaft, etwa in dem Sinne, daß nur die Frau eine »vollständige« sei, die auch Mutter wird. Der Begriff der Position hebt vielmehr ab auf eine Stufe der inneren Auseinandersetzung und entsprechend auf Internalisierungen. Geistige Kinder bedürfen ebenso der Vater- und Mutterschaft – also Kunstwerke, politische und andere Identifizierungen (Überzeugungen) und daraus erwachsendes Handeln, alle Interessen überhaupt. Sie werden nur als echt oder lebendig empfunden, wenn Verantwortung, Besorgnis, Schuld und Hingabe ihrer Urheber in ihnen aufgehoben sind.

Gerade über diese geistigen Kinder, die mit den Begriffen der geistigen Vaterschaft, der Inspiration, der Urheberschaft und des Werkes verbunden sind, erschließt sich die Dimension der bisexuellen Potenz in der Kreativität: die Mütterlichkeit des Mannes und die Väterlichkeit der Frau. Die bisexuelle Identifikation des Künstlers (wiederum nicht primär im Sinne einer sexuellen Objektwahl oder eines Sexualverhaltens, sondern als Position) ist schon von Freud erkannt worden. Der Künstler – aber ebenso der Intellektuelle, der Naturwissenschaftler und der Politiker, der diesen Namen verdient – muß sich von seinem Unbewußten inspirieren (befruchten) lassen und muß dann die Inspiration, anders als im Traum, der autistisch bleibt und keinen Dritten interessiert, gestalten, zu einem Werk werden lassen und in diesem Verantwortung und Schuld auf sich nehmen.

Auf dem Weg zur Geschlechtsidentität gibt es in jeder Kultur und in jeder Epoche der geschichtlichen Entwicklung für das Mädchen und für den Jungen unterschiedliche Risiken und Belastungen, unterschiedliche Prämien und Benachteiligungen. Diese entfalten sich jedoch innerhalb eines Rahmens immer gleich bleibender, historisch invarianter Gegebenheiten. Von diesen sind einige für Mädchen und Jungen gleich, andere ungleich. (Es ist eine meiner Grundannahmen, daß sich diese Gegebenheiten und Risiken *in summa* ausgleichen, gemäß den drei Gesetzen der Sexualität von M. Hartmann. Anders ist die Fortpflanzung der Art nicht denkbar.) Die meines Erachtens zentrale, für beide Geschlechter unterschiedliche Gegebenheit ist, daß das Primärobjekt für das Mädchen ein gleichgeschlechtliches, für den Jungen aber ein gegengeschlechtliches ist.

Wenn sich der Junge aus der Symbiose mit der Mutter löst, muß er, um eine männliche Geschlechtsidentität erlangen zu können, gleichzeitig seine Identifizierung mit ihr viel radikaler beenden als das Mädchen. Das ist aus vielerlei Gründen ein sehr schmerzhafter Vorgang. Er hinterläßt sehr viel Haß und Wut und ist nach meinem Dafürhalten für den besonders starken, verdeckten Neid des Mannes auf die Frau verantwortlich. Ralph Greenson hat für diese Gegebenheit den Ausdruck »disidentify from mother« geprägt und sieht hierin den Grund der von vielen Psychoanalytikern geteilten Ansicht, daß sich Männer im allgemeinen ihrer Männlichkeit unsicherer sind als Frauen ihrer Weiblichkeit.

»Das Mädchen kann weibliche Eigenschaften erwerben, indem es sich mit der Mutter identifiziert. Seine Weiblichkeit ist praktisch sichergestellt, wenn es von einer weiblichen Person bemuttert wird. Der Knabe muß einen schwierigen und weit unsichereren Pfad einschlagen. Er muß die Identifizierung mit der Mutter beenden und sich mit einer männlichen Person identifizieren, wenn er eine männliche Geschlechtsidentität erwerben will... Das ist ein besonderes Problem, weil der Junge versuchen muß, auf die Lust und Sicherheit spendende Nähe zu verzichten, die die Identifizierung mit der mütterlichen Person gewährt, und gleichzeitig eine Identifizierung mit dem weniger zugänglichen Vater herzustellen« (Greenson, 1968: 161 ff.).

Im Gegenzug darf aber der Junge in der ödipalen Situation wieder auf sein Primärobjekt zurückgreifen, das ihm jetzt, im verklärten Licht der genitalen Frühblüte, als seine erste Liebe erscheint. Und das Mädchen muß das Objekt wechseln und ein anatomisch noch sehr unvertrautes und darum bedrohliches Objekt, den Vater, lieben. Zugleich muß es sich aus der dem Kind der oralen und analen Phase eigenen *aktiven* Lustsuche teilweise lösen und sich auf eine »passive«, weibliche Empfangsbereitschaft einstellen. Catherine J. Luquet-Parat hat in ihrer Arbeit über den Objektwechsel beim Mädchen diese Wende, die das Mädchen im Ödipuskomplex vornehmen mußt, als »feminin-masochistische Bewegung« zum Vater hin bezeichnet und sie mit der Formel illustriert: »Ich will, daß er mit seinem Penis, den ich für gefährlich halte, in mich eindringt« (Luquet-Parat, 1964: 125 f.). Wenn das Mädchen diese Bewegung, aus welchen Gründen auch immer, nicht machen kann, wird ihm als Frau die sexuelle Erfüllung im Mann ebenso verschlossen bleiben wie dem Mann die sexuelle Erfüllung in der Frau dann verschlossen bleibt, wenn er die Bewegung weg von der Mutter nicht vollziehen kann.

An dieser Paarbeziehung kann ich ein letztes Mal die drei Gesetze der Sexualität erläutern. Der Junge muß eine maskulin-aggressive (sadistische) Bewegung von der Mutter weg (*disidentifying from mother*) machen; das Mädchen eine feminin-masochistische Bewegung zum Vater hin. Das entspricht dem (ersten) Gesetz der allgemeinen bipolaren Zweigeschlechtlichkeit. Natürlich macht auch der Junge eine Bewegung zum Vater hin und das Mädchen eine Bewegung von der Mutter weg, aber die formulierte Bewegung ist die dominante, Bipolarität schaffende Bewegung.

Gemäß dem (zweiten) Gesetz der bisexuellen Potenz bleiben die gegenläufigen Tendenzen – passiv-unterwürfige Einstellung zum Mann (Vater) beim Jungen; aktiv-possessive Eintstellung gegenüber der Frau (Mutter) beim Mädchen – erhalten. Sie werden in der Psychoanalyse als negativer Ödipuskomplex bezeichnet.

Das (dritte) Gesetz der relativen Stärke der männlichen und weiblichen Determinierung dokumentiert dann die unendliche individuelle Vielfalt der im Sozialisationsprozeß erzielten Geschlechtsidentitäten. Transsexualismus, Homosexualität, Perversion und Heterosexualität sind innerhalb dieser Vielfalt die herausragenden, gewissermaßen leicht sichtbaren Wegmarken, an denen sich unser diagnostisch-verdinglichendes Denken orientiert. Überflüssig zu betonen, daß jetzt die Begriffe männlich und weiblich zwischen der engen Bedeutung der genetischen Geschlechtsbestimmung (wie bei M. Hartmann) und einem diese transzendierenden metaphorischen Gebrauch oszillieren.

Von den oralen und Verschmelzungswünschen aus betrachtet, wird der Verzicht auf die Einheit mit der Mutter und die Nähe zu ihr immer zu früh erzwungen. Das setzt besonders im Jungen eine Grundwut frei, die im Normalfall zu mehr oder weniger gelingenden Gegenbesetzungen führt, an erster Stelle zu einer hohen Besetzung des »Hinaus ins feindliche Leben«. Unterhalb dieser Besetzung bleibt der Neid auf die Brust erhalten und dynamisch wirksam.

Diese Dynamik ist wohl verantwortlich für zwei universell zu beobachtende Geschlechtsunterschiede, die ethologisch zum Verhaltensdimorphismus zählen und für die es keine biologische Erklärung im engeren Sinn gibt. Zum einen wird von Verhaltenspsychologen im interkulturellen Vergleich übereinstimmend die größere Aggressivität des Mannes und des männlichen Kindes konstatiert – soweit sich diese im meßbaren Verhalten niederschlägt: Gewalttätigkeit, Sexualverbrechen, Raufereien, Drohgebärden im Spiel usw. (Meyer-Bahlburg, 1980). Zum anderen ist hier auf die Homosexualität und die Perversionen zu verweisen, die beim Mann viel häufiger als bei der Frau vorkommen und bei der Frau, wenn überhaupt, meist nicht in der süchtigen Form wie beim Mann. Homosexualität und Perversion kann man – wenngleich nicht erschöpfend – unter dem gemeinsamen

Blickpunkt der besonderen männlichen dyadischen Separationsproblematik Gier (mit den Derivaten Neid und Haß auf die Brust) zusammenfassen. R. Stoller (1975) hat die Perversion zu Recht »die erotische Form von Haß« genannt.

Schluß

Auch zu diesen Befunden ließen sich strukturelle Entsprechungen auf seiten der Frau anführen und mit denen auf seiten des Mannes zu Paaren zusammenschließen. Ich will dem Verlangen widerstehen, dies zu tun. Es ist durch solches Tun nicht zu befriedigen, denn aus jeder Paarbildung entsteht eine neue Generation von Ungleichheiten, die wieder versöhnt und zu Paaren werden müssen. Statt dessen möchte ich noch einmal die drei Axiome in Erinnerung rufen, die mir helfen sollten, diesem unerschöpflichen Thema Form und Begrenzung zu geben. Es waren dies:

1. Die vier Relationen im Verhältnis von Mann und Frau: Unterschiedenheit, Ungleichheit, Kampf / Gewalt / Versöhnung und Gleichheit. Diese repräsentieren keine »objektive« Systematik, sondern meinen Zugang zu der vorliegenden Untersuchung.
2. Die drei Gesetze der Sexualität von M. Hartmann. Diese wurden von ihrem Autor ausschließlich aus der genetischen Geschlechtsbestimmung und für diese entwickelt. Meine Grundannahme von der Einheit des Lebendigen zieht die Überzeugung nach sich, daß die Gesetze der Genetik in den sozioökonomischen und psychosozialen Gesetzen der menschlichen Arterhaltung, also in Geschichte und Psychologie des Menschen, aufgehoben sein müssen.
3. Die von S. Ferenczi entwickelten vier Aktionen der Sexualität: Befruchtung und Begattung, Entleerung und Vereinigung. Aus der Aktion der Entleerung ist der Begriff der Trennung zu entwickeln, aus der Aktion der Vereinigung der Begriff der Versöhnung.

Daß sich phylogenetisch zwei Geschlechter durchgesetzt haben und nicht eines oder mehrere, haben wir hinzunehmen. Bereits die Benennung »zwei Geschlechter« ist inkorrekt und verführt zum Denken in bipolaren Gegensätzen und in binären Modellen. Korrekt ist die Formulierung: Das Geschlecht erscheint in zwei Gestalten (= dimorph). Wir sind gewohnt, Dichotomien wie gut und böse, voll und leer, jung und alt, Leben und Tod bipolar zu interpretieren und sie in binären (plus/minus) Relationen zu sehen. Dies entspricht der abendländischen Denk- und Wahrnehmungstradition, die sich als instrumentelle Vernunft durchgesetzt hat.

Dichotomien – und ebenso Dimorphismen – können aber auch als Unterschiedenheit (Trennung) in der Einheit (Vereinigung) wahrgenommen und verstanden werden. In archaischen Gesellschaften wird vielfach so verfahren. Dies hat S. Diamond in seiner detaillierten und kenntnisreichen Kritik an C. Levi-Strauß gezeigt, dessen Strukturalismus ganz dem binären Modell verhaftet ist und der dieses Modell dem »wilden Denken« aufzwingt. So werden in manchen archaischen Gesellschaften Leben und Tod, anders als bei uns, »unter Umständen gar nicht als polar wahrgenommen, sondern vielmehr als Aspekte eines einzigen Zustands, des Zustands der Existenz« (Diamond, 1968: 234).

Andererseits ist nicht von der Hand zu weisen, daß die menschliche Denkfähigkeit überhaupt mit der Entdeckung eines bipolar empfundenen Gegensatzes beginnt, nämlich der von »guter« (befriedigender und idealisierter) und »böser« (versagender und darum als verfolgend empfundener) Brust (Klein, 1960). Die extreme Hilflosigkeit des neugeborenen menschlichen Kindes und seine lang andauernde reale Ohnmacht müssen durch ein hohes Maß an mütterlicher Liebe und Pflege ausgeglichen werden. Beide zusammen, die reale Ohnmacht und die mütterliche Omnipräsenz, werden vom Kind zunächst illusionär verarbeitet zu einem Gefühl von Allmacht. Dieses schöne Gefühl wollen wir ein Leben lang nicht aufgeben und projizieren darum das Böse und Schlechte beständig in den anderen. Die Entwicklung zum erwachsenen Menschen, Mann und Frau, bringt es mit sich, reale Ohnmacht und Hilflosigkeit als zum Menschsein gehörig zu akzeptieren. Akzeptieren bedeutet mehr als intellektuell erkennen – nämlich anerkennen. Mit sich selbst versöhnt ist, wer den Wunsch nach Verschmelzung mit dem omnipotenten Objekt als Notwendigkeit zur Trennung von ihm anerkennt. Die Schritte führen von der phantasierten Allmacht, dem absoluten, primären, egoistischen Geliebtwerden, über die real empfundene Ohnmacht zum Leben. In der Realität der Getrenntheit wird die *allgemeine sexuelle Bipolarität* anerkannt.

In seinem psychoanalytischen Vermächtnis, dem Aufsatz über »Die endliche und die unendliche Analyse«, hat Freud noch einmal darauf aufmerksam gemacht, daß in der Analyse »zwei Themen sich besonders hervortun und dem Analytiker ungewöhnlich viel zu schaffen machen«: der Penisneid bei der Frau und beim Mann dessen Sträuben gegen seine passiv-feminine Einstellung zum anderen Mann.

»Man kann das Gesetzmäßige, das sich darin äußert, nicht lange verkennen. Die beiden Themen sind an die Differenz der Geschlechter gebunden; das eine ist ebenso charakteristisch für den Mann wie das andere für das Weib. Trotz der Verschiedenheit des Inhalts sind es offenbare Entsprechungen.« Freud schließt dann mit dem pessimistischen therapeutischen »Eindruck, mit dem Peniswunsch und mit dem männlichen Protest (gegen die Weiblichkeit in der Männlichkeit) sei man durch alle psychologische Schichtung hindurch zum ›gewachsenen Fels‹ durchgedrungen und so am Ende seiner Tätigkeit. Das muß wohl so sein, denn für das Psychische spielt das Biologische wirklich die Rolle des unterliegenden gewachsenen Felsens« (Freud, 1937 a: 96 ff.).

Im Penisneid beharrt die Frau und in der abgewehrt passiv-femininen Einstellung beharrt der Mann im Grunde darauf, eigentlich beide Ausformungen des Geschlechts omnipotent in sich zu enthalten, und klagt die jeweils andere Ausformung beim Analytiker ein. Der Weg von der imaginierten bisexuellen Omnipotenz zu einer tragfähigen sexuellen Balance, die Befriedigung und Glück nicht nur einklagt, sondern sie auch, in Maßen, ermöglicht, wird nun gerade über eine in der Regel stumm bleibende, unbewußte, aber stabile bisexuelle Identifikation beschritten. Diese *bisexuelle Potenz* ist ein kostbarer Schatz; sie hütet im Innern, was man in der äußeren Welt sowieso nicht haben kann.

Die *relative Stärke der männlichen und weiblichen Determinierung* – wenn wir vom biologischen zum psychoanalytischen Paradigma wechseln, werden wir statt von Determinierung eher von Identifizierung und Identität sprechen – wird dann darüber entscheiden, wie gut es dem Menschen im einzelnen gelingt, das miteinander zu versöhnen, was ihm ganz allein das Männliche und was ihm ganz allein das Weibliche bedeutet.

2. Kapitel:
Psychoanalyse der Geschlechter
Methodische Überlegungen

Die Methode der Psychoanalyse

Wenn ich nunmehr meinen in »Mann und Frau« ausgeführten Überlegungen einige Falldarstellungen aus psychoanalytischen Behandlungen folgen lasse, sehe ich mich sogleich mit einer großen Schwierigkeit konfrontiert. Diese besteht nicht so sehr in der erinnernden Vergegenwärtigung und Niederschrift der »Fälle« selbst, sondern vielmehr in der Formulierung eines gleichsam begründenden Zwischenschrittes zwischen Theorie und Praxis: Von welchen psychoanalytischen Konzepten lasse ich mich leiten, wenn ich eine psychoanalytische Behandlung durchführe? Was ist mein Credo oder, in den Worten Freuds, mein »Schiboleth« (Freud, 1905: 128)?

Für Freud gab es diesen Zwischenschritt nicht. Er mußte und durfte die Theorie allein aus seiner Praxis schöpfen und seine Praxis allein durch seine Theorie begründen. Heute befinden sich der Korpus des psychoanalytischen Wissens und die Selbstvergewisserung der psychoanalytischen Methode in einem Zustand der Unintegriertheit, ja vielleicht der Unintergrierbarkeit, der von vielen Psychoanalytikern als bedrohlich empfunden wird. Und doch ist dieser Zustand der Unintegriertheit für die Psychoanalyse insofern konstitutiv, als er die Entzweiung im Individuum widerspiegelt, welche die Voraussetzung der Psychoanalyse in Theorie und Praxis ist. So folge ich dem heute einzig gangbaren Weg: Ich konfrontiere meine Falldarstellungen mit denjenigen psychoanalytischen Konzepten, die ich im Zusammenhang für wesentlich halte. Da ich aber viele andere Konzepte im Fortgang des Textes jeweils unbeachtet lasse, setze ich mich dem Vorwurf aus, zirkulär zu argumentieren. Auch aus diesem Grund sei hier der Versuch unternommen, die Grundposition abzustecken, die mein psychoanalytisches Denken und Handeln leitet.

Die Methode der Psychoanalyse besteht wesentlich darin, einen Raum zu schaffen, innerhalb dessen das Unbewußte des Analysanden sich entfalten und sichtbar gemacht werden kann. Dieser Raum entsteht sukzessive aus dem Behandlungsrahmen – dem »setting« – und muß von jedem Analysanden zusammen mit seinem Analytiker in jeder Behandlung neu geschaffen werden. Innerhalb dieses Rahmens »handelt« der Patient[1] das »ab«, was er abzuhandeln hat, wobei er angehalten ist, nicht zu handeln, sondern zu sprechen. Der Beitrag des Analytikers zu den Abhandlungen des Patienten hat sich darauf zu konzentrieren, dem Patienten zu deuten, was dieser mit ihm macht, während der Patient ja offiziell gar nichts macht, schon gar nicht etwas mit dem Analytiker, sondern nur daliegt – oder sitzt – und spricht oder nicht spricht.

Während ich diesen Rahmen zu schaffen und in jeder Stunde aufrechtzuerhalten versuche, füllt sich die als allgemeine konzipierte Form Schritt um Schritt mit dem besonderen Inhalt des Patienten: mit seinen individuellen und nur ihm eigenen Konflikten, Ängsten, Vorlieben und Abneigungen, Anpassungsmodi und Charaktererhaltungen. Diese werden für mich sichtbar in erster Linie an der Art und Weise, wie sie sich gegen die »Form« verteidigen, wie sie gegen den Rahmen, der ihnen Unlust auferlegt und Widerstand entgegenbringt, gleichsam anrennen. Darum werden die »Handlungen« des Patienten, mit deren Hilfe er sein So-Sein – das ihm eigentümliche Existenz- und Spannungsverhältnis von unbewußten Strebungen und bewußten Einstellungen, Haltungen, Verhaltensweisen bis hin zu den ins Körperliche abgedrängten Symptomen – verteidigt und nun gegen den »Rahmen« verteidigt, zu Recht unter dem Begriff der Abwehrmechanismen klinisch betrachtet und metapsychologisch zusammengefaßt. Was für mich sichtbar wird, wird also dadurch für mich sichtbar, daß es an mir selbst in Szene gesetzt wird. Was sichtbar wird, habe ich zu deuten, und zwar so und in dem Maße, wie ich vom Patienten annehme, daß er durch meinen deutenden Eingriff verstehen kann, was er mit mir macht.

Eine psychoanalytische Behandlung, gleichgültig welche konkrete therapeutische Form sie findet – als hochfrequente Analyse ohne zeitliche Limitierung, als Kurztherapie mit vorab vereinbarter Stundenzahl oder gar als virtuell einmalige Konsultation – ist dann zu sich selbst gekommen, wenn das, was ich eben mit den Metaphern von Form und Inhalt benannt habe, zur Deckung kommt: wenn der »Inhalt« des Patienten die gemeinsam gefundene »Form« des Behand-

---

[1] Da die Gesundheitssysteme in den Ländern, in denen Psychoanalyse als Behandlungsmethode betrieben werden kann, so organisiert sind, daß die Individuen, die sich so krank fühlen, daß sie institutionalisierte therapeutische Hilfe suchen, sich automatisch und zwingend als *Patienten* »definieren« müssen, werde ich im folgenden von Patienten sprechen.

lungsrahmens ausfüllt und wenn die Form inhaltlich gesättigt ist. Sie sind dann zur Übertragungsneurose geworden, für beide Beteiligten anschaubar, deutbar und damit virtuell auflösbar geworden.

Der Vorrang der Methode

Daraus ergibt sich das Postulat: Die Anwendung der psychoanalytischen Methode hat gegenüber der Verwendung vorhandenen psychoanalytischen Wissens den Vorrang.[2] Unter »Verwendung vorhandenen Wissens« fasse ich dabei alle unsere mehr oder weniger gesicherten, mehr oder weniger aufeinander abgestimmten, oftmals konfligierenden oder gegenseitig sich ausschließenden Theorien und Ansichten über den Aufbau, die Funktionsweise und die Dysfunktionen des »psychischen Apparates« zusammen – also den gesamten Korpus der psychoanalytischen Neurosenlehre, Entwicklungspsychologie und Anthropologie. Die sog. psychosexuelle Phasenlehre Freuds fällt ebenso in diesen Bereich wie das Selbst-Konzept Kohuts, das Konzept der primären Liebe bei Balint oder die Lehre Melanie Kleins von der schizoid-paranoiden und der depressiven Position als den Organisatoren der psychischen Entwicklung.

All dies Wissen hat sich wesentlich aus der Anwendung der psychoanalytischen Methode heraus entwickelt und muß sich an ihr bewähren. Jeder Psychoanalytiker sieht sich prinzipiell der Aufgabe gegenüber, den mit sich selbst niemals in Deckung befindlichen Korpus des psychoanalytischen Wissens in sich selbst so weit zur Deckung zu bringen, daß er mit ihm psychoanalytisch arbeiten, ihn in der Anwendung der Methode verwenden kann. An der Art und Weise, *wie* er dies auf vielfältige Weise aufeinander abgestimmte und unabgestimmt Wissen in sich integriert, daraus sein persönliches Wissen macht, läßt sich eher erkennen, ob er »gut« ist, als daran, *welche* Teile und Elemente dieses Wissens er verwendet, ablehnt oder nicht zur Kenntnis genommen hat.

So war zur Zeit der Hochblüte der Rezeption Kohuts, ja, seiner Verhimmelung,[3] oft zu hören und zu lesen, es gäbe Patienten, die mit dem Konzept des Ödipuskomplexes nicht ausreichend oder treffend

---

[2] Dieses Postulat wird ausführlich entwickelt von Heinrich Deserno (1990). Dort auch ein Überblick über die internationale Literatur zu diesem Thema.
[3] Vgl. hierzu Gemma Jappes (1983) knappe, aber prägnante Analyse.

beschrieben und verstanden werden könnten, wohl aber mit dem Selbst-Konzept Kohuts; und es gäbe andere Patienten, für die das Konzept des Ödipuskomplexes »ausreiche«. Derart wurde gleichsam sich wechselseitig ausschließendes »Wissen« für inkompatible Typen von Patienten – also Typen von Mensch – reklamiert. Solches Tun ist eine Kapitulation der psychoanalytischen Methode vor dem psychoanalytischen Wissen im Zustand seiner Unintegriertheit; wird doch hierbei der prinzipielle Anspruch jeder psychoanalytischen Theoriebildung aufgegeben, etwas über den psychischen Aufbau und das psychische Funktionieren *des Menschen* auszusagen – und nicht über Aufbau und Funktionieren dieses und jenes Menschen. Mit dem Konzept des Ödipuskomplexes lassen sich – wie mit dem Selbst-Konzept Kohuts – alle Menschen gleich gut und gleich unvollständig und gleich selektiv usw. beschreiben.

Noch an einem anderen Beispiel möchte ich meine Auffassung verdeutlichen. In neuerer Zeit wird vielfach ein Konflikt, ja ein Gegensatz von »Deutung« und »Beziehung« als Paradigmata der Methode, sei es beschreibend konstatiert, sei es emphatisch behauptet. Es wird dann der »rein den Konflikt herausarbeitende und deutende Ansatz« Freuds etwa gegen die von Winnicott betonte »holding function« des Psychoanalytikers – analog der »holding function» der Mutter für den noch nicht konfliktfähigen Säugling – gestellt. Es wird dann fortgefahren: Nur das adäquate Zurverfügungstellen dieser Funktion durch den Analytiker gestatte es dem Patienten, den »intermediären Raum« in sich selbst zu entdecken bzw. seinen Mangel wahrzunehmen und diesen Raum so weit in sich zu erschaffen, wie es gemäß seiner Störung notwendig sei. Im Extrem folgt dann die Schlußfolgerung: Bei diesem und jenem (Typus von) Patienten sei jenseits des deutenden noch ein besonderes »haltendes« Umgehen mit dem Patienten erforderlich.

Wer Winnicott liest, wird selbstverständlich feststellen, daß er dergleichen weder explizit behauptet noch in seinen Behandlungsbeispielen schriftlich »praktiziert«. Die »holding function« des Psychoanalytikers ist meines Erachtens bei *allen* Patienten eine *im Prozeß* zum Tragen bzw. nicht genug zum Tragen kommende Funktion, unabhängig vom sog. Störungsgrad des jeweiligen Patienten. Sie besteht nicht und sie bewährt sich auch nicht in irgendeiner besonderen zusätzlichen Aktivität des Analytikers, sondern darin, daß und wie er mit seinem Patienten *in der Etablierung des Rahmens den Raum schafft*, dessen der Patient bedarf, um sich so gehalten zu wissen, daß er seinen Konflikt zur Darstellung bringen kann. Haltende und deutende Funktion des Analytikers sind immer aufeinander abgestimmt und kommen in der Deutung zur Deckung. Es ist immer die Haltung, die hält.

Die Funktion von Falldarstellungen

Falldarstellungen haben keine Beweisfunktion für psychoanalytische Theorien oder Konzepte[4]. In der Psychoanalyse und mit ihr kann man nichts beweisen. Und doch haben Falldarstellungen mehr als nur eine veranschaulichende, illustrative Funktion. Sie sollen ein Konzept evident machen, im besten Fall: mit sich selbst zur Deckung bringen – gerade so, wie wir von einer Deutung *idealiter* verlangen, daß in ihr das »Dreieck der Einsicht«[5] zur Deckung kommt, nämlich die aktuelle, die biographische und die Übertragungssituation gleichsam geometrisch aufeinandertreffen.

Obwohl ich die Entwicklung des psychoanalytischen Prozesses in meinen Falldarstellungen nie explizit in den Mittelpunkt stelle, kommt es mir doch darauf an, zu zeigen, daß im Idealfall tatsächlich evident wird, woran der Prozeß stets orientiert ist: Die sich entwickelnde Übertragungsneurose[6] bzw. die sich spontan einstellende Übertragungsphantasie verschmelzen mit dem Rahmen, der für diese je besondere psychoanalytische Behandlung gefunden wurde. Man kann dann zugespitzt sagen: Der Rahmen ist die Methode. Wenn ich mich der Forderung vom Vorrang der Anwendung der Methode vor der Verwendung des vorhandenen Wissens stelle, bin ich mir zugleich bewußt, daß die Methode ihrerseits Teil des Wissens ist.

»Form« und »Inhalt« sind keine Gegensätze, sondern stehen von

---

[4] Auch wenn H. Thomä sagt: »Daß ›Ursachen‹ in der Lebensgeschichte selbst liegen können und damit eine ganz andere Art von Pathographie erforderlich wird, hat S. Freud in den ›Studien zur Hysterie‹ paradigmatisch im Sinne Th. Kuhns, also mit einer wissenschaftlichen Revolution bewiesen« (Thomä, 1978: 255) – so gibt er durch die Parenthese-Führung des Wortes »Ursache« zugleich zu erkennen, daß auch das Wort »bewiesen« parenthetisch, also metaphorisch gemeint ist. Vgl. dazu das instruktive Kapitel »Zum Verhältnis von Theorie und Praxis« in dem von Thomä und Kächele verfaßten »Lehrbuch der psychoanalytischen Therapie« (1985).
[5] Dieses von Malan (1976) verwendete Begriffsbild ist der Sache nach, was stets unterschlagen wird, schon von S. Ferenczi und O. Rank in ihrer Schrift »Entwicklungsziele der Psychoanalyse; Zur Wechselbeziehung von Theorie und Praxis« (1924) entwickelt worden. Dort wird es als »Spule« eingeführt.
[6] Zum Begriff der Übertragungsneurose vgl. in der 4. Falldarstellung S. 126.

Anfang an in einer Wechselbeziehung. Freud hat die Methode der Psychoanalyse historisch ebenso aus dem »Wissen« über die Hysterie entwickelt, wie das Wissen über die Hysterie aus der Methode (d. h. aus dem paradigmatischen Fortschreiten von der hypnotischen zur psychoanalytischen Behandlungsmethode).

Die folgenden Falldarstellungen sind orientiert am Begriff der Krankengeschichte, wie ihn Freud (1895: 227) verwendete. Es kam mir jeweils darauf an, Kulminationslinien zu zeigen, in denen die Behandlung zu sich selbst findet. Nur aus Gründen der Darstellung für *diese* Veröffentlichung habe ich sie jeweils unter ein Thema gestellt, das für das 1. Kapitel, über »Mann und Frau«, zentral ist. Das bedeutet nicht, daß dies Thema auch *das* Thema des Patienten ist, falls es dergleichen überhaupt gibt[7].

Die fünf Themen oder Konzepte, die ich gewählt habe, sind nacheinander: Vaginalneid, Penisneid, latente Perversion bei der Frau, Übertragungsperversion und der Schrecken der Kastration. Das sind durchweg Themen, in denen die Sexualität nicht nur in einer symbolischen oder übertragenen Bedeutung, sondern in ihrer Bindung an das körperliche Substrat (Geschlechtsorgane) und die psychophysische Funktion (Erregung) erscheint. Der gemeinsame Nenner dieser Themen ist der Ödipuskomplex.

Der Ödipuskomplex als Paradigma

Der Ödipuskomplex steht für das »Wissen«, das ich an alle Behandlungen herantrage. Auch wenn ich psychoanalytische Konzepte wie das der Depression, der Borderline-Persönlichkeit, der negativen therapeutischen Reaktion oder des wahren und falschen Selbst prüfen wollte, würde ich immer vom Ödipuskomplex ausgehen. Er stellt für mich den Triangulationspunkt des psychoanalytischen Wissens dar – um ein Bild aus dem 1. Kapitel (S. 38) aufzugreifen. Ich würde also ebenso vorgehen, wenn ich nicht, wie hier, eine letztlich anthropologische Fragestellung zu verfolgen, sondern Konzepte der Neurosenlehre, der Technik oder der Entwicklungspsychologie zu prüfen hätte.

---

[7] In ihrem an der Prozeßforschung orientierten Lehrbuch definieren Thomä und Kächele die psychoanalytische Therapie »als eine fortgesetzte, zeitlich nicht befristete Fokaltherapie mit wechselndem Fokus« (1985: 359). Sie wollen damit der verdinglichenden Vorstellung entgegentreten, es gäbe für jede Behandlung einen zentralen Fokus, der dem zentralen Konflikt-Thema dieses Menschen entspreche.

Im 1. Kapitel habe ich eine biologische Begründung für die Universalität des Ödipuskomplexes skizziert. Dies Thema hat mich lange beschäftigt. In einer Arbeit aus dem Jahr 1972 hatte ich in dieser Frage noch eine sehr ambivalente Stellung bezogen: Zwar unterzog ich den Freudschen »Ethnozentrismus« und seine insgeheime Option für das bürgerliche Individuum der Kritik, erkannte aber nicht wirklich Freuds Leistung, im Ödipuskomplex einen einheitlichen Bezugspunkt für die psychoanalytische Theorie in allen ihren Dimensionen geschaffen zu haben – klinisch, nosographisch, technisch, entwicklungspsychologisch, kulturtheoretisch und biologisch (Reiche, 1972).

Die psychoanalytische Betrachtungsweise will die biologische Dimension (»Generation«) und die historische Dimension (»Epoche«) in ihrem Schnittpunkt sichtbar machen – habe ich im 1. Kapitel festgestellt (S. 27). Aber auch Schnittpunkte müssen ihrerseits sichtbar gemacht werden. Das Konzept des Ödipuskomplexes ist ein Verfahren des Sichtbarmachens dieses Schnittpunktes. Es zwingt zu einer vereinheitlichenden, zentripetalen Sicht der einzelwissenschaftlich zerfallenden »Sexualitäten«[8] in soziosexuelle, psychosexuelle und biologische Bereiche. In diesem Sinn spricht auch Lorenzer von der »Einheit von Leiblichkeit und Sozialität, die wir Sexualität nennen« (Lorenzer, 1986: 1061).

Im Ödipuskomplex sind Zeugung und Liebe, biologische Reproduktion und gattungsgeschichtliche Produktion des Individuums aufgehoben. Wir lieben zunächst die, die uns gezeugt haben; und sobald wir dies erkennen – daher der Name des Komplexes – müssen wir uns in einem lebenslangen Prozeß zugleich von ihnen, Vater und Mutter, trennen, sie töten und sie in uns aufnehmen, uns mit ihnen versöhnen. Dies im Auge habe ich im 1. Kapitel (S. 39) behauptet, daß dem Menschen auf seinem Weg zur Menschwerdung *zwei* große Aufgaben zur Lösung aufgegeben sind: im dyadischen Konflikt die Lösung aus der Symbiose, im triadischen Konflikt die Lösung des Ödipuskomplexes.

Der Ödipuskomplex ist darum der Symbiose (bzw. dem »psychotischen Kern«) als Paradigma übergeordnet, weil nur in ihm die Sozial-

---

[8] In seiner philosophischen Kritik des Begriffs des Sexuellen spricht V. Sigusch vom »Gewimmel der sexuellen Formen und Erscheinungen« (Sigusch, 1984: 90). Er sucht wie ich, aber mit anderer Methode und anderer Zielsetzung, nach einem einheitlichen Bezugspunkt des Sexuellen. Er findet ihn in der Marxschen Warenanalyse.

geschichte der biologischen Reproduktion, also das Ensemble der Menschwerdung, begrifflich faßbar ist. Der »psychotische Kern«[9] ist vom Ödipuskomplex her begrifflich faßbar, aber nicht umgekehrt der Ödipuskomplex vom »psychotischen Kern« her. Erklärt man den dyadischen Konflikt und die Lösung aus der Symbiose bzw. die Loslösung von der Mutter zum übergeordneten Bezugspunkt, so mag solche Erklärung bewußt nur klinisch oder sozialisationsempirisch intendiert sein. Man setzt damit aber zwangsläufig eine anthropologische Behauptung, nämlich die einer Priorität der Mutter (Frau) für das Wohl und Wehe des Kindes, für seine Wege der Selbstrealisierung ebenso wie für seine pathogenen Schicksale. Eine solche Behauptung widerspricht den von mir entwickelten »vier Relationen« im Verhältnis von Mann und Frau diametral und führt, wie ich zu zeigen versuchte, notwendig zu ideologischen Verzerrungen in der Wahrnehmung des Geschlechterverhältnisses. Das wird besonders deutlich an der Rezeptionsgeschichte Margaret Mahlers, Kohuts und Winnicotts in und außerhalb der Psychoanalyse, die im Extrem zu einer Verabsolutierung der frühen Mutter-Kind-Beziehung in der Frage der Pathogenese geführt hat. Demgegenüber sieht der Ödipuskomplex in seiner entfalteten Form als »zweifacher« (Freud, 1923: 261) vor, daß für das Kind der Vater in der Mutter und die Mutter im Vater enthalten sind. Klinisch wird dies als negativer und positiver Ödipuskomplex gefaßt.

Ebenso wie wir an der Einheit des Sexuellen im Begriff der Sexualität auch dort festhalten, wo der sog. unvoreingenommene Blick nichts Sexuelles zu erkennen vermag, so betrachten wir auch die als »früh« klassifizierten Störungen, also die Borderline- und narzißtischen Störungen, durch den Brechungswinkel des Ödipuskomplexes – auch dort, wo in ihnen das dritte Objekt oder die Triangulierung des Konfliktgeschehens nicht »sichtbar« sind. Das Postulieren von seelischen Krankheiten oder anderen Seinszuständen, für die der Ödipuskomplex sozusagen »nicht gilt«, bzw. von Patienten oder Persönlichkeitstypen, die so beschaffen sein sollen, daß sie den Ödipuskomplex nicht »erfahren« können, kommt einer Kapitulation der Psychoanalyse vor ihrem eigenen Anspruch und vor dem Zeitgeist gleich. Kohut

---

[9] Den Begriff des »psychotischen Kerns« verwende ich hier als Synonym für all die vielfältigen Versuche und Theoreme, dem Ödipuskomplex einen »präödipalen Kernkomplex« gegenüberzustellen. Dabei folge ich H. W. Loewalds Arbeit »Das Schwinden des Ödipuskomplexes« (Loewald, 1976: 56).

kommt in seiner Neubewertung des Ödipuskomplexes im Rahmen seiner Selbst-Psychologie zu dem Schluß:

»Das Bestehen eines stabilen Selbst ist eine Voraussetzung für die Erfahrung des Ödipuskomplexes. Solange sich das Kind nicht als abgegrenzten, dauernden, unabhängigen Mittelpunkt von Antrieben erlebt, ist es nicht fähig, die objektgerichteten Wünsche zu erleben, die zu den Konflikten und sekundären Anpassungen der ödipalen Periode führen« (Kohut, 1977: 235).

Durch solche Einschränkungen bleibt das »Erleben« des Ödipuskomplexes einem Typus des gleichsam normgerecht »gut« sozialisierten Individuums vorbehalten, also dem Typus, der den Ödipuskomplex gemäß den idealtypischen Formulierungen aus dem »Untergang des Ödipuskomplexes« (Freud, 1924) tatsächlich »überwinden« kann. Die zitierten Sätze weisen auf ein fundamentales, nicht auf Kohut beschränktes Mißverständnis des Ödipuskomplexes hin. Dieser geht keineswegs auf in dem, was entwicklungspsychologisch unter dem genetischen Gesichtspunkt betrachtet, als »ödipale Periode« oder »phallisch-ödipale Phase« firmiert. Die ödipale Phase oder Periode ist eine mehr oder weniger glücklich gewählte Klassifikationseinheit in dem Bemühen, eine entwicklungspsychologische Ordnung dadurch zu schaffen, daß man die von Freud so bezeichneten psychosexuellen Entwicklungsstufen, die ihrerseits an körperlichen Leitzonen orientiert sind (oral, anal, genital), zum Maßstab der Unterteilung nimmt. Man kann auch andere Ordnungskriterien wählen, um zu sinnvollen und in sich konsistenten entwicklungspsychologischen Beschreibungen zu gelangen – etwa solchen, die an den Grundmustern der Bewegung innerhalb der Zellbildung orientiert sind (Loslösung, Trennung, Teilung, Wiederannäherung), wie dies Margaret Mahler mit Erfolg getan hat.

Im Gegensatz dazu ist der Ödipuskomplex die zusammenfassende Bezeichnung für eine *Menschheitsbedingung*, gleichsam für das Nadelöhr, durch das alle hindurch müssen, weil alle von einem Vater gezeugt und von einer Mutter geboren worden sind. Diese Sichtweise habe ich im vorigen Kapitel radikalisiert. Mit welcher Ausstattung, z. B. mit welchen sozialisationstraumatischen Frühschäden oder mit welchen klassenspezifisch vorgeprägten Spuren, der einzelne in seiner Kultur durch dies Nadelöhr hindurchgelangt, das ist eine Frage, die sich erst stellt, wenn man bereit ist, diese Sichtweise einzunehmen.

Halten wir vorläufig fest, daß der Ödipuskomplex im Prozeß der Konstituierung der Psychoanalyse im Werk Freuds zunehmend die Stellung einer »Hauptbezugsachse« (Laplanche u. Pontalis, 1967: 351) sowohl der Strukturierung der Persönlichkeit als auch der Psychopathologie als auch der Anthropologie erhält. Freud wird nicht müde, diese Zentrierung immer wieder vorzunehmen, so in einer 1920 verfaßten Fußnote zu den »Drei Abhandlungen zur Sexualtheorie« (1905). Diese Fußnoten haben ja, wie öfter festgestellt worden ist, eine kanonisierende Funktion:

»Man sagt mit Recht, daß der Ödipuskomplex der Kernkomplex der Neurosen ist, das wesentliche Stück im Inhalt der Neurose darstellt. In ihm gipfelt die infantile Sexualität, welche durch ihre Nachwirkungen die Sexualität des Erwachsenen entscheidend beeinflußt. Jedem menschlichen Neuankömmling ist die Aufgabe gestellt, den Ödipuskomplex zu bewältigen; wer es nicht zustande bringt, ist der Neurose verfallen. Der Fortschritt der psychoanalytischen Arbeit hat diese Bedeutung des Ödipuskomplexes immer schärfer gezeichnet; seine Anerkennung ist das Schiboleth geworden, welches die Anhänger der Psychoanalyse von ihren Gegnern scheidet« (Freud, 1905: 127f.).

Es gehört zum Anspruch der Psychoanalyse an sich selbst, ihre zentralen Begriffe in der Bewegung von Denken und Erfahrung, von Theorie und Praxis immer wieder neu auszuschöpfen und die Einheit im Widerspruch auszuhalten, sei dieser Widerspruch nun diktiert durch die Versuchungen des Zeitgeistes oder durch die Entwicklung unseres Wissens und unserer Fertigkeiten. Von unterschiedlichen psychoanalytischen Autoren, Forschungsrichtungen und Schulen ist immer wieder auch gezeigt worden, daß es sehr wohl möglich ist, unser Wissen über die Frühstadien der menschlichen Ontogenese, unsere immer differenzierter werdenden Anschauungen über die sog. frühen Störungen und unsere Konzepte der Selbst-Entwicklung innerhalb des von Freud geschaffenen begrifflichen Rahmens zu integrieren. Und diese Integrationsleistungen können so formuliert werden, daß sie in Einklang mit unserem Wissen über die Selbsterhaltung und Anpassung biologischer Systeme sind [10].

---

[10] Vgl. hierzu u. a. die Arbeiten von G. und R. Blanck (1974, 1979), R. Fetscher (1985), St. Mentzos (1982), J. Sandler und W. G. Joffe (1969), H. Thomä (1977).

Der Ödipuskomplex als Kernkomplex

Den Ödipuskomplex zum Paradigma wählen, bedeutet also in der psychoanalytischen Behandlung auf Freuds Lehre zu beharren, er sei der »Kernkomplex der Neurose« (Freud, 1919: 226) oder der »Kern eines jeden Falles von Neurose« (Freud, 1928: 413). Für Freud war er »sowohl der Höhepunkt des infantilen Sexuallebens wie auch der Knotenpunkt, von dem alle späteren Entwicklungen ausgingen« (Freud, 1925: 82). Nimmt man das Bild des *Knotenpunktes* ernst, so gehen von ihm nicht nur alle späteren Entwicklungen aus, sondern es *kommen auch alle früheren Entwicklungen in ihm zusammen*. Das impliziert eine *teleskopische Betrachtungsweise*[11].

Damit ist in einem ersten Schritt gemeint: Der Satz vom Ödipuskomplex als dem Kernkomplex der Neurose enthält in sich die Behauptung: *Der Ödipuskomplex hat einen Kern. Sein Kern ist die Kastration.* Im Ödipus-Mythos entspricht dem die Blendung des Ödipus. Die Kastration tritt uns, ebenso wie die ihr vorhergehenden »Tatsachen« des Elternmordes und des Inzests, nicht so sehr als Tatsache entgegen, sondern vielmehr als Verdichtung, mit deren Hilfe wir Geschehnisse benennen, die nicht nur innere Geschehnisse sind, sich nicht nur in der Phantasie des Kindes und seiner Eltern abspielen, die aber als äußere Geschehnisse nur im Extremfall zu Inzest, Elternmord und Kastration führen.

Die Kastration tritt uns in den Verdichtungen dessen entgegen, was wir psychoanalytisch als Kastrationsdrohung, Kastrationsgefahr und Kastrationsangst bezeichnen. Daraus ergibt sich als zweiter Schritt: die Rückverfolgung der Angst von der entwickelten ödipalen Angst der phallischen Stufe der Libidoentwicklung (3) über die narzißtische Kastrationsangst der analen Stufe (2) bis hin zu den frühen oralen Verlust-, Vernichtungs- und Verschmelzungsängsten (1). Die Ängste, Drohungen und Gefahren der 1. und 2. Stufe sind in der 3. ebenso aufgehoben wie die der 3. und 2. Stufe in der 1. virtuell angelegt sind. Damit wird behauptet, daß in den introjektiven und fusionistischen Austauschvorgängen zwischen dem sich bildenden Selbst (»Säug-

---

[11] Diese hat Freud im Sinn, wenn er feststellt: »Es wäre missverständlich zu glauben, dass diese drei Phasen einander glatt ablösen; die eine kommt zur anderen hinzu, sie überlagern einander, bestehen nebeneinander« (Freud, 1938: 77). Vgl. auch Freuds Begriff der *Nachträglichkeit*, zusammenfassend kommentiert bei J. Laplanche u. J.-B. Pontalis (1967). Den Terminus »telescoping« entlehne ich Kohut (1971: 74), der ihn natürlich nicht auf den Ödipuskomplex zentriert.

ling«) und seinen Objekten (vertreten durch die Mutter und andere Pflegepersonen) bereits *die Libido* investiert und gebunden wird, die auch später in der narzißtischen Integrität (2. Stufe) und in den libidinösen und aggressiven Besetzungen der zukünftigen »ganzen« Objekte (3. Stufe) verwendet wird und zum Tragen kommt. (In der zweiten Falldarstellung versuche ich, den »teleskopischen« Aufbau des Penisneides bei einer Frau zu rekonstruieren und dem angedeuteten Muster gemäß zu beschreiben.)

Der Ödipuskomplex gilt für beide Geschlechter gleichermaßen. Wenn in der psychoanalytischen Literatur bis heute die Behauptung tradiert wird, der Ödipuskomplex des Mädchens sei weniger erforscht als der des Jungen, so liegt das an einer konkretistischen Fixierung der Psychoanalytiker auf den Penis. Das Gegenstück zum Penis ist die Vagina, und nicht die Kastration. Und das Objekt der Kastration ist nicht der Penis – oder doch nur in der Chirurgie, im rituellen und Sexualmord –, sondern die phallisch-narzißtische Integrität.

Doch anders als das Mädchen, das keinen Penis hat, (miß-)versteht der Junge den wirklichen und den imaginierten Angriff des ödipalen Rivalen als Angriff auf den Penis. Dabei haben wir wiederum zu berücksichtigen, daß in dem »Angriff« auf der ödipalen Stufe, genauer: in der Wahrnehmung dieses Angriffes, teleskopisch alle früheren Angriffe auf die narzißtische Integrität enthalten sind. Aus diesem anatomischen Unterschied ergibt sich die für Freud selbstverständliche, für uns problematisch gewordene Formel:

»Während der Ödipuskomplex des Knaben am Kastrationskomplex zugrunde geht, wird der des Mädchens durch den Kastrationskomplex ermöglicht und eingeleitet... Die Differenz in diesem Stück der Sexualentwicklung beim Mann und Weib ist eine begreifliche Folge der anatomischen Verschiedenheit der Genitalien und der damit verknüpften psychischen Situation, sie entspricht dem Unterschied von vollzogener und bloß angedrohter Kastration« (Freud, 1925: 28).

Aus dieser Formel leitet Freud all die fragwürdigen Mängel in der Strukturbildung der Frau ab, die von der feministischen Bewegung der 60er und 70er Jahre kritisiert worden sind. Diese Formel verdankt sich ja der stark kulturabhängigen Beobachtung, wenn nicht Voreingenommenheit Freuds, das Mädchen empfinde sich bereits beim Eintritt in den Ödipuskomplex als kastriert – und werbe als bereits kastriertes Wesen um die Liebe des Vaters resp. der Mutter, von denen es einen Penis zu erhalten wünsche. Es ist diese Fixierung auf den Penis, die den Blick auf den Ödipuskomplex verzerrt. Aber auch wenn es sich immer deutlicher herausstellt, daß der Ödipuskomplex mit zunehmendem »normativem Universalismus« in den modernen Industriegesellschaften immer mehr dazu tendiert, einen für Mädchen und Jungen homologen Verlauf anzunehmen, so verliert doch Freuds Insistieren auf der *Macht und Weichenstellung der Anatomie* nichts an Berechtigung im Prinzipiellen. Die Anatomie ist so entscheidend, nicht wegen der anatomischen Unterschiede zwischen Mann und Frau an sich, sondern weil sie uns durch die Tatsache der Zweigestaltigkeit des Geschlechts aufgibt, uns immer von neuem an ihr abzuarbeiten.

Bisexualität und Perversion

Hier möchte ich noch einmal auf einen Gedanken zurückkommen, dem ich im 1. Kapitel breiten Raum gegeben hatte: dem Problem der Bisexualität oder, in der Formulierung Max Hartmanns: der »relativen Stärke der männlichen und weiblichen Determinierung« (3. Gesetz von Sexualität). Es ist bekannt, daß sich Freud im »Jenseits des Lustprinzips« mit Hartmanns früher Arbeit über »Tod und Fortpflanzung« auseinandergesetzt hat (Freud, 1920: 50). Vielleicht ist es keine bloß zufällige Übereinstimmung, daß auch Freud von der »relativen Stärke der beiden Geschlechtsanlagen« nicht nur spricht, sondern sie zur Interventionsgröße erhebt, die über den Ausgang des Ödipuskomplexes entscheidet:

»Der Ausgang der Ödipussituation in Vater- oder in Mutteridentifizierung scheint also bei beiden Geschlechtern von der relativen Stärke der beiden Geschlechtsanlagen abzuhängen. Dies ist die eine Art, wie sich die Bisexualität in die Schicksale des Ödipuskomplexes einmengt. ...« (Freud, 1923: 261).

Freud stellt diese Überlegungen im Zusammenhang seiner Ausführungen über den positiven und den negativen Ödipuskomplex an, in dessen »vollständiger« Form vier Prototypen ödipaler Objektbeziehungsmodalitäten enthalten sind: Liebe zum gegengeschlechtlichen Elternteil (+), Liebe zum gleichgeschlechtlichen Elternteil (−), Ablehnung/Haß auf den gleichgeschlechtlichen Elternteil (+), Ablehnung/Haß auf den gegengeschlechtlichen Elternteil (−). Freud fährt dann fort, daß sich aus diesen vier Prototypen »eine Reihe ergibt, an deren einem Ende der normale, positive, an deren anderem Ende der umgekehrte, negative Ödipuskomplex steht, während die Mittelglieder die vollständige Form mit ungleicher Beteiligung der beiden Komponenten aufzeigen« (Freud, 1923: 262).

Diese Reihe läßt sich zusammen mit den aus dem Untergang des Ödipuskomplexes resultierenden Trieb- und Identifizierungsschicksalen in einer schematischen Darstellung veranschaulichen:

Objektaler Pol. Dominante Objektbeziehung im Ödipuskomplex	Späteres Trieb- und Identifizierungsschicksal
Liebe zum gegengeschlechtl. Elternteil (+)	Heterosexualität
Haß auf den gegengeschlechtl. Elternteil (−)	Perversion
Liebe zum gleichgeschlechtl. Elternteil (−)	Homosexualität
Haß auf den gleichgeschlechtl. Elternteil (+)	Impotenz und Frigidität

Ich behaupte natürlich nicht, daß man irgendeine geronnene Form sexuellen Verhaltens mit diesem Schema genetisch erklären kann. Es soll vielmehr die vier dominanten Typen von Objektbeziehung, insofern diese *formal* im vollständigen Ödipuskomplex angelegt sind, idealtypisch isolieren und sie in Beziehung zum »normalen Sexualziel« (Freud, 1905) und seinen Abweichungen bringen. Die rechte Rubrik des Schemas ist Resultat einer pragmatisch-klinischen Zuordnung. Die ausführliche, auch ideengeschichtlich begründete psychoanalytische und sexualwissenschaftliche Interpretation dieses Schemas bleibt einer eigenen Arbeit vorbehalten. Nur so viel sei hier erläutert:

Heterosexuelle Objektwahl, verbunden mit dem Wunsch und der Fähigkeit, mit einem gegengeschlechtlichen Objekt eine sexuell begründete Liebesbeziehung einzugehen (sog. Primat der Genitalität), also der sog. normale Typus, hat zur Voraussetzung, daß *im* positiven Ödipuskomplex die »normale« (Freud) Position – Liebe des gegengeschlechtlichen Elternteils – erreicht wurde und es im *Untergang* des Ödipuskomplexes (s. u.) diese Position ist, die »überwunden« wird.

Das Vehikel der Überwindung des Ödipuskomplexes ist die Identifizierung mit dem gleichgeschlechtlichen Elternteil; sie ermöglicht es, von dem Beharren auf sofortiger Befriedigung des inzestuösen Verlangens abzulassen.

Impotenz und Anorgasmie erscheinen als die sexuellen Krankheiten (Funktionsstörungen) des positiven Ödipuskomplexes, die sich dann ergeben, wenn die Identifizierung mit dem gleichgeschlechtlichen Elternteil verweigert wird und mit dieser Verweigerung gleichzeitig und notwendigerweise die Liebe zum gegengeschlechtlichen Elternteil abgewehrt wird.

Perversion und Homosexualität sind in diesem Schema gleichermaßen dem negativen Ödipuskomplex zugeordnet. Für die Homosexualität geht diese Zuordnung auf Freud (1905) zurück. Perversion und Homosexualität vermeiden – oder triumphieren über – den in der »normalen« Heterosexualität drohenden Zusammenbruch der sexuellen Funktion (Impotenz und Anorgasmie).

Liebe und Haß (Entwertung, Verachtung) fungieren in diesem Schema sowohl als Unterscheidungskriterien für Homosexualität und Perversion (im negativen Ödipuskomplex) als auch für sexuelle Funktion und Dysfunktion (im positiven Ödipuskomplex). Daraus ergeben sich vielfältige Querlinien: z. B. ist das mütterliche Primärobjekt für das Mädchen ein gleichgeschlechtliches, für den Jungen ein gegengeschlechtliches Objekt. Das ist ein Hinweis auf die unterschiedliche Verteilung von Perversion und (primärer) Anorgasmie auf die beiden Geschlechter. Die »teleskopische« Sichtweise impliziert dabei, daß Liebe und Haß nicht erst *im* Ödipuskomplex entstehen, sondern eine Vorgeschichte haben. Im Ödipuskomplex werden sie zu »Knotenpunkten« für die sexuelle Objektwahl und dafür, ob das »gewählte« Objekt auch ausreichend libidinös besetzt bzw. sexualisiert werden kann.

Bisexualität als manifeste Form der Objektwahl hat in diesem Schema keinen Ort. Das hat seinen guten Grund. Der Begriff der Bisexualität ist dreifach bestimmt. Er bezieht sich 1. auf die »konstitutionelle Bisexualität« (vgl. 1. Kapitel, S. 19); 2. auf die »Unabhängigkeit der Objektwahl vom Geschlecht des Objektes ... als das Ursprüngliche« (Freud, 1905: 44), aus der sich dann die im obigen Schema geordneten Triebschicksale entwickeln, und 3. auf das manifeste bisexuelle Verhalten.

Wenn Freud feststellt, »daß alle Menschen der gleichgeschlechtlichen Objektwahl fähig sind und dieselbe auch im Unbewußten vollzogen haben« (Freud, 1905: 44), hat er die unbewußte Fortexistenz der jeweils verdrängten anderen Seite der »ursprünglichen« bisexuellen libidinösen Besetzung der Objekte bei Homosexuellen wie bei Heterosexuellen im Blick. In bezug auf die dritte Bestimmung setzt Freud tatsächlich als bekannt voraus, »daß es zu allen Zeiten Menschen gegeben hat und noch gibt, die Personen des gleichen wie des anderen Geschlechts zu ihren Sexualobjekten nehmen können, ohne daß die eine Richtung die andere beeinträchtigt« (Freud, 1937: 89).

Das möchte ich bezweifeln, insbesondere was die gegenseitige Nicht-Beeinträchtigung der beiden Richtungen betrifft. Tatsächlich habe ich während meiner langen Tätigkeit an der Sexualmedizinischen Ambulanz am Klinikum der Universität Frankfurt am Main auf sexuellem Gebiet sozusagen alles gesehen, was man sich vorstellen kann, nur das nicht. Die Bisexuellen waren immer das, was M. Dannecker und ich bei den Homosexuellen als »Abwehr-Bisexuelle« (Dannecker und Reiche, 1974: 301) bezeichnet haben, d. h., sie setzten das manifeste bisexuelle Verhalten bewußt oder unbewußt als Tarnung in einem unbewußten Konflikt ein. Dieser Konflikt bezog sich darauf, das eigene biologische Geschlecht oder das eigene, meist homosexuelle oder perverse Triebschicksal anzunehmen. Diese manifest tatsächlich Bisexuellen befanden sich gleichsam als Kollektiv im »Coming Out« – wohin auch immer sie kommen würden. Sie wehrten sich dagegen, die ihnen durch ihren Ödipuskomplex bestimmte Form anzunehmen. Aber gerade hier erweist sich der Ödipuskomplex als ein Katalysator, der während des ganzen Lebens dynamisch wirksam bleibt. Das erklärt die manchmal überraschenden homosexuellen, transvestitischen oder transsexuellen »Coming-Out«-Schicksale der zweiten Lebenshälfte, die stets an krisenhafte »äußere« Auslöser gebunden sind. Auslösende Situation ist dabei oft der Verlust eines Lebenspartners, mit dem ein bis dahin scheinbar unbeeinträchtigtes heterosexuelles Leben geführt worden war.

In den folgenden Falldarstellungen habe ich meine teleskopische Betrachtungsweise des Ödipuskomplexes, insoweit von sexuellen Triebschicksalen zu sprechen war, weitgehend an der Genese und Dynamik der *Perversion* entwickelt. An ihr soll dargelegt werden, daß der Ödipuskomplex auch dann Kernkomplex der Neurose bleibt, wenn nach einer deskriptiven Diagnostik gar keine Neurose, sondern eben eine Perversion vorliegt: Er bleibt es auch dann, wenn die prägenitalen Wurzeln des Ödipuskomplexes und die Dimension der Selbst-Objekt-Konstituierung nicht nur berücksichtigt, sondern sogar ins Zentrum der Betrachtung gerückt werden. Es wird dann deutlich werden, daß das oben angeführte Schema keine normative Einbahnstraße darstellt, sondern nur den Sinn hat, eine »Ordnung des Sexuellen« zu veranschaulichen, die den, der in der Analyse das Augenmerk auf die frühkindlichen Triebschicksale richtet, immer wieder beeindruckt.

Noch aus einem weiteren Grund habe ich in den Falldarstellungen das Problem der Perversion ins Zentrum meiner Überlegungen gerückt: Jede Neurose enthält in abgewehrter Form das Element der Perversion. Die Formel vom Ödipuskomplex als dem Kernkomplex der Neurose entfaltet ihren Gehalt erst voll, wenn sie gegen eine andere, von Freud bereits in den »Drei Abhandlungen« geprägte und von da an oft wiederholte Formel gehalten wird: »Die Neurose ist sozusagen das Negativ der Perversion« (Freud, 1905: 65). Diese elegante Gleichung operiert mit einer gewissen Inkongruenz in der Verwendung ihrer Faktoren: Auf der Seite der Neurose erscheint das Trieb- und Identifizierungsschicksal, das sich aus dem so oder so beschaffenen »Untergang« des Ödipuskomplexes ergibt, das also, was sich *aus* dem »Knotenpunkt« (s. o.) entwickelt; als Perversion aber ist auf der anderen Seite der Gleichung nicht irgendeine diagnostische oder pathognomonische Entität angesprochen, vielmehr diejenigen Elemente aus dem Ensemble der universellen, polymorphperversen Triebanlage (= *vor* dem »Knotenpunkt«), die sich als dermaßen kritisch erweisen, daß sie »negiert« (verdrängt usw.) werden müssen. In der »Negation« entfalten sie dann ihre neurotogene Kraft.

Der Begriff der Kastration muß sich nunmehr als kleinstes gemeinsames Vielfaches dieser beiden Formeln bewähren. Er kann dies folgendermaßen: Im Ödipuskomplex – bzw. in der ihn einleitenden phallischen Phase – werden alle früheren Erfahrungen von Beschädigung, Trennung, Verlust und Desintegration *sexuell interpretiert*. Wenn wir als *Kastration* die Verknotung aller sexuell empfundenen (interpretierten) Erfahrungen von Beschädigung, Trennung, Verlust und Desintegration verstehen [12], dann ergibt sich als solches kleinstes

---

[12] Solches Verständnis ist nicht unproblematisch. Ist es berechtigt, *rückläufig* alle Phantasien / Erfahrungen von Trennung, Verlust und Desintegration – bis hin zum Akt der Geburt selbst – als »Vorläufer« der Kastration zu bezeichnen? Verliert der Kastrationskomplex dann nicht seinen eindeutigen, auf die genitale Kastration bezogenen Sinn, auf den hin Freud die Kastration – gerade in der Diskussion von Ranks These des »Traumas der Geburt« als Ur-Kastration – immer wieder zentriert hat? A. Stärcke (1921) war schon vor Rank soweit gegangen, den periodischen Entzug der Brust im Stillvorgang als »primäre Kastration« zu bezeichnen. Zur

gemeinsame Vielfache der Satz: Die Neurose unterwirft sich der Kastration und agiert die Unterwerfung aus im sexuell entleerten Symptom; die Perversion leugnet die Kastration und triumphiert über sie in sexuell aufgeladenen Aktionen. Gesund wäre eine Position zu nennen, die durch Unterwerfung und Triumph hindurchgegangen ist und beide hinter sich gelassen hat.

Der Untergang des Ödipuskomplexes

Das wohl interessanteste Thema des Ödipuskomplexes ist dessen »Untergang«. In der dieser Frage gewidmeten Arbeit entwickelt Freud seine Vorstellung, daß die Objektbesetzungen des Ödipuskomplexes aufgegeben und durch Identifizierungen ersetzt werden müssen (Freud, 1924: 399). Nun ist offensichtlich, daß die kultur- und sozialisationsbedingte Art und Weise solchen Aufgebens darüber entscheidet, welchen Charakter, welche Härte, Ausschließlichkeit und Unerbittlichkeit oder welche Flexibilität und Freiheitsgrade oder welche Diffusität diese Identifizierungen annehmen werden.

Paul Parin ist diesem Problem in seiner Arbeit »Der Ausgang des ödipalen Konfliktes in drei verschiedenen Kulturen« (1972) nachgegangen. Im ethnopsychoanalytischen Vergleich unserer mit zwei westafrikanischen Kulturen legt er dar, auf welch unterschiedliche Weise mit dem Ausgang des ödipalen Konfliktes »biologische Kräfte zur Qualität sozialer Wirksamkeit umgeschlagen« sind (Parin, 1972: 200). Ich selbst habe meine Sicht des Untergangs des Ödipuskomplexes implizit im vorigen Kapitel (S. 40 ff.) dargestellt.

Hier ist darauf hinzuweisen, daß Freud im Zusammenhang des Untergangs des Ödipuskomplexes zu harten, normativen, gewaltgeladenen Formulierungen greift. Er spricht von der »Zerstörung« und »Zertrümmerung« des Ödipuskomplexes. Der ganze Komplex soll – eine psychoanalytische *contradictio in adjecto* – aus dem Unbewußten getilgt werden:

»Aber der beschriebene Prozeß ist mehr als eine Verdrängung, er kommt, wenn ideal vollzogen, einer Zerstörung und Aufhebung des Komplexes gleich. Es liegt nahe anzunehmen, daß wir hier auf die

Diskussion dieser Frage vgl. das Stichwort »Kastrationskomplex« bei Laplanche/Pontalis (1967).

niemals scharfe Grenzscheide zwischen Normalem und Pathologischem gestoßen sind. Wenn das Ich wirklich nicht viel mehr als eine Verdrängung des Komplexes erreicht hat, dann bleibt dieser im Es unbewußt bestehen und wird später seine pathogene Wirkung äußern« (Freud, 1924: 399).

»Beim Knaben... wird der Komplex nicht einfach verdrängt, er zerschellt förmlich unter dem Schock der Kastrationsdrohung. Seine libidinösen Besetzungen werden aufgegeben, desexualisiert und zum Teil sublimiert, seine Objekte dem Ich einverleibt, wo sie den Kern des Über-Ichs bilden und dieser Neuformation charakteristische Eigenschaften verleihen. ... Beim Mädchen entfällt das Motiv für die Zertrümmerung des Ödipus-Komplexes. Die Kastration hat ihre Wirkung bereits früher getan...« (Freud, 1925: 29).

Aus solchen Worten spricht die Angst vor der Wiederkehr des Verdrängten; die ödipale Liebe wird mit kontraphobischen Beschwörungen verfolgt. Demgegenüber ist daran zu erinnern, daß der psychoanalytische Begriff von Gesundheit durch das ständige, freundliche In-Kontakt-Bleiben mit dem eigenen Unbewußten bestimmt ist – so wie Freud dies für den Prototyp des Künstlers beschrieben hat. Darum setzt auch H. W. Loewald in seiner schönen Arbeit über »Das Schwinden des Ödipuskomplexes« (1976) gegen Freuds Begriff der *Zerstörung* des Komplexes den der *Verantwortung* für »die Tat«. Die »intrapsychische Sühne« (Loewald, 1976: 47) für die in der unbewußten Phantasie begangene und darum zur psychischen Realität gehörenden Tat – Inzest und Elternmord – besteht darin, daß die Kind-Eltern-Beziehungen auf dem inneren Handlungsschauplatz wiederhergestellt werden. Das bedeutet Verinnerlichung.

Nur solche umwandelnde Verinnerlichung, die zugleich zerstört und das Zerstörte wiederherstellt – oder wiedergutmacht –, kann als strukturbildend gedacht werden. Durch sie wird eine ödipale, triebhafte Objektbesetzung in eine narzißtische Selbstbesetzung umgewandelt. So begründet, ist es nicht zu hoch gegriffen, wenn Loewald sagt: »Das Selbst stellt in seiner Autonomie eine Sühnstruktur dar, eine Struktur der Versöhnung, und damit eine Höchstleistung« (S. 48)[13]. Diese Sichtweise schafft zugleich die Möglichkeit, Ödipus

---

[13] Eine Objektbesetzung, die »endgültig« (Freud) zerstört oder zertrümmert würde, könnte nicht zugleich in eine Identifizierung umgewandelt werden – und in dieser Umwandlung »den Kern des Über-Ichs bilden«. Eine solche Vorstellungsweise widerspricht gerade dem Freudschen, an der biologischen Erkenntnis orientierten Denken, für das die Kategorien der Kon-

und Narziß oder triebhafte und narzißtische Aspekte der Menschwerdung in ihrem genuinen Zusammenhang zu sehen [14].

Dem Freudschen Denken wohnt eine gewisse Ideologie von unumkehrbarer Linearität der Entwicklungsnorm inne, die Fortschritt liberal mit Expansion und technischer Rationalisierung gleichsetzt und die in der ich-psychologisch geprägten US-amerikanischen Orthodoxie zu sich selbst findet. Diese Ideologie ist im Begriff der *Phasen* der psychosexuellen Entwicklung als dem dominanten Ordnungselement psychoanalytischer Vorstellungen über die menschliche Entwicklung notwendig angelegt. Alle, auch nur vorübergehende Rückkehr ist diesem Denken als Rückschritt verdächtig; Regression führt definitionsgemäß zu pathologischer Fixierung. Daß nach Freud eigens betont werden mußte, daß es auch Regression im Dienste des Ichs gibt, ist Beleg für diese Tendenz.

Gerade in seinem Untergang ist der Ödipuskomplex kaum ohne das Konzept der *depressiven Position* nach Melanie Klein zu verstehen. Daß Melanie Klein überhaupt den Begriff der Position dem der Phasen, Stufen usw. vorzieht, hat mehr als beiläufige Bedeutung. Dem Begriff der Position kommt nicht die Linearität auf der Zeitachse zu, die den Phasen und Komplexen im orthodoxen psychoanalytischen Sprachgebrauch eigen ist. Letztere werden gleichsam »durchlaufen«, um »überwunden« zu werden.

---

stanz, der Metabolisierung und der Energieerhaltung zentral sind. Tatsächlich imponieren Freuds diesbezügliche Ausführungen über den Untergang des Ödipuskomplexes als ein Fremdkörper in seinem eigenen Werk.

[14] Wenn nach Ovids Metamorphosen der Knabe *Narkissos* sein Spiegelbild zum erstenmal im Alter von 16 Jahren sah – und zwar, als er sich über die der vielen Quellen des Helikon neigte, »in der Gegend«, wie K. Kerényi (1966: 138) ausführt, »von Thespiai in Böotien, wo Eros besonders verehrt wurde« –, dann können wir dem entnehmen: Er ist sozialisationsgeschichtlich zu spät mit seinem Spiegelbild, mit sich selbst, mit seiner (ödipalen) Schuld konfrontiert worden. Die Nymphe *Echo* fand in nichterhörter Liebe zu Narkissos ein unglückliches Ende, ebenso wie *Ameinios*, der sich ihm als homosexueller Bewerber genähert hatte. Narkissos wich sozusagen dem positiven wie dem negativen Ödipuskomplex aus. Fragen wir nach dem Warum, so finden wir in seiner Anamnese, daß er die Frucht triebhaften Tuns schlechthin ist; seine Mutter, die blaue Nymphe *Leiriope*, war von dem Flußgott *Kephissos* vergewaltigt worden. Man könnte sagen, er handelte in dem Auftrag, den seine Mutter an ihn delegiert hatte: sich von jeglichem sexuellen Tun fernzuhalten. Narziß ist umstellt von Trieben, er wird verfolgt von seinen eigenen Projektionen, die ihm als die Triebe der anderen (Echo, Ameinios, Kephissos) entgegentraten. Die ganze Sache wird noch deutlicher, wenn wir Ameinios und Kephissos als die Flüsse bzw. Flußnamen betrachten, die sie auch sind. Die Vergewaltigungsmethode, die Kephissos gegenüber Leiriope anwandte, ist: Er wand sich mit seinen gewundenen Flüssen um sie (vgl. Ranke-Graves, 1960: 259). Dann können wir das narrative Zentrum des Mythos – Narziß sieht sein Spiegelbild im Wasser – so verstehen: Er sucht sich in seinem Vater und findet immer nur den mütterlichen Auftrag, sich vom Vater (Trieb) fernzuhalten. So wird er immer wieder auf sich selbst als seine eigene schöne Oberfläche zurückgeworfen.

Die depressive Position nach Melanie Klein, wiewohl in der zweiten Hälfte des ersten Lebensjahres etabliert, wird ein Leben lang bestenfalls immer nur »erreicht«. Tatsächlich nimmt bei M. Klein die depressive Position die Stelle des *Kernkomplexes* in der klassischen Theorie ein. Sie wird – so dies Konzept zusammengefaßt – dann erreicht und löst die paranoid-schizoide Position als dominanten Modus verinnerlichter Objektbeziehungen dann ab, wenn die Fähigkeit zur Trauer um den Verlust des ambivalent geliebten und durch die als eigene erkannte Aggression »zerstörten« Objektes dessen Wiederherstellung im Inneren (Verinnerlichung) möglich macht.

Melanie Klein teilt mit Freud die grundsätzliche Auffassung von den beiden Grundtrieben als der impulsgebenden und steuernden Kraft in den Objektbeziehungen. Aber ihr Erkenntnisinteresse liegt nicht so sehr in einer über sukzessive, triebgesteuerte Phasen laufenden *Entwicklung an sich*, sondern von Anfang an auf der triebgesteuerten Angst vor dem Objekt (Vernichtungsangst) und der Abwehr dieser Angst. Die paranoid-schizoide und die depressive Position lassen sich als spezifische *Konfigurationen* von Objektbeziehungen charakterisieren, mit den zu ihnen gehörenden Ängsten und Abwehrmodalitäten (in erster Linie: projektive Identifizierung), die während des ganzen Lebens und bei allen Menschen nicht nur bestehen bleiben, sondern lebensbestimmend bleiben.

Ohne größere metapsychologische Reflexion, die ihr nicht lag, hatte Melanie Klein bereits Abschied genommen von positivistisch-naturwissenschaftlichen Adaptationen in der Psychoanalyse, noch bevor diese in der Ich-Psychologie der 40er und 50er Jahre ihren Siegeszug antraten. J.-B. Pontalis hat auf überraschende Weise das existentialistische Moment in der Theorie Melanie Kleins betont – er spricht bei ihr von »Heideggerschen Akzenten« (1965: 157) –, wenn er feststellt, daß ihre Positionen aus einer »Wirkungseinheit von Angst und Abwehr« (S. 159) bestehen.

Diese Wirkungseinheit entfaltet sich innerhalb eines Rahmens von drei gleichsam anthropologischen Grundannahmen [15]:

1. eines primären Todestriebs, der von Anfang an gegen das Selbst gerichtet ist und darum aggressiv nach außen, auf das Objekt projiziert werden muß; dies ist der »Ort« der Angst;

---

[15] Diese Grundannahmen werden, wie dies M. Kleins Art des Theoretisierens entspricht, nicht als solche expliziert, sondern müssen, wie so vieles, aus ihrem Werk erschlossen werden. Vgl. hierzu besonders: Elizabeth R. Zetzel: »Die depressive Position« (1953).

2. eines primären (angeborenen) unbewußten Wissens von den Geschlechterunterschieden und von der sexuellen Beziehung der Eltern;

3. der Abwehrprozesse der Introjektion und Projektion als der seelischen Funktionsmechanismen der ersten Lebensmonate.

Legen wir diese drei Grundannahmen wie Folien aufeinander, so gelangen wir zu der radikalisierten Sicht des Ödipuskomplexes, die Melanie Kleins Theorie auszeichnet: Der Ödipuskomplex ist im Kind immer schon da, er muß von ihm nur noch »entdeckt«, zur Entfaltung gebracht werden[16].

Friedrich Schiller hat in einem Brief an Goethe vom 2.10.1797 das Gestaltungsprinzip des Sophokleischen »König Ödipus« auf den Begriff gebracht: »Der Ödipus ist gleichsam nur eine tragische Analysis. Alles ist schon da, und es wird nur herausgewickelt…« Melanie Klein kommt meines Erachtens der Verdichtung des Ödipus-Mythos durch Sophokles psychoanalytisch besonders nahe. Es ist oft betont worden, daß dessen Kunstgriff in einer Verschiebung der Gewichtung von der Tat auf die Selbstentdeckung oder -enthüllung der Wahrheit besteht[17]. Die »peripeteia«, die »Umkehrung« der para-

[16] Denn wenn sich das Ich oder Selbst des Kindes in einem Wechselspiel von Prozessen der Projektion (von phantasierten ursprünglich »bösen«, aggressiven Subjekteigenschaften in das Objekt) und der Introjektion (von tatsächlichen und phantasierten Eigenschaften in das Subjekt) bildet, dann geht daraus, auf der Folie der o. g. Grundannahmen, mit geradezu deduktiver Logik hervor: Mit dem Entstehen der ersten inneren Objekte (Repräsentanzenbildung) – via Kampf und Versöhnung »guter« und »böser« Teilobjekte – heften sich diese notwendigerweise an das primäre Wissen über die elterliche sexuelle Beziehung, und es entsteht ein inneres »Bild der vereinigten Eltern« (M. Klein, 1960: 211), das sich auf dem Höhepunkt der infantilen Depression – also noch während des ersten Lebensjahres – als Ödipuskomplex konkretisiert. Melanie Klein spricht in diesem Zusammenhang zwar von »Frühstadien des Ödipuskomplexes« (vgl. 1960: 208ff.), doch scheint die Bezeichnung »Früh-« eine taktische Konzession an die psychoanalytische Orthodoxie zu sein, denn ein relativ zu diesem Stadium entwickeltes Spät- oder Hauptstadium ist bei ihr, soweit ich sehe, nicht vorgesehen. Vgl. hierzu auch die Arbeit von Ronald Britton, »Der Ödipuskomplex und die depressive Position« (1987).

[17] Für W. Schadewaldt ist der König Ödipus »kein fatalistisches Schicksalsdrama«, sondern ein »Enthüllungsdrama«. »Was das Drama des Sophokles in seinem Hergang auf die Bühne zeigt, ist nicht die Verstrickung, sondern lediglich die Entdeckung« (Schadewaldt, 1973: 73f. und 90). – B. Knox stellt in einer sehr interessanten Arbeit fest: »Und Ödipus ist in Sophokles' Stück ein freier Akteur, und er ist verantwortlich für die Katastrophe. Denn die Handlung des Stücks besteht nicht in den Taten, die Ödipus ›schicksalsgemäß‹ ausführt, oder vielmehr, die vorhergesagt waren – die Handlung des Stücks besteht in seiner Entdeckung, daß er die Vorhersage bereits erfüllt hat« (Knox, 1982: 139). Zum Verständnis des »König Ödipus« ist für Knox Aristoteles' Begriff der peripeteia (der *Umkehrung* des Bildes bzw. der Handlung) zentral: Der Enthüller verwandelt sich in die enthüllte Sache, der Finder in das Gefundene, und der Arzt entdeckt, daß er die Krankheit ist (a.a.O.: 134). – Ph. Vellacott ist sogar der Ansicht, Sophokles wolle uns zu verstehen geben, daß alle Hauptpersonen des Stücks von der Identität

noid-schizoiden Position des Ödipus und seine Wende zur depressiven Position würde demnach eingeleitet durch den Satz des Teiresias: »Des Mannes Mörder, sag ich, den du suchst, bist du« (nach der Übers. v. Schadewaldt, 1973: 24).

Natürlich hat auch Freud den Enthüllungscharakter von Sophokles' Ödipus-Tragödie erkannt und sogar festgestellt, ihr Aufbau habe »eine gewisse Ähnlichkeit mit dem Fortgang einer Psychoanalyse« (Freud, 1917: 342)[18]. Aber bei ihm bleibt der Akzent doch auf der »längst vergangenen Tat« (ebenda) – und darum an das Problem verhaftet, wie wir, als die Erben des Ödipus, uns in unserer eigenen Ontogenese von dieser Tat immer wieder frei machen können. Für Freud blieb die Ödipus-Tragödie »im Grunde ein unmoralisches Stück, sie hebt die sittliche Verantwortlichkeit des Menschen auf, zeigt göttliche Mächte als Anordner des Verbrechens und die Ohnmacht der sittlichen Regungen des Menschen, die sich gegen das Verbrechen wehren« (Freud, 1917: 343).

Gegen diese Sicht der Ohnmacht und der Verantwortungslosigkeit mußte er dann die Überich-Forderung der »Zerschlagung des ganzen Komplexes« einführen – eine wahrhaft herakleische Aufgabe, aber das wäre ein neues Kapitel der Mythologie.

Die psychoanalytische Orthodoxie hat »im Kleinen« Melanie Klein gegenüber lange Zeit die gleiche positivistische Begriffsstutzigkeit eingenommen[19] wie die positivistischen Naturwissenschaften und der »common sense« gegenüber der Psychoanalyse im ganzen. Diese Begriffsstutzigkeit wiederholt sich insbesondere in dem Vorwurf, Melanie Klein verlagere die Genese und Dynamik aller menschlichen Konflikte in die früheste Kindheit.

Die immanente Schwäche in der Theoriebildung Melanie Kleins

Ödipus' wußten und ihnen bewußt war, daß er Vatermord und Inzest begangen hatte (Ph. Vellacott zitiert nach J. Steiner, 1985). J. Steiner zufolge haben dann alle Beteiligten versucht, »ein Auge zuzudrücken«, um die depressive Position zu vermeiden. – P. Rudnytsky zeigt in einer kenntnisreichen philologischen Untersuchung über »Freud und Ödipus«, daß »Freuds Selbstanalyse strukturell aufgebaut ist wie eine Wiederholung des *König Ödipus*« (Rudnytsky, 1987, S. 254) und weist auf dieser Grundlage die Rehabilitierung der Verführungstheorie durch Masson, Krüll u. a. zurück.

[18] In der Tat ergeben sich erstaunliche Einblicke in die Struktur des Stücks, wenn man die sukzessive »enthüllten«, also von Boten, Sehern usw. überbrachten Orakelsprüche und Weissagungen nach dem Fortgang ihrer Nennung im Stück isoliert und sie als Deutungen im Sinne der psychoanalytischen Behandlung nimmt. Denn dann erweisen sich die Reaktionen Ödipus' auf diese Deutungen als sein allmähliches Fortschreiten von der paranoid-schizoiden zur depressiven Position. Diese Position erreicht er nie ganz und im »Ödipus auf Kolonnos« regrediert er wieder auf die paranoid-schizoide Position.

[19] vgl. stellvertretend E. Glover (1945).

sehe ich nicht so sehr in einer zeitlichen Vorverlegung der ödipalen *Situation* – denn der Begriff der Positionen ist an die Chronizität der Zeit viel weniger gebunden als der Begriff der Phasen (der Libidoentwicklung) –, sondern in einer Auflösung der ödipalen *Struktur* selbst. Die ödipale Struktur ist wesentlich als Drei-Personen-Beziehung konzipiert. Das väterliche Objekt tritt bei Melanie Klein als genuines drittes Element kaum in Erscheinung. Zwar enthält bei ihr die Brust der Mutter den Penis des Vaters von Anfang an, aber der Penis bleibt immer ein Derivat oder später Stellvertreter der Brust; er gewinnt Gestalt nur im Bild der vereinigten Eltern (vgl. Anm. 16). Zwar habe auch ich die Anwesenheit des Vaters in der Mutter-Kind-Dyade im ersten Kapitel so charakterisiert: Der Vater ist in der Mutter von Anfang an enthalten (1. Kap., S. 42). Das war freilich gerade gegen diejenigen Tendenzen in der Psychoanalyse formuliert, die den triangulären Kern des Ödipuskomplexes zugunsten einer »primären« dualen Beziehung und der von ihr ausgehenden Störungspotentiale auflösen. Viel mehr als Melanie Klein und ihre Schule stehen für diese Tendenz diejenigen Richtungen, die, ganz im Gegensatz zu Melanie Klein, der *Objektivität* der primären (mütterlichen) *Umwelt* eine gleichsam apriorische pathognomonische Kraft zusprechen[20].

Die *depressive Position* ist virtuell die Position der Geschlechterversöhnung. Ich klage nicht mehr an, ich triumphiere nicht mehr über, ich unterwerfe mich nicht mehr Mutter und Vater, sondern ich habe sie in mich aufgenommen – und gehe meinen eigenen Weg. Dieser Weg beinhaltet die Anerkennung der Generationengrenze und der Geschlechterdifferenz als gleichsam gesetzgebende Ordnungsmächte. Er bedeutet aber nicht *a priori* Anerkennung geschichtlich gewordener soziosexueller Rollenunterschiede und nicht die Legitimierung der Macht des Stärkeren.

In der *paranoid-schizoiden Position* sage ich: Meine Mutter ist überfürsorglich oder verführerisch oder gefühlskalt, mein Vater ist

---

[20] In diesem Zusammenhang ist neben *Kohut* und der von ihm begründeten Selbst-Psychologie insbesondere *Winnicott* zu nennen, der, genau gesehen, ebenfalls einer *basic femaleness* huldigt (zur Kritik dieser Anschauung vgl. 1. Kap., S. 11). Vgl. dazu insbesondere Winnicotts Theorie über »Reine männliche und reine weibliche Anteile« in 1971, Kap. 5. Winnicott ordnet dort »das Sein« als primären weiblichen Anteil und »das Handeln« als primären männlichen Anteil ab. Einerseits kann man ihm nur zustimmen, wenn er schreibt: »...die primäre Identifizierung... erfordert eine Brust, die *ist*, nicht aber eine Brust, die handelt« (ebenda: 96). Andererseits schwindelt uns, wenn er sagt, daß »das Sein« (die aus der primären Objektbeziehung hervorgehende Identität) die Grundlage für das (triebbestimmte) »Handeln« bildet und schließt: »Erst ist das Sein, dann das Handeln und Mit-einem-gehandelt-Werden. Zu Anfang jedoch ist das Sein« (ebenda: 99).

ein Tyrann oder ein Versager oder er hat das emotionale Feld der Mutter überlassen, *und darum* mußte ich leider scheitern, konnte gar nicht anders als so und so werden. In der *depressiven Position* sage ich: Der Mörder, den ich suche, bin ich selbst. Das bedeutet weder, daß ich mich fortan gegenüber Mord – nun als Synonym für Verbrechen, Elend, Ausbeutung und Unterdrückung genommen – indifferent einstelle. Gerade im letzten Auftritt der Tragödie zeigt Sophokles Ödipus in einem unentschiedenen Ringen um das Erreichen der depressiven Position. Der Akt der Selbstblendung enthält sowohl das Moment des paranoid-schizoiden Ausagierens als auch das Moment des Aufsichnehmens von Trauer und Schuld.

Psychoanalyse und Liebe

In meinen Fallgeschichten habe ich jeweils dort aufgehört, wo die Liebe beginnt – und so will ich es auch in dieser Einleitung halten. Arbeit und Liebe, Mann und Frau sind keine psychoanalytischen Begriffe. »Liebe paßt in kein Schema der Psychoanalyse«, stellt Leon Altman (1977: 37) fest. Das gleiche könnte man vom Begriff der Arbeit, der Herrschaft, der Familie sagen. Die Psychoanalyse löst die biologischen, philosophischen und soziologischen Begriffe, die sie vorfindet, auf und setzt sie neu zusammen. Aus Liebe macht sie Objektliebe, primäre Liebe, narzißtische und libidinöse Besetzungen, das gute innere Objekt, die Ambivalenz der Gefühlsregungen usw. Aus Männern und Frauen macht sie Patienten, aus Mann und Frau männlich und weiblich.

Die Liebe in der Psychoanalyse beginnt dort, wo die psychoanalytische Behandlung zu sich selbst und damit prinzipiell zu ihrer Beendigung kommt. Das ist sachlich und begrifflich angelegt in der Konvergenz von Methode und Wissen, von psychoanalytischem Rahmen und Ödipuskomplex. Durch die initiale Setzung des Rahmens in der Einleitung der Behandlung wird das Inzest-Tabu repliziert. Das Inzest-Tabu ist für mich das Paradigma von Norm, Tabu und Gesetz. Wenn der Analytiker dem Patienten erklärt, unter welchen Bedingungen er die psychoanalytische Behandlung auszuführen bereit ist, gibt er damit zugleich eine – nicht ausgesprochene – Erklärung ab, die Geschlechter- und die Generationengrenze einzuhalten: Er wird die Abhängigkeit des Patienten nicht für sich ausnutzen, auf die Übertragungsliebe des Patienten nicht mit »wirklicher« Liebe antworten, seinen Entwertungen in der Übertragung nicht mit realen Entwertungen begegnen. Kurz, er wird das »erklären«, was ich den »idealen Eltern im 1. Kapitel abverlangt habe (S. 41 ff.). Es wird gleichsam ein Gesellschaftsvertrag geschaffen, der oft und meines Erachtens unzutreffend mit dem Begriff des Arbeitsbündnisses (Greenson, 1967: 202 ff.) charakterisiert wird[21]. In den Fallgeschichten soll gezeigt werden, daß der Patient gar nicht anders kann, als in der im psychoanalytischen Prozeß sich entfaltenden Übertragungsneurose auf seine ganz persönliche Art und Weise gegen den Rahmen selbst oder seinen Sinn zu verstoßen.

Die Liebe in der Psychoanalyse beginnt dort, wo der Patient nicht mehr über den Rahmen, sei es bewußt oder unbewußt, triumphiert und sich ihm nicht mehr zu unterwerfen braucht, weil er anerkennen kann, daß er gegen ihn verstoßen wollte. Dieser »Verstoß« ist *für ihn* dann identisch mit der Erfüllung seines infantilen Triebwunsches geworden, in welchem sich zugleich der Inzestwunsch und die zur Übertragungsneurose kristallisierte Lebensgeschichte ausdrücken. Diese Einheit im Widerspruch von Täter und Opfer, von Mann und Frau, von Gesellschaft und Natur, von Unterdrückung und Befreiung immer wieder neu zu formulieren, ist unsere Aufgabe.

[21] Zur Kritik des »Arbeitsbündnisses« vgl. H. Deserno (1990).

3. Kapitel:
Fallgeschichten

Der Vaginalneid des Mannes

Erst Penisneid und Vaginalneid (Gebärneid) zusammen bilden eine brauchbare psychoanalytische Konstruktion – war im ersten Kapitel behauptet worden. In dieser Fallgeschichte sollen nun normale Manifestationen des Vaginalneides beim Mann anschaulich gemacht werden. Aus diesem Grund habe ich Material aus der Analyse eines Mannes ausgewählt, der keine besondere perverse Problematik und keine Störung der Geschlechtsidentität aufwies.

Der in der Literatur eher gebräuchliche Terminus des Gebärneides ist nicht sehr glücklich gewählt. Er fordert durch seinen leiblichen Bezug auf die Gebärfunktion zu einer Sichtweise auf, die den Neid des Mannes auf die Frau auf deren prokreative Funktionen und die an sie gebundene Potenz einengt. Sachlich geht es aber um die Darstellung des Neides und seiner Derivate (Haß, Bewunderung, Verachtung usw.) des einen Geschlechts auf die zugleich phantasierte *und* reale Potenz *und Gestalt* des jeweils anderen Geschlechts. Dabei ist es sekundär, wie leibnah oder leibfern dieser Neid an der realen Anatomie und Physiologie des anderen Geschlechts festgemacht wird. Die anthropologische Konstante ist: Das andere Geschlecht »hat etwas«, das dem eigenen mangelt, und aus dieser Differenz ergibt sich eine Spannung, die Geschlechterspannung in ihren vielfältigen historischen, kulturellen, ökonomischen und psychischen Konkretionen[1].

Dagegen bezieht sich der von Melanie Klein eingeführte Begriff des Brustneides (Neid auf die mütterliche Brust) auf eine intrapsychische Position bei beiden Geschlechtern gleichermaßen; er hebt nicht ab auf die Geschlechterspannung.

---

[1] W. Gottschalch (1984: 88ff.) wählt sogar den Ausdruck »Gebärmutterneid« als zusammenfassende Benennung der hier in Frage stehenden Disposition. – Außer von den im 1. Kapitel genannten Autoren wird der »Gebärneid« ausführlich erörtert bei Helene Deutsch (1969) und bei B. Bettelheim (1954). Bettelheim zitiert einen sieben Jahre alten Jungen, der über ein Mädchen sagt: »Sie glaubt, sie ist etwas Besonderes, weil sie eine Vagina hat« (Bettelheim, 1954: 39). Ein Junge könnte aber nie sagen: »...weil sie gebären kann« oder »weil sie eine Gebärmutter hat«.

Freuds Konzeption der psychosexuellen Entwicklung andererseits ist eine am *Mann* entwickelte biopsychische Entwicklungs- und Reifungslehre. In dieser Lehre ist die Frau konzipiert als Pendant des Mannes, dem »etwas fehlt«. Die großen Entwicklungspsychologien nach Freud brauchen sich mit dem Freudschen Ungleichgewicht in der Konzeption der Geschlechter nicht herumzuschlagen. Sie lassen die Geschlechterspannung *in toto* außer acht; sie geben die psychosexuelle Bezugsachse weitgehend auf und wählen – zu Recht oder Unrecht, das braucht uns hier nicht zu beschäftigen – über- oder ungeschlechtlich konzipierte Bezugsachsen. Das gilt sowohl für die von M. Mahler entwickelte Theorie von Symbiose und Individuation, für die Selbstpsychologie von Kohut als auch für den Beitrag Winnicotts.

Wir müssen uns daher im klaren sein, daß mit der Einführung der Paar-Konstruktion Penisneid / Vaginalneid die einzelnen Konstruktionselemente (Penisneid und Vaginalneid als »erklärende Größen«) an Bedeutung verlieren. Das trifft insbesondere für den Penisneid zu, der für Freud manchmal den Stellenwert eines Angelpunktes der weiblichen Entwicklung anzunehmen tendiert, und der von dem lebt, was die amerikanische Frauenbewegung der frühen siebziger Jahre zu Recht Freuds phallischen Monismus genannt hat.

Als ich Herrn U. zum erstenmal sah, kam er nicht allein, sondern zusammen mit seiner damaligen Freundin in die Sexualmedizinische Ambulanz[2]. Er wollte mit ihr zusammen eine Paartherapie machen. In ihrem Auftreten machten beide klar, daß sie zur »Scene« gehörten; dabei verkörperte sie sozusagen die Avantgarde (die autonome Frauenbewegung) oder den progressiven Pol, er die Nostalgie (die amerikanische Hippiekultur) oder den regressiven Pol. Das war Ende der siebziger Jahre. Nach konventionellen Vorstellungen hatten sie nicht nur im Auftreten, sondern auch in der Kleidung selbst die Rollen getauscht; sie saß in ihren Latzhosen über einem weit offenen Schlosserhemd, wie sie auf den Flohmärkten angeboten wurden, selbstbewußt, entspannt und breitbeinig da; er sah in seinen zu engen, geflickten Jeans, seinem zu kurzen T-Shirt, das den Bauch freigab und mit seiner afrikanisierenden Kette aus Holzperlen und Muscheln nicht gerade glücklich aus. Er stotterte herum, blickte unterwürfig und hilfesuchend abwechselnd zu ihr und zu mir. Sie ließ

---

[2] Sexualmedizinische Ambulanz der Abteilung für Sexualwissenschaft, Klinikum der J.-W.-Goethe-Universität Frankfurt am Main.

ihn auflaufen und schaute herausfordernd zu, wie ich mit dieser Situation umgehen würde.

Was die sexuellen Beschwerden im engeren Sinn betraf, so waren sie beide eigentlich funktionell ungestört. Sie ließ ihn aber nur noch ganz selten »ran«; dadurch stand er unter schrecklichem Druck und hatte Angst, daß seine Neigung zur Ejaculatio praecox, die er in den letzten Jahren so erfolgreich unter Kontrolle gebracht hatte, wieder die Oberhand gewinnen könnte. Anscheinend sollte ich ihm helfen, sein sexuelles Recht bei ihr einzuklagen, ihn auf jeden Fall so stark machen, daß er wieder attraktiv für sie würde. Auf diesen Komplex konzentrierte sich auch meine erste Deutung, wofür er mich dankbar anblickte; sie aber blieb ungerührt und rückte noch weiter von ihm ab.

Es war eindeutig, daß er in der Paarbeziehung in die masochistisch-abhängige Position des Bittstellers geraten war. Er war auf der Suche nach einer Männlichkeit, mit der er sich identifizieren konnte. Sie suchte überhaupt keine Hilfe, jedenfalls keine therapeutische. Beide waren eigentlich kein Paar »im Sinne der Paartherapie« – es gab keine gemeinsam geteilten Entschlüsse, Ziele oder Absichten – und das sagte ich den beiden auch am Ende des für mich ziemlich anstrengenden Gesprächs.

Nach meinen diagnostischen Vorstellungen waren beide Partner auf die Position des negativen Ödipuskomplexes fixiert. Auf der Ebene des Geschlechterkampfes bedeutete diese Fixierung aber für sie einen sozialen Vorteil, für ihn einen Nachteil. Im negativen Ödipuskomplex sucht der Junge die Liebe des starken Vaters; er unterwirft sich ihm in der triebhaft ausgestalteten Hoffnung, dadurch von ihm seinerseits so stark gemacht zu werden, daß er den Kampf um die Mutter aufnehmen kann. Wie im positiven Ödipuskomplex der zentrale unbewußte Triebwunsch der ist, den Vater zu beseitigen, um mit der Mutter sexuell verkehren zu können, so im negativen Ödipuskomplex: vom Vater geliebt (koitiert) zu werden, dadurch seine phallische Kraft in sich aufzunehmen und dadurch dann so stark zu werden, daß man seinerseits mit der Mutter koitieren kann. Entsprechend sucht das Mädchen im negativen Ödipuskomplex die Liebe der Mutter, um, ausgestattet mit dieser in sich eingesogenen Liebe, den Kampf mit der Mutter um den Vater aufzunehmen. Bei der Freundin von Herrn U. sah ich in der Situation des Paarinterviews diese Mutter repräsentiert in ihrer, wie mir schien, aufgesetzten Identifikation mit der autonomen Frauenbewegung.

Herr U. kam allein wieder und wollte jetzt eine Analyse bei mir machen. Ich zögerte zunächst und machte dies Zögern an seinem Kokettieren mit Ambivalenz und Promiskuität fest; er wollte jetzt nämlich »eigentlich« eine Gestalttherapie machen. Aber dann deutete ich, zunächst mir und dann ihm, seinen Wunsch: daß ich, in der Metapher des negativen Ödipuskomplexes ausgedrückt, mit meinem – von ihm als überlegen phantasierten psychoanalytischen – Phallus in seine noch unkonturierte Gestalt eindringen möge, um dieser solcherart zu einer Stärkung und Konturierung zu verhelfen. Obwohl ich, wie dieser erste Eindruck zeigt, von negativen Empfindungen nicht frei war, war mir vieles an diesem damals 27 Jahre alten Mann, der gerade sein Universitätsexamen bestanden und eine seinen Neigungen und Begabungen entsprechende Anstellung gefunden hatte, doch sehr sympathisch. Ich verabredete mit Herrn U. eine Psychoanalyse mit vier Wochenstunden.

Unter den Symptomen, die er zur Behandlung brachte, stellte sich als auffälligstes alsbald eine Besessenheit von Sonderangeboten jeder Art heraus. In dem Moment, da er die Sonderangebote aber bei sich »auf Lager« hatte, drohten sie wertlos zu werden oder ihn zu verfolgen. So hatte er es fertiggebracht, auf einmal 12 Paar Jeans zu kaufen, die er dann noch auftragen mußte, als die Mode schon längst von eng auf weit gewechselt hatte. In diesem Ensemble aus oraler Gier und analer Retention agierte er das, was er bei der Frau vermutete; er wollte auf einen Schlag in den Besitz der uneingeschränkt fließenden Milch gelangen, die aber, in seinen Besitz gelangt, sauer wurde.

In der ersten Stunde berichtete er von einem Traum der vergangenen Nacht: »Aus meiner Brust kam etwas heraus, ein vierblättriges Kleeblatt, aber es war aus Plastik.« Zu Plastik fielen ihm Schallplatten ein; er sammelte nämlich Pop-Musik, auf Platten, Bändern und Kassetten, die ihm ebenso über den Kopf wuchsen wie seine »Anlage«, die permanent technisch erweitert wurde oder auf den neuesten HiFi-Stand zu bringen war. Dann sagte er: »Aus der Brust kommen die Gefühle… aber sie sind aus Plastik. Eigentlich ein erschütterndes Bild.«

Ich verstand das Kleeblatt auch als Symbol für seine Familie, das vierte Kleeblatt als Selbstobjekt, mit dem er sich selbst als Glückstreffer darstellt, der aber leider aus Plastik ist. Er war nämlich das vierte Glied in der Familie und als Nachzügler auf die Welt gekommen. Sein Bruder war um zehn Jahre älter. Nach einem offenbar harmonischen ersten Jahr, in dem er auch gestillt worden war, hatte die Mutter ihn ohne äußere zwingende Gründe an ein Kindermädchen abgetreten, das ins Haus geholt wurde. Sie selbst schloß sich wieder verstärkt dem Vater an, der als selbständiger Kaufmann viel auf Reisen war.

Die Eltern führten eine harmonische Ehe; mein Patient hatte immer den Eindruck, daß sie sich sehr liebten und aneinander hingen, und er wuchs mit dem schmerzlichen Gefühl auf, daß der Vater und die Mutter einerseits, der Bruder und seine Freunde andererseits sich gut versorgt hatten und gut versorgt waren und daß er an ein Kindermädchen abgeschoben war, das seinen Dienst ohne innere Beteiligung versah und selbst auf dem Sprung war, zu heiraten und eine Familie zu gründen. Dem entsprach sein inneres Bild von der Frau, das in der Analyse ganz allmählich Gestalt annahm: Die Frau kann auf ihn verzichten, aber er nicht auf die Frau.

Die Brust, aus der »etwas herauskommt«, ist die gebärende Brust oder der Brust-Penis im omnipotent-bisexuellen Zustand vor der Anerkennung der Geschlechterdualität. Die damit angesprochene infantile Geburtstheorie und die Identifizierung des Patienten mit der Brust, aus der etwas Wunderbares herauskommt, das sich doch als »aus Plastik«, also als Surrogat, erweist, war zu diesem Zeitpunkt des Beginns der Analyse noch nicht zu verstehen. Von den vielen unbewußten Bedeutungen, die uns dieser Initialtraum im Verlauf der Analyse enthüllte, möchte ich hier nur noch zwei anführen und damit zugleich die Begabung des Patienten unterstreichen, seinen Konflikt in hoher symbolischer Verdichtung darzustellen.

»Plastik« bezog sich auch auf den kränkenden Spitznamen Hostaleno (von Hostalen), der ihm in der Pubertät von seinen Schulkameraden verliehen worden war – wegen seiner weichen, schlacksigen, zum Umknicken neigenden Haltung. Die Zahl vier verwies auch auf einen Zählzwang, den er als Kind ausgebildet hatte. Er mußte alles, was ihm »über den Weg kam«, durch vier teilen und auf dem Schulweg die Namen der Geschäfte, die Plattenreihen auf den Gehwegen usw. danach klassifizieren, ob sie durch vier teilbar waren oder nicht. Auf den sublimatorischen Umformungen dieses Zählzwangs baute seine große Begabung in der EDV auf, die er sich beruflich zunutze zu machen wußte.

In jeder Analyse wird beständig Außenwelt in Innenwelt übersetzt. Die Außenwelt, das sind die »äußeren Ereignisse«, mit denen die Patienten oder der Patient die Stunde beginnt oder sogar füllt, und die Innenwelt, das sind die Bedeutungen, die dann von Patient und Analytiker gemeinsam gefunden werden. Der Schlüssel zum Auffinden von Bedeutungen ist in jedem Fall das Gewahrwerden und die Deutung der Übertragung.

Die Analyse mit Herrn U. gestaltete sich »äußerlich« über weite Strecken derart, daß er mir Frauen über Frauen präsentierte, mit denen er sexuellen und anderen Verkehr hatte. Ich konnte die vielen Gabis und Helgas bald nicht mehr auseinanderhalten. Sie waren immer »nett«, immer groß und blond oder aber nicht so groß und nicht blond. Die Gegenübertragungsposition, die mir von Herrn U. zunächst zugewiesen wurde, war über den Mechanismus der projektiven Identifizierung zu erschließen. Ich sollte einerseits neidisch werden auf sein Glück (»Kleeblatt«), andererseits denken: Was schleppt er da nur dauernd an (»Plastik«). Denn dann waren sowohl der Neid als auch die Verachtung nicht mehr in ihm, sondern in mir.

Er selbst sagte nie etwas Geringschätziges über diese Frauen; sie repräsentierten ja für ihn, auf eine Weise, die ich noch gar nicht erfaßt hatte, etwas sehr Wertvolles. Er agierte die Verachtung nur. In der Übertragung wollte er mir unter anderem beweisen, daß er nicht von mir abhängig war und nicht depressiv werden mußte, wenn ich mich von ihm abwenden würde; es standen immer neue Frauen bereit. Oder er wollte mir beweisen, daß er nicht homosexuell gefährdet war, obwohl er meine Nähe suchte: denn er wußte wohl, daß er es auf Partnerzahlen brachte, wie sie sonst nur Homosexuelle aufweisen.

Ich möchte mich hier aber auf einen besonderen Bedeutungskomplex seiner Promiskuität konzentrieren: die Frauen als »Sonderangebote«, die er sich unmöglich durch die Lappen gehen lassen durfte – und die Dialektik des Sonderangebotes: der Glückstreffer (die unendlich fließende Kleeblatt-Milch), der sich plötzlich als »aus Plastik« erweist (Surrogat, Entwertung, Verachtung). Herr U. hatte nämlich die sehr gut verborgene unbewußte Phantasie, er könne sich in bisexueller Omnipotenz kurzschließen und dadurch Autarkie, Glück und Freiheit von allen depressiven Einbrüchen erlangen. Im Unbewußten verkörperte er alle vier Blätter der Familie. Seine bewußten Ambitionen waren ganz anderer Art, sozusagen völlig normal: Er suchte nach einer solidarischen, gescheiten, unkomplizierten und sexuell attraktiven Frau, die er heiraten und mit der er Kinder haben wollte. Es waren in erster Linie diese Ambitionen, also seine bewußten Ideale, die für eine Konfliktspannung sorgten, die groß genug war, daß er sich der Analyse stellte. Daß die Frau außerdem groß und blond sein und große Brüste haben sollte, spielte er vor mir herunter.

Die Erkenntnis der Entwertung und Verachtung des Objekts, die mit der Promiskuität notwendigerweise einhergeht, machte dem Patienten viel zu schaffen. Er wehrte sich gegen diese Erkenntnis gar nicht so sehr wegen der Scham und der Schuldgefühle, die einsetzen mußten, wenn sein verborgener Sadismus offenbar würde. Solange ich in meinen Deutungen auf diesem Aspekt beharrte, drohten wir regelmäßig in eine sadomasochistische Übertragungskollision zu geraten. Ich wurde dann zum moralisch integren (sadistischen) Angreifer, der in seiner Phantasie seine eigenen Ideale verkörperte und der ihn, den »plastic-lover«, verachtete, der nicht zu echten und tiefen Gefühlen fähig war und darum Frauen wie Sonderangebote konsumierte. Dann mußte er über den sadistischen Angreifer triumphieren und mir die nächste Frau präsentieren.

In dem Verlangen, aus diesem Zirkel herauszutreten, bildete ich mir folgende Vorstellung: Die vielen Frauen standen, vergleichbar einem perversen Symptom, für etwas, das ich nicht verstanden hatte. Sie dienten zur fusionistischen Aufladung einer zentralen unbewußten Phantasie; diese wurde durch jene am Leben erhalten. Diese Phantasie habe ich für mich zunächst mit der Metapher *bisexuelle Omnipotenz* (vgl. 1. Kap., S. 37) zu bezeichnen versucht. Es kam demnach alles darauf an, den Sinn dieser unbewußten Phantasie zu erfassen. Zu diesem Zweck war es offenbar notwendig, daß ich in der Übertragung zur Vagina würde – was immer diese bedeutete. Der Weg dahin führte über das Verständnis der zentralen Onanie-Phantasie von Herrn U.

Die Bedeutung der zentralen Onaniephantasie für das Verständnis der definitiven Sexualorganisation ist von M. Laufer herausgearbeitet worden. Sie enthält »die verschiedenen regressiven Befriedigungen und die sexuellen Hauptidentifikationen« (Laufer, 1980: 368). Bei Herrn U. war die Onanie in die Einschlafhygiene eingebaut: Er onanierte allabendlich vor dem und zum Einschlafen, außer wenn er mit einem Mädchen oder einer Frau die Nacht verbrachte, und oft auch dann. Dabei benutzte er niemals Bildvorlagen irgendwelcher Art, sondern er ließ vor seinen Augen eine oder mehrere Frauen vorüberziehen, mit denen er früher oder jetzt sexuell zusammen war. Mehr habe ich nicht erfahren; ich glaube nicht, daß er sich in sexueller Handlung mit diesen Frauen phantasierte. Anscheinend war die Sache sexuell nicht besonders aufregend oder oft sogar ziemlich unbefriedigend; aber sie funktionierte, und er hatte überhaupt keine Schlafstörungen.

Allmählich präzisierte sich meine Vorstellung, die ich erst sehr viel später deutete: Er sog das Bild der großen blonden Frau mit den großen Brüsten in sich auf, sättigte sich an diesem Bild, verwandelte sich dabei unbewußt in diese Frau (wurde also von ihr aufgesogen oder aufgefressen) und schlief dabei ein. Ich kannte zu diesem Zeitpunkt noch nicht B. D. Lewins (1950) Monographie über das Hochgefühl, in der dieser die Theorie der oralen Trias entwickelt: fressen, aufgefressen werden, einschlafen (siehe bei mir S. 20). Dieses Konzept paßt vorzüglich zu diesem Patienten, der so gierig auf Hochgefühl war, weil er so dringend den Zustand depressiver Verlassenheit abwehren mußte.

Ich möchte jetzt die Begebenheit schildern, an der mir klar wurde, daß er mit diesem Onanieritual – wie mit vielen anderen Verhaltensweisen – verhinderte, daß in der Übertragung ich zu der Brust-Vagina würde, die Hochgefühl geben und vor allem, als von ihm getrenntes Objekt, Versagung und Depression bringen kann. Um die Illusion der Unabhängigkeit aufrechtzuerhalten, brauchte Herr U. die Illusion der bisexuellen Omnipotenz (oder Autarkie), die die Trennung der Geschlechter leugnet. Den Auftakt hierzu bildete typischerweise ein Verhalten, das Agieren genannt wird. Denn das Agieren geht dem Phantasieren voraus, das seinerseits der Erkenntnis vorausgeht.

Es stellte sich nach ungefähr 470 Stunden heraus, daß der Patient schon eine ganze Weile aus dem Briefkastenschlitz meiner Praxis regelmäßig nach der letzten Stunde in der Woche eine Anzeigen-Zeitung namens »Blitz-Tip« entnahm, die er brauchte, um sie bei sich zu Hause auf Sonderangebote zu durchforsten. Es handelte sich also um eine dieser Zeitungen, wie sie in großen Mengen in die Briefkästen gesteckt und vor die Haustüren geworfen werden, oft zum Verdruß der Bewohner. Der Patient wußte dies natürlich, und es war ihm schrecklich peinlich, als ihm, als Reaktion auf eine Deutung von mir, diese Angewohnheit förmlich herausrutschte. Ich hatte in einem sachlich anderen Zusammenhang gedeutet, daß er bei mir etwas suche, von dem er glaube, ich verfüge darüber in unbeschränkter Menge, wollte es ihm aber vorenthalten und für mich behalten.

Das war ein wichtiger Schritt zur Bewußtmachung der unbewußten bisexuellen Identifizierung. Diese wurde damit in der Übertragungsbeziehung verhandlungsfähig. In seiner Phantasie verfügte ich über etwas in überreichem Maß, das für ihn von vitaler Bedeutung, für mich aber wertlos war. In dieser Übertragungsbeziehung, die ja zugleich für ein neues Niveau von Objektbeziehungen steht, auf das der Patient sich hinbewegte, ist »der Schlitz« nicht mehr bei ihm – wie der bisexuell-omnipotente Brust-Penis im Initialtraum oder in der Onaniephantasie –, sondern bei mir: ein für die Festigung der Geschlechtsidentität (Anerkennung der Getrenntheit der Geschlechter) kaum zu unterschätzender Fortschritt. In den Deutungen konnte ich jetzt mit Erfolg darauf abheben, daß er bei mir, und entsprechend bei den vielen Frauen und Mädchen (die inzwischen schon längst nicht mehr nur »nett« waren), *etwas suchte, was er nicht hatte* und auch nicht aus sich heraus erschaffen konnte. Im Prozeß dieses Durcharbeitens wurden natürlich viel Wut und Scham frei.

Es ist müßig, darüber zu streiten, ob er bei mir eher den Penis (die Zeitung) oder die Vagina (Briefkastenschlitz) suchte. Die Polarisierung in Vater- oder Mutterübertragung geht an der Sache vorbei; es geht hier überhaupt nicht um distinkte »Personen«-Übertragungen, also um Eigenschaften oder Verhaltensweisen, die einem der beiden Primärobjekte Vater oder Mutter zugeschrieben werden können. Er suchte die Sonderangebote-in-der-Zeitung-im-Schlitz; und dies Ensemble verstand ich als Symbol für den omnipotenten oder autarken bisexuellen Vagina-Penis. Der »Blitz-Tip im Schlitz« repräsentiert also auch den vom Patienten phantasierten Glücksbringer-Penis, den Penis der Frau. Wir hätten es dann mit einer besonderen Form des Penisneides zu tun, dem Penisneid des Mannes (Neid des Mannes auf den phantasierten Penis der Frau): dem Vaginalneid.

Ein Traum, etwa ein Jahr darauf (619. Stunde), zeigt die bisexuelle Omnipotenz im Stadium der Durcharbeitung. Zu dieser Zeit war Herr U. schon seit längerem beruflich gefestigt, psychisch stabil, lebte allein und arbeitete in verantwortlicher Position in einer psychiatrischen Klinik. Auf seiner Station war ein junger Mann mit der Diagnose Drogenpsychose eingeliefert worden, der sich nunmehr in einem Zustand agitierter Geschlechtsidentitätsverwirrung befand. Dieser Mann spielt im manifesten Traumbild eine Rolle: »Ich sollte Vater werden und war ganz aufgeregt. Ich wollte zur Klinik gehen, zur Entbindung, aber wo ich hinkam, das war ein großes Stadion. In der Mitte lag ein Mann, ein Patient von uns, Tobias, der, von dem ich schon erzählt habe. Der sollte das Kind bekommen. Aber er hatte gar keinen Bauch. Das sagte ich ihm, aber er antwortete: Das geht auch so!«

Ich möchte wiederum nur so weit auf den Traum eingehen, wie die

Assoziationen des Patienten in dieser einen Stunde führten. Sein erster Kommentar: »Ich bin auf dem Trip, dünner zu werden; ich will mich jetzt immer auf der Waage der Klinik wiegen, die ist sicher genauer als meine Waage.« Meine erste Deutung: »Sie haben zu Ihrem Patienten gesagt, was mit seinem Bauch los ist. Es ist gar kein Schwangerenbauch. Und ich soll jetzt Ihnen sagen, was mit Ihrem Bauch los ist. Er geht erst weg, wenn Sie sich auf meiner Waage wiegen, das heißt, wenn Sie sich mit den Werten messen, die Sie für meine Werte halten: genaue Unterscheidung, wo und wann man den Trieb ausleben, wo und wann man ihn kontrollieren will.«

Während ich noch überlegte, wie ich dem Patienten zum hundertsten Male sagen könnte, daß er nur dann ein männliches Maß fände, wenn er seine Weiblichkeit akzeptierte, kam Herr U. wieder auf seinen Patienten Tobias zu sprechen: Dieser geht ihm und dem Oberarzt mit seinem dauernden Gejammere furchtbar auf die Nerven. »Er hat mich gefragt, ob er sich von mir von hinten bumsen lassen soll, damit alles gut wird. Und er hat den Oberarzt gefragt, ob er onanieren soll, damit alles gut wird. So geht das die ganze Zeit.«

Ich suchte immer noch nach einer Formulierung des Problems, das Herr U. so scharf ins Bild gesetzt hatte: Wie kann er denn seine eigene Weiblichkeit integrieren, wie sein »Sträuben gegen die passiv-feminine Einstellung zum andern Mann« (Freud – siehe bei mir S. 47) aufgeben, wenn ihm seine Weiblichkeit durch die Analyse bewußt wird, er aber glauben muß, daß ich Weiblichkeit (»Gejammere«) bei einem Mann verachte. Da gab Herr U. selbst schon mit dem nächsten Einfall die Richtung an: Die Tomaten in seinem kleinen Gärtchen wachsen gut, aber er hat die Triebe nie beschnitten; sie wuchern wild. Er befürchtet, sie werden kaum Früchte tragen. Er weiß nicht so recht, ob ihm das egal ist oder ob es ihm leid tut.

Mit dem Bild von den wild wuchernden Tomatentrieben griff Herr U. offensichtlich meine Deutung zum Verhältnis von Ausleben und Kontrolle des Triebes auf und setzte sie in Beziehung zum Thema Männlichkeit und Weiblichkeit. Indem er behauptet, es sei ihm egal, ob die Stöcke Früchte tragen oder nicht, stellt er sich nochmals auf den Standpunkt der bisexuellen Omnipotenz, den er im Traum Tobias zugewiesen hat: »Es geht auch so.« Es geht eben nicht »auch so«; wer Tomaten pflanzt, möchte gern Tomaten ernten. Und die Tomatenfrüchte (weiblicher Anteil am Geburtsakt) kommen eben nur, wenn die Triebe »gegeizt«, beschnitten werden (männlicher Anteil am Geburtsakt). Da die Tomate, wie alle Solanaceen, einhäusig ist, wird man nicht unbedingt sagen: Die Tomatenfrucht ist weiblich, und da sie eine Kulturpflanze ist, die unter unseren klimatischen Bedingungen gute Früchte nur trägt, wenn sie gegeizt wird, wird man nicht unbedingt sagen: Das rechtzeitige Geizen der Seitentriebe ist männlich. Wir haben es hier eben mit der Geburt als einem kulturellen Akt zu tun, wie ich es im 1. Kapitel ausgeführt habe.

So elaboriert habe ich in dieser Stunde natürlich nicht gedacht. Außerdem verfügen die Solanaceen ja abgründigerweise auch noch über sogenannte ungeschlechtliche Fortpflanzung, durch Knollenbildung, die freilich unter unseren klimatischen Bedingungen nicht zum Zuge kommt; im Prinzip geht es also doch »auch so«. Aber ich sah in dieser Stunde den Tomatenstock, wie den Patienten Tobias, als Selbstobjekt meines Patienten, an denen er seinen Konflikt ins Bild setzte.

Dies Bild verstand ich jetzt so: Wild wuchernde unbewußte »weibliche« Wünsche beim Mann führen zu psychotischer Geschlechtsidentitätsverwirrung. Teleologisch formuliert: Der Beitrag des Mannes zur Entfaltung seiner eigenen Weiblichkeit (Früchte tragen) ist identisch mit der Entfaltung seiner eigenen Männlichkeit (Seitentriebe beschneiden). Das brachte mich dazu, den Tomatenstock, den Bauch des Patienten und den im Stadion gebärenden Mann auch als Bilder der analytischen Situation, genauer: der Art und Weise zu sehen, wie Herr U. seine eigene Analyse sah.

Herrn U.s Bild der Analyse war nämlich zusammengesetzt aus einem »wild wuchernden« und einem »zwanghaft beschneidenden« Element. Beide Elemente standen für nicht-integrierte Selbstaspekte und wurden in der Übertragung jeweils auf mich projiziert. Herr U. behauptete zugleich, ich wolle »endlos« Analyse mit ihm machen, die Analyse gleichsam wild wuchern lassen, *und* ich hätte festgelegte, von meiner psychoanalytischen Vereinigung übernommene, rigide »analytische Reife-Ideale«, die ich ihm aufoktroyieren wolle (= Triebe beschneiden). In Wahrheit hatte er selbst die an eine fixe Idee grenzende Vorstellung, seine Analyse solle zwischen dreieinhalb und viereinviertel Jahre dauern. Diese Idee hatte er bereits in den ersten Stunden entwickelt und immer wieder erneuert. Sie war mehrfach determiniert, hatte viel mit der für ihn magischen Zahl vier zu tun und wurde vordergründig mit dem Argument vertreten: »Eine richtige Analyse dauert heutzutage mindestens drei Jahre.« Er wollte also einerseits deutlich über den Zahlenwert 3,0 hinauskommen, weil er ja als viertes Familienmitglied nicht nur »knapp richtig« sein wollte, andererseits aber auch nicht bei der »endlosen« Fünf landen, die ihm wild wuchernde psychoanalytisch-psychotische Verwirrung signalisierte.

Zwischen dreieinhalb und viereinviertel Jahren liegen nun gerade die neun Monate, die eine Schwangerschaft dauert. Herrn U. war diese auffällige Konnotation nie aufgefallen, und ich hatte sie bisher nie gedeutet. Nun waren wir soweit; nach 619 Stunden waren ziemlich genau viereinviertel Jahre vergangen. Der Traum mußte demnach auch die Bedeutung haben: Das Kind, das geboren wird und dessen Vater er ist, ist die Analyse selbst. Und zugleich, da er ja der Träumer ist: Das Kind ist der Traum, den er mir schenkt. So sagte ich zu Herrn U.: »Der Mann, der im Stadion liegt, sind Sie, der Mann, der hier vor mir als Patient liegt. Der Mann, der hinzukommt, bin ich; das ist der Mann, der Sie werden wollen. Und das Kind, das geboren wird, das ist die Analyse; das sind also auch Sie.« Herr U. war sehr erleichtert; diese Wendung der Dinge gefiel ihm gut. Er sagte: »Ich werde mich noch etwas in Geburtskrämpfen hier herumwälzen, dann ist die Analyse zu Ende, und ich werde bei einer Frau bleiben und Vater werden.«

So geschah es dann auch.

Ich möchte diese Fallgeschichte nicht beenden, ohne noch ein Wort über »die große blonde Frau« gesagt zu haben. In diesem Bild verbarg sich eine unbewußte Identifizierung, die sehr schambesetzt war, weil sie so gar nicht zu Herrn U.s bewußten Überzeugungen und Ambitionen paßte. Herrn U.s Vater war als junger Offizier der Deutschen Wehrmacht schwer verwundet worden. Diese Verwundung hatte sichtbare, entstellende Spuren hinterlassen, die ein Kind ängstigen mußten. Der Junge, der sich den Vater als unversehrten und unversehrbaren Helden wünschte, der die Mutter in ihre Schranken weisen kann, führte diese Spuren auf den Geschlechterkampf zurück, aus dem der Mann offenbar beschädigt, kastriert hervorgeht. Herrn U.s Version der Urszene kommt in der Deckerinnerung zum Ausdruck: Er betritt unvermutet das elterliche Schlafzimmer und sieht, wie der Vater mit entblößtem Hinterteil über einem Stuhl liegt, und die Mutter seinen Anus inspiziert; der Vater litt an Hämorrhoiden.

Wenn Vater und Mutter auf Reisen waren, suchte der Junge in seiner sexualisierten Einsamkeit im Bücherschrank des Vaters Abenteuerromane – und fand Bildbände aus der Nazizeit. Ganz besonders faszinierte ihn ein Bildband, der offenbar die KDF-Version der FKK-Ideologie propagierte: Große blonde nackte Männer posieren mit großen blonden nackten Frauen... Das wurde sein Bild zur Vertreibung der Einsamkeit und der mit ihr einhergehenden Depressivität und Herabsetzung des Selbstwertgefühls. Das war das Bild der idealen vereinigten Eltern. So mußte der Vater im Zustand vor seiner Kastriertheit ausgesehen haben, der Mann, der nicht mit hochgerecktem Hintern in Demutsstellung vor der Frau kniet, die in der Phantasie des Jungen alle Macht an sich gerissen hat.

Der Penisneid der Frau

Psychoanalytiker, die an Freuds Lehre festhalten, aber seine Sicht der psychosexuellen Entwicklung der Frau als unzureichend empfinden, haben oft Schwierigkeiten mit der Anwendung der Begriffe »phallisch« und »phallische Phase« auf die Frau. Das liegt daran, daß Freud die phallische Phase in der psychosexuellen Entwicklung des Mädchens so konzipiert hat, daß in ihrem Zentrum die Penis-Illusion steht – und die Teleologie der psychosexuellen »Reifung« der Frau impliziert, daß sie diese Illusion aufzugeben und sich damit abzufinden habe, daß sie keinen Penis hat.

Es ist nicht einfach und nicht unproblematisch, Freuds Trieblehre angesichts unseres erweiterten Wissens über Körper-Ich-Entwicklung, Körper-Selbst-Besetzung, Identitätsbildung und ihrer klinisch sich manifestierenden Störungen aufrechtzuerhalten. Ende der sechziger und in den siebziger Jahren wurden viele Analytiker im Gefolge der Narzißmus-Theorie von Kohut dazu verführt, die Trieblehre als Paradigma der Psychoanalyse mehr oder weniger aufzugeben. Die Wurzeln dieser Revision sind weitverzweigt und reichen tief in das kollektive Affektleben der Gemeinschaft der Psychoanalytiker. Kohut sieht jedenfalls im *Penisneid* nur eine Manifestation des pathologischen Exhibitionismus und der gestörten Selbstbesetzung bei beiden Geschlechtern (Kohut, 1973: 528). Der »gesunde« Exhibitionismus ist demgegenüber bei Kohut als rein narzißtisch gesteuert konzipiert; der pathologische Exhibitionismus verdanke sich einer sekundären Sexualisierung der mangelhaften Körperselbstbesetzung. Der triebhafte Faktor erscheint hier nur als pathologisches und pathogenes Abspaltprodukt. In einer Falldarstellung der zweiten Analyse einer Frau, die in ihrer ersten Analyse (die »orthodox« freudianisch geführt war) »im Penisneid steckengeblieben« sein soll, versuchte Kohut – wie durchgängig in seinen Falldarstellungen – die Prädominanz des narzißtischen Faktors gegenüber dem triebhaften plausibel zu machen. Diese konzeptuelle Polarisierung von narzißtischer und Triebentwicklung, bei gleichzeitiger Eskamotierung der letzteren, hat in eine Sackgasse geführt.

Für mich ist es eine offene Frage, ob es überhaupt notwendig ist, einen eigenständigen »narzißtischen Faktor« in der psychischen Entwicklung zu konzipieren. Unter den Autoren, die dies getan haben, ist besonders auf B. Grunberger zu verweisen, der immer versucht hat, den narzißtischen und den Triebfaktor in der psychischen Entwicklung in einem sachlichen und begrifflichen Gleichklang zu halten. Er und die französische Gruppe von Autoren, die ihm darin folgen, kommen ohne jegliche terminologische »Neuerung« oder inhaltliche Umwertung der Freudschen Metapsychologie aus. Sie bescheiden sich mit einer schöpferischen Anwendung der Metapsychologie auf das, was sie klinisch sehen – und was Freud nicht oder nicht so gesehen hatte.

Aus den Arbeiten dieser Gruppe scheinen mir im Zusammenhang des Penisneids besonders zwei Linien konstitutiv zu sein: die Zurückverfolgung des Penisneides bis zu seinen »mütterlichen« Vorläufern und das Konzept des phallischen Bildes.

Das Wort Penis bezeichnet ein Organ, das Wort Phallus bezeichnet ein Bild, ein Symbol, ein »Idiogramm, das die Sprache des Unbewußten... verwendet« (Grunberger, 1971: 208). Das Gegenstück zum Penis ist die Vagina, das Gegenstück zum Phallus ist dessen eigene Beschädigung, die Kastration. Der Phallus ist – in der Konzeption Grunbergers – nicht an ein Geschlecht gebunden, »sondern fungiert als Symbol der Vollständigkeit« (Grunberger, 1964: 109) bei beiden Geschlechtern. Auf den Einspruch, daß der Phallus, als Idiogramm wie als Symbol, doch eindeutig vom Penis abgeleitet ist, werde ich gleich zu sprechen kommen.

»Der Phallus ist eine *Brücke*, er verwirklicht die narzißtische Vollkommenheit und vereinigt beide Partner im Koitus. Er stellt die Möglichkeit zur Vereinigung wie auch die Verwirklichung *der narzißtischen Integrität dar, deren Symbol und Bild er ist*« (Grunberger, 1971: 208).

Die Metapher der Brücke erinnert an die *Plombe*, ihrerseits ein Phallus-Symbol, die in Morgenthalers Konzeption der Genese der Perversion die »narzißtische Lücke im Selbst füllt«. Die *Lücke* bezeichnet bei Morgenthaler die universelle sozialisationstraumatische Spur, Ausdruck der Unabgerundetheit des Selbstbildes im Gefolge der Ersetzung des Primärprozesses durch den Sekundärprozeß (Morgenthaler, 1974). Auch Grunberger spricht von der Lücke, die er jedoch triebtheoretisch präzisiert:

»Wir haben gesehen, daß der Narzißmus nicht ohne *Aufwertung* integriert werden kann, und es sieht so aus, als würde im Unbewußten das Fehlen dieser Aufwertung nicht als einfache Lücke, sondern als *Kastration* erlebt... Jede Triebbefriedigung oder Ich-Bereicherung des Kindes, die zur Steigerung seines Wertgefühls beiträgt und als solche bekräftigt wird, nimmt in seinem Unbewußten phallischen Charakter an, während umgekehrt das Fehlen von Bestätigung oder die Abwertung ohne anschließende narzißtische Kompensation als Kastration erlebt wird« (Grunberger, 1971: 206f.).

Symbole bilden Realität weniger ab, als sie diese vielmehr erst erschaffen. So kann man fragen, warum es der Phallus ist, der »beide Partner im Koitus vereinigt«. Warum nicht Baubo (Devereux, 1981) oder Medusa, um nur zwei von vielen weiblichen Idiogrammen anzuführen, die für das Weibliche und seine Macht stehen, Abrundung und Vollständigkeit zu schaffen? Wird hier nicht auf höherer, symbolisch geläuterter Stufe der Freudsche Penis-Monismus reproduziert? Die Festlegung auf den Phallus als das Einheit und Integrität stiftende Symbol birgt die Gefahr einer politischen Option für die Vision des »männlichen Prinzips« als des sinn- und ordnungsstiftenden.

Th. Vangaard hat in einer Monographie (1971) über Phalluskult und Phallussymbol nachgewiesen, daß dies »Idiogramm des Unbewußten« so universell nicht ist, wie Grunberger glauben machen möchte. Kulturhistorisch und ethnographisch ist der Phallus eindeutig das Symbol, das den historischen »Sieg« des Mannes über die Frau im Geschlechterkampf – meiner »zweiten Relation« – dokumentiert. K. Heinrich hat in einer faszinierenden Arbeit über das »Floß der Medusa« (1985) die künstlerische und kunstwissenschaftliche Interpretationsgeschichte des Medusenhauptes – also eines exquisit weiblichen Symbols – von der vorgriechischen Archaik über die griechische Klassik bis zu Max Beckmann und der Idiogrammatik italienischer Banknoten der Gegenwart verfolgt. Er kann zeigen, daß »die Schubkraft der Mythen, die von der Geschlechterspannung und ihrer Lösung leben, ausgenützt wird in den politischen Situationen, mit denen sie zu identifizieren niemals restlos gelingt« (Heinrich, 1985: 358). Auch das Medusenhaupt steht für narzißtische Integrität, und seine Enthauptung für die Gefahr der Beschädigung dieser Integrität;

jedoch hat die Medusa eine ganze andere, verschüttete Assoziationsaura um sich als der Phallus.

Gleichwohl ist es meine feste Absicht, keine Lösungen ungelöster Schwierigkeiten durch die Einführung neuer Begriffe vorzutäuschen – und ich finde es reizvoll, mich Grunbergers Forderung zu stellen, wenn er sagt: »Die geliebte Frau hat mit der Liebe etwas erworben, das in ihrem Unbewußten dem Besitz eines Phallus entspricht... Die Formen, unter denen dieser Phallusbesitz sich verkörpert, evoluieren in zunehmendem Maße. Ihre Entwicklung sollte im Laufe einer analytischen Kur genau verfolgt werden« (Grunberger, 1964: 106 u. 118).

Freud schloß nicht aus, daß der Penisneid bei der Frau prägenitale Vorläufer hat, die sich nicht auf den neidvollen Anblick des männlichen Penis beziehen. In »Einige psychische Folgen des anatomischen Geschlechtsunterschieds« diskutiert er die Möglichkeit, daß das kleine Mädchen die Klitoris »zum Ersatz für die kürzlich verlorene Brustwarze der Mutter nimmt, worauf spätere Phantasien (Fellatio) deuten mögen« (Freud, 1925: 23). Aber er nimmt doch eine eindeutige Gewichtung vor:

»Der nächste Schritt in der so beginnenden phallischen Phase ist aber nicht die Verknüpfung dieser Onanie mit den Objektbesetzungen des Ödipuskomplexes, sondern eine folgenschwere Entdeckung, die dem kleinen Mädchen beschieden ist. Es bemerkt den auffällig sichtbaren, groß angelegten Penis eines Bruders oder Gespielen, erkennt ihn sofort als überlegenes Gegenstück seines eigenen, kleinen und versteckten Organs und ist von da an dem Penisneid verfallen« (ebenda: 23).

Der Neid der Frau erscheint hier als eine naturwüchsige Konsequenz der Anatomie, vermittelt über den Blick. Doch der Blick hat seine eigene Triebgeschichte. Diese möchte ich an der analytischen Arbeit mit Frau D. herausarbeiten, deren Träume sehr viel mit Suchen, Schauen, Erblicken zu tun hatten. Ihr an der Oberfläche phallisch orientierter Traum-Blick in die Spinde, Spiegel und auf die Kleider gilt nicht nur beiläufig dem Körper der Mutter und der verlorenen Brust. Als Partialtrieb ist das Schauen vom Saugen – »mit Blicken auffressen« – ebenso abgeleitet wie vom Tasten. Damit bewege ich mich auf der von Melanie Klein herausgearbeiteten Linie, wonach sich der Penisneid bei der Frau aus dem Neid auf die Brust bei beiden Geschlechtern entwickelt:

»Im Grund richtet sich der Neid auf die *Schaffenskraft*: das, was die beneidete Brust zu bieten hat, wird unbewußt als Prototyp der Fähigkeit zur Produktion empfunden, weil die Brust und die Milch, die sie gibt, als die Quelle des Lebens angesehen werden. Beim Mann wie bei der Frau spielt dieser Neid die Hauptrolle, sowohl bei den Wünschen, die Attribute des anderen Geschlechts wegzunehmen, wie bei den Wünschen, diejenigen des gleichgeschlechtlichen Elternteils zu besitzen oder zu verderben« (Klein, 1958: 234).

Diese Linie hat Joyce McDougall mit dem »phallischen Bild« integriert.

»Das erste phallische Objekt in einem symbolischen Sinn, das früheste Objekt narzißtischer Vervollständigung und libidinösen Begehrens, ist die Brust... Wir müssen den Penisneid von einem oralsadistischen Brustneid ausgehend über die verschiedenen analen Erscheinungsformen bis zur Besetzung des Penis verfolgen. ... Bei beiden Geschlechtern kann der Versuch, eine Lösung des frühkindlichen sexuellen und narzißtischen Verlangens zu finden, in die irreführende Schlußfolgerung führen, es sei das Geheimnis jeder Erfüllung, einen Penis zu besitzen« (McDougall, 1978: 117f.).

Im gleichen Sinn spricht Catherine Luquet-Parat vom »mütterlichen Urphallus« als einem Phantasma, das beim Mädchen dann entsteht, wenn eine sexualisierende Besetzung des unbewußten Wunsches nach dem väterlichen Penis zu einem Zeitpunkt und unter Bedingungen erfolgt, wo die »böse Brust«, also die als omnipotent und verfolgend wahrgenommenen mütterlichen Introjekte, noch nicht ausreichend entschärft und in ein Bild von zugleich guter und böser Brust integriert sind. Dieses Urphallus-Phantasma ist ein ausgesprochen bisexuelles Idiogramm. Entsprechend erscheint der Peniswunsch als »eine pseudogenitale Readaption des prägenitalen Wunsches nach phallischer Macht, nach phallischem Besitz, nach Rückversicherung und Teilhabe am Urphallus« (Luquet-Parat, 1964: 131f.).

Das narzißtisch abgerundete Selbstgefühl als Frau erscheint am Ende der Analyse von Frau D. im phallischen Bild der Frau-mit-Periode. Dies Bild setzt voraus, daß der Neid auf die Brust und seine Verschiebung auf den Penis aufgelöst worden sind.

Als Frau D. zum Erstinterview kam, war sie 28 Jahre alt, hatte einen akademischen Abschluß und arbeitete mit Hingabe und Erfolg in ihrem Beruf. Sie lebte unglücklich in einer sich chronisch auflösenden Wohngemeinschaft. Bald nach dem Beginn der Analyse, die über 670 Stunden ging und mit einer Frequenz von vier Wochenstunden geführt wurde, wagte sie es, das erste Mal in ihrem Leben allein zu wohnen. Was sie nicht wagte, war, in »ihren Gruppen« offen einzugestehen, daß ihr dies gefiel. Sie war aktiv in der »218-Kampagne« und in einem Autonomen Frauenzentrum, wo sie die Kampagne der »Selbstuntersuchung« von Frauen mit initiiert hatte. Sie kam wegen Asthma, das nicht sonderlich schwer war, und mit Selbstwert-, Überich- und Ichideal-Konflikten, von denen sie subjektiv viel schwerer bedrängt wurde als von ihrem Asthma.

Sie hatte einen festen Freund, den sie liebte und mit dem sie, wenn sie es sich gestattete, mit ihm zusammenzusein, auch sexuell glücklich war. Das durfte sie aber »ihren Frauen« in den Frauengruppen ebensowenig zeigen, wie der Freund vor seinen Freunden und Genossen zeigen konnte, daß er eine Freundin hatte, zu der er stand. Sie durfte nicht zu dem stehen, was sie gern tat oder getan hätte. Wen, befürchtete sie, in ihrem Unbewußten damit zu verraten?

Als ich ihr im Interview schließlich sagte: »Sie möchten Vater und Mutter miteinander versöhnen«, brach sie in Tränen aus und sprach von der Abtreibung, die sie gerade hinter sich hatte. Diese Abtreibung sei wohl der eigentliche Anlaß, warum es ihr jetzt anhaltend so schlecht gehe, daß sie sich endlich entschlossen habe, eine Psychoanalyse zu machen.

Sie konnte nicht nur ihre sexuellen Wünsche und Befriedigungen nicht mit ihren Autonomie-Wünschen und ihren Befriedigungen aus autonomem Tun (»allein wohnen«) integrieren; auch ihren aggressiven Impulsen und Phantasien stand sie ohnmächtig – kulminierend im asthmatischen Anfall – gegenüber. Mich befremdete etwas, wie Frau D. in den ersten Analysestunden in einer scheinbar gekonnten intellektuellen Abwehr differenziert und reflektiert, aber mit piepsiger Stimme, über schwere aggressive Impulse mir gegenüber sprach; sie hatte die Phantasie, meine Blumentöpfe an die Wand des Behandlungszimmers zu werfen. Da brach ganz offensichtlich etwas – ein Triebimpuls – zu früh durch, konnte nicht »richtig« ausgedrückt, gebunden, integriert werden.

Das entsprach der mangelhaften Triebintegration und den Überich-Defekten ihrer primären Objekte. Frau D.s Vater war ein schwerer Alkoholiker, der sich zur Zeit der Behandlung der Patientin nur noch mit Mühe auf dem Beamtenstuhl der Behörde hielt, bei der er Unterschlupf gefunden hatte. Die Patientin hatte aber ihre ersten

Jahre mit einem »ganz anderen« Vater-im-Geiste verbracht, nämlich mit dem Vater, der in jungen Jahren als Ingenieur zur See gefahren war und später, in ihrer Kindheit, in entfernten Städten arbeitete und nur an den Wochenenden zu Hause war. Das war der idealisierte, mächtige, schöne und begehrte, der phallische Vater. Der Vater kam erst, als die Patientin acht Jahre alt war, ganz in die Familie, und das war der depotenzierte, schwache, triebhafte, impulsgesteuerte und tyrannische Vater.

Da die Mutter den Vater offenbar die ganzen Jahre in ihrem täglichen Leben nicht vermißte – und mit ihren zwei Kindern und einer alten Tante eine glückliche »Weibergemeinschaft« bildete, die der Vater, als er endgültig zur Familie stieß, nur zu stören schien –, mußte die Patientin die Phantasie ausbilden, daß die Mutter den idealen (phallischen) Vater zerstört habe. In der Phantasie der Patientin hatte die Mutter die wirkliche Macht; sie hatte den Vater krank und ihren jüngeren Bruder psychotisch und homosexuell gemacht. Tatsächlich hatte der jüngere Bruder, der homosexuell war, zur Zeit der Behandlung schon wegen Drogenhandels eingesessen; er war anscheinend nicht mehr drogenabhängig, neigte aber zu präpsychotischen Dekompensationen, derentwegen er auch wiederholt stationär behandelt werden mußte; er hielt sich in und mit »alternativen Projekten« recht und schlecht über Wasser.

Der Vater neigte zu unkontrollierten Trieb- und Gefühlsausbrüchen jeder Art, auf die er innerhalb der Familie das Monopol beanspruchte. Nur er durfte anzügliche Witze machen, am Heiligen Abend hemmungslos weinen und auf dem Klosett Gestank verbreiten. Die tyrannischen Regeln, die er der Familie setzte, konnte er selbst nicht einhalten. Er verlangte von der Familie, sie habe um halb sieben pünktlich am Abendbrottisch zu sitzen und kam selbst irgendwann betrunken nach Haus. Der Vater ließ auch zu, daß ein Kollege und Saufkumpan von ihm die Patientin in der Pubertät in sexueller Gier befingerte – und die Mutter saß dabei, in chronischer Verleugnungshaltung, und tat, als sähe sie nichts. Die Mutter verkörperte einerseits die, wenn auch brüchige, Ordnung und Verläßlichkeit, andererseits opportunistische Unterwerfung unter den Vater, den sie ebenso hinterhältig hinterging. War er nämlich aus dem Haus, ging man Torte holen oder feierte »Orgien« in einer Pommes-frites-Bude. Natürlich standen gekaufte Torte und Pommes frites auf der Verbotsliste des Vaters.

Die Patientin schien mir, wie wir dies oft in Psychoanalysen erleben, die Gesündeste aus der Familie zu sein. Entsprechend groß war ihre Individuationsschuld, die sich in vielfachen Selbstvorwürfen äußerte, sie würde sich durch die Analyse nur noch immer weiter von ihrer Familie entfernen. Eigentlich wäre es doch richtiger, ich würde ihren Bruder behandeln. Auf dieser sozusagen vordergründigen Ebene wies die Patientin überhaupt keine Äußerungen von Penisneid auf. Im Gegenteil: der Bruder, mit dem sie sich, bis er 14 oder 15 wurde, in sexuelle Spiele eingelassen hatte, beklagte sich bitterlich bei ihr, als sie damit aufhörte: Nun würde er nie mehr ein Mädchen bekommen und müsse homosexuell werden.

Frau D. war überzeugt, daß ihr, wenn *sie* als Junge geboren worden wäre, all die sexuellen Beschämungen erspart geblieben wären, unter denen sie so schrecklich litt und die sie verantwortlich machte für ihre Flucht in Depressivität, Lethargie und intellektuelle Mittelmäßigkeit. Natürlich konnte sie sich nicht mit dem rationalen Argument trösten, daß es ihr ähnlich ergangen wäre wie dem Bruder. Tatsächlich wollte sie auch gar kein Junge sein, sondern, wie die Analyse zeigte, als Mädchen einen Penis haben. Auf der Ebene der phallischen Position der Triebentwicklung war das ihr Penisneid. Aber – und darauf möchte ich mich in dieser Fallgeschichte konzentrieren – dieser Penisneid, wiewohl einerseits ganz real verspürt und teilweise auch in der sozialen Realität begründet, war doch andererseits nur die oberflächlich sichtbare Deckformation, gleichsam die Metapher für eine »Lücke« (Morgenthaler) im Selbstbild oder für eine Unabgerundetheit des »phallischen Bildes« (Grunberger).

Es war auch kein Zweifel, daß sie, wie auch der Bruder, an dem sie sehr hing, von Vater und Mutter geliebt wurden und niemals ernsthaft abgelehnt worden waren. Traumatisch wirkte auf jeden Fall das Klima einer andauernden, anzüglichen, schlüpfrigen Sexualisierung, für das, jeder auf seine Weise, beide Eltern verantwortlich waren. Die Patientin wußte in ihrer Pubertät nicht, wen sie schlimmer und was sie abstoßender finden sollte: den Vater, der dreckige Witze über die weiblichen Formen der Mutter und über ihre eigene, sich entfaltende Körperkontur machte, oder die Mutter, die ihrer Tochter auf eine ebenso schlüpfrige Art und Weise riet, die tyrannischen Reinheitsforderungen und Ausgehverbote zu mißachten, die der Vater an die Tochter ergehen ließ. Im Unbewußten war sie permanent in den Geschlechtsverkehr der Eltern verwickelt, hin- und hergerissen, wessen Stelle sie darin einnehmen sollte.

Das Asthma war in diesem Sinn als biologische Abwehr und Hilfsmaßnahme des Ich gegen eine zu frühe, prägenitale Sexualisierung zu verstehen. Bei früher, chronischer Triebaufputschung kommt es oft zu einer partiellen vorschnellen Ich-Entwicklung, Ausdruck des Versuchs des noch schwachen Ich, die triebhaften Phantasien zu gestalten. Dies mißlingt – und die biologische Abwehr wird als Notfallmaßnahme (ähnlich der Perversion) anstelle der mißglückten Ich-Abwehr eingesetzt.

Allergologisch hatte man sich an der Universitätsklinik von xy in bezug auf das Asthma der Patientin auf Katzenhaare und Apfelwein geeinigt, sozusagen auf einen mütterlichen und einen väterlichen Triebrepräsentanten. Die Katze symbolisiert die prägenitale, symbiotisch-autarke, vor Zufriedenheit schnurrende »Weibergemeinschaft« in Abwesenheit des Vaters; auf den Apfelwein kam die Patientin alsbald selbst zu sprechen.

Im ersten Traum, den die Patientin in der Analyse erzählte, kamen nur Frauen vor: »Ich war mit zwei Frauen, die ich gut kenne, auf einer sonnigen Wiese. Die beiden Frauen waren schwanger und hüpften vor Vergnügen herum. Sie legten sich ganz stolz hin, verglichen ihre Bäuche, indem sie diese herausstreckten. Ich war ganz neidisch. Ich habe mich mickrig und minderwertig gefühlt.« Frau D. sagte dann als erstes, sie habe noch auf dem Weg hierher Angst gehabt, sie müsse heulen – wegen ihrer Abtreibung. Jetzt merkt sie, daß sie ganz stolz ist, daß sie nicht heult. Das befremdet sie. Sie empfindet Schadenfreude mir gegenüber, daß sie nicht heulen muß. Gefühlsmäßig betrachtet sie Abtreibung als Mord, aber das würde sie vor ihren Frauen nie zugeben. Die beiden Frauen aus dem Traum wollen in Wirklichkeit auch keine Kinder. Aber der Traum sagt ihr, daß sie wohl richtig liegt mit ihrem Gefühl: daß ihre beiden Freundinnen unbewußt auch einen ganz starken Kinderwunsch haben.

Dann schwieg sie, offenbar in der Erwartung, daß ich jetzt etwas sagen sollte. Mit dem »unbewußten Kinderwunsch« hatte sie ja mir, als dem Fachmann, das Stichwort gegeben. Ich war aber noch nicht so weit, etwas zu sagen. Ihr fiel jetzt ein, die Frauen hätten ja so getanzt, wie man sich die Redewendung »trunken vor Glück« vorstelle. Ich sagte jetzt: »In dem Traum spielt der Mann keine Rolle, obwohl die Frau schwanger ist. Wo ist der Mann? Die Trunkenheit weist ja vielleicht auf den Vater.« Da erschrak sie förmlich. Ihr fiel jetzt nämlich der Traum ein, den sie in der Nacht nach dem Erstinterview bei mir gehabt hatte: »Die Analyse sollte beginnen. Es war die erste Stunde. Da forderten Sie mich auf, erst mal einen Apfelwein mit Ihnen trinken zu gehen. Ich lehnte ab, ich sagte: ›Das kann ich doch nicht, wegen meiner Apfelwein-Allergie.‹« Die Patientin begann spürbar zu atmen; sie keuchte; sie war einem asthmatischen Anfall nahe.

Ich habe bald gelernt, bei Frau D. mit Inhaltsdeutungen sehr zurückhaltend zu sein. Diese bargen immer die Gefahr der Triebaufputschung und einer gegen sie automatisch in Gang gesetzten Regression, die im Extremfall erst im Asthma-Anfall zum Halten kam. Ich konzentrierte mich darum, disziplinierter, als es vielleicht sonst meiner Art entspricht, auf die Deutung der Abwehr. In der eben angeführten Episode hätte diese zunächst in der Klärung der Frage bestanden, warum es für sie so wichtig ist, schadenfroh darauf zu reagieren, als sie registriert, daß sie nicht heult.

Für Frau D. wäre es niemals in Frage gekommen, zu einer Gynäkologin zu gehen, wenn sie »zum Frauenarzt gehen« mußte. Ich glaube, sie wäre damals auch niemals zu einer Frau in Analyse gegangen. Sie gehörte zu dem Typ von Frauen aus der Frauenbewegung, die in Situationen, die mit Gefühlen von Ausgeliefertsein einhergehen, dem Mann den Vorzug vor der Frau geben oder ihn doch als das kleinere Übel ansehen. Sie schien von der Überzeugung geleitet zu sein: Der Mann kann noch so tyrannisch, autoritär, chauvinistisch sein, er ist doch weniger gefährlich als die Frau (Mutter). Ich kam in der Analyse mit Frau D. auch zu der Überzeugung, daß die feministische Kampagne der gynäkologischen Selbstuntersuchung nur vordergründig dazu diente, den männlichen Machthaber (in seiner Inkarnation als Gynäkologe) auszuschalten. Der homosexuelle Aspekt der Selbstvergewisserung der eigenen sexuellen Identität, der Unversehrtheit von Gestalt und Funktion, spielte eine viel größere Rolle, vergleichbar der Selbstvergewisserung männlicher Jugendlicher in der Gruppen-Onanie. Dieser Nachweis der Unversehrtheit und Intaktheit wird gegen die »innere Mutter« angetreten.

Für Frau D. waren die anzüglichen Witze, die ihr Vater in ihrer Pubertät über kurze Hemdchen und knospende Röschen machte, ganz schrecklich, aber noch schrecklicher war die formal gegenteilige Sprachübung der Mutter. Die Mutter benannte die erste Periode der Patientin nur mit dem einen Satz: »Hier ist der Karton dafür!« und alle weiteren Perioden mit dem Satz: »Hast du schon deinen Karton?« – womit die Packung mit den Camelia-Binden gemeint war. Was mußte das für eine unaussprechlich-gefährliche Sache in ihr sein, die nur mit der Verpackungsbezeichnung des gegen diese Sache einzusetzenden Mittels benannt werden durfte!

Als Sitz der inneren Mutter bei der Frau eignet sich besonders die Gebärmutter. Wenn die Töchter-Frauen in gemeinsamer Aktion die Gebärmutter erforschen, überzeugen sie sich mit magischen Mitteln (die mit dem Speculum technologisch ins Werk gesetzt werden) vor der Ungefährlichkeit ihrer magischen Befürchtungen. Frau D. durchmaß in ihrer Analyse wie in einem ontogenetischen Zeitraffer alle historischen Etappen der Frauenbewegung, die ich im 1. Kapitel (S. 37 f.) nachgezeichnet habe. Das ist auch nicht weiter verwunderlich, denn einerseits repräsentierte sie ja, als Teil dieser Bewegung, deren Ideale und Konflikte. Und andererseits erscheinen in Analysen regelhaft, wenn man darauf zu achten gewöhnt ist, Konflikte und ihre Lösungen in phasenspezifischen Mustern. In diesem »Achten auf« liegt gleichzeitig die Gefahr, das Individuum oder den zu untersuchenden geschichtlichen Vorgang unter dem Blickpunkt des biologischen Reifungsparadigmas anstatt des psychoanalytischen Konfliktparadigmas zu betrachten. Der Begriff der Phase aber ist zunächst ein biologischer und physikalischer. Diese und andere Schwierigkeiten bewegen mich, das interessante Thema der Übertragung von individueller und politischer (kollektiver) Geschichte, ihre Konvergenzen, Ungleichzeitigkeiten und Unübertragbarkeiten nicht in eine Falldarstellung zu pressen.

Jedenfalls verbarg sich hinter Frau D.s anfänglich fast ausschließlicher Beschäftigung mit dem Vater in seinen Eigenschaften als autoritärer Tyrann und schlüpfriger Lustmolch das Bild einer noch viel gefährlicheren, grausamen, hinterhältigen Mutter als der eigentlichen Machthaberin und der eigentlichen »sexuellen« Gefahr. Die Analyse entwickelte sich an den »Außenwelt«-Themen von Frau D.s Durchsetzungsfähigkeit, ihres Selbstwertgefühls und ihrer Selbstachtung an allen ihren sozialen Orten – am Arbeitsplatz, dem Freund und den Frauen ihrer Gruppe gegenüber, an der Kasse im Supermarkt. Immer wenn sie sich bei mir wohl und sicher fühlte, brachte sie sehr reichhaltiges Traummaterial zur Bearbeitung. Das manifeste Bild dieser Träume war oft so farbig und plastisch in seiner sexuellen Symbolik, daß es zu spontanen Inhaltsdeutungen geradezu verführte. Die damit verbundene Gefahr habe ich schon angedeutet: daß sie mich dann als einen alkoholisierten Verfolger und Vergewaltiger empfand, gegen dessen ambivalent herbeigesehnte Attacken sie sich nur noch mit dem asthmatischen Anfall wehren konnte. Im »Anfall« wurde eine triebhafte Erregung von »unten« nach »oben« verschoben, von der Vagina zur Kehle; in beiden Fällen handelt es sich ja um eine Kontraktion glatter Muskulatur, und in beiden Fällen wird die Empfindung der Erregung durch Keuchen zum Ausdruck gebracht.

Ich möchte jetzt die Gefahr, die vom Vater ausgeht, im Vergleich zur Gefahr, die von der Mutter ausgeht, an einigen Träumen anschaulich machen, in denen Kleider die zentrale Rolle spielen. Kleider standen bei Frau D., wie häufig im Traum, 1. für den Wunsch, sich zu zeigen und gesehen zu werden (Exhibitionslust und die hiermit verbundene Scham), 2. für das Thema von Unversehrtheit vs. Kastriertheit (phallisch-narzißtischer Aspekt) und 3. für das Thema der Individuation, der Abgrenzung, das Herauskommen aus den Kleidern der Mutter. Im ersten Drittel ihrer Analyse handelte Frau D. in ihren Träumen in erster Linie Vaterproblematik und Vaterübertragung ab: Der Vater ist inzestuös so präsent, daß sie alle Energie darin verzehrt, seinen Blick abzuschütteln. Dadurch wird ihr versagt, ihre eigene erotische Gestalt, ihre eigene Weiblichkeit zur Ausprägung zu bringen.

In der 9. Stunde hatte sie geträumt: »Ich suchte in Ihrem Spind auf dem Flur zum Behandlungszimmer nach meinen roten Skihosen, aber ich konnte sie nicht finden.« Zu dem etwas ungewöhnlichen Ausdruck »Spind«, mit dem ja eigentlich nur Schränke bezeichnet werden, die zum Umkleiden dienen, fiel ihr gleich ein Spottvers aus der Frauenbewegung ein: »Der Penisneid, der Penisneid, ich möcht' ihn gerne finden... such' ihn in allen Spinden!« Ihre Skihosen sind unmöglich... sie sieht unmöglich in ihnen aus... unten viel zu lang... ihr Hintern kommt zu stark raus ...Im Skikurs, die Skilehrer... alles Lustmolche. – Sie wollte sich also aus meinem analytischen Umkleide-Spind mit etwas versorgen, ausstatten, von dem sie annahm, sie würde damit so attraktiv, potent und unangreifbar, wie ich ihr erschien, so daß kein »Lustmolch« sie in herabsetzender Weise »anmachen« könnte. Diese Position wird zu Recht als Einheit von Kastrationswunsch und Penisneid bezeichnet: Sie geht an *meinen* Spind, um den begehrten Phallus zu rauben, und findet dort nur *ihren* eigenen, entwerteten, kastrierten roten Skihosen-Phallus. Aber das ist nur der Teil der Geschichte, der einigermaßen offen zutage liegt.

Zwei Träume aus der 75. und 76. Stunde zeigen, wie sich das, was in seiner fertigen Gestalt als Penisneid erscheint, aus dem bisexuellen Phallus-Phantasma oder, in den Worten von Joyce McDougall, aus dem Neid auf den Penis der Mutter entwickelt. »Die Analyse fand in einem Café statt. Sie saßen an einem Webrahmen.« Frau D.s Assoziationen: Sie möchte wieder kreativ sein und etwas machen... Sie hatte

als Kind einen kleinen Webrahmen... Jetzt würde sie gern einen großen Webrahmen haben. – Ich bin also in ihrem Traum mit einem
weiblich-kreativen und doch zugleich großen »Rahmen« ausgestattet, mit dem ich exhibieren kann, vereinige also männliche und weibliche Neid-Elemente auf mich. Mit dem Webrahmen kann man das
begehrte phallische »Kleid«, das jetzt nicht mehr als rein männlich
gesehen wird, »selbst machen«. Vorbedingung ist auf diesem Stand
der Analyse noch, daß der Mann seinerseits so lächerlich gemacht
wird, wie ihr Vater sie – in ihrer Phantasie – lächerlich gemacht hatte.

Das zeigt der folgende Traum: »Sie standen im Analysezimmer am
Spiegel; es war ein Badezimmer. Sie hatten kurze Hosen an, lächerlich
sahen Sie aus. Sie zogen sich mit einem indischen Kajal-Stift einen
Lidstrich.« Ihr erster Einfall dazu: Sie versucht das seit Tagen, mit
dem Kajal-Stift, und schafft es nicht... Man muß ihn auf der Innenseite des Lides anbringen... »Bei Ihnen klappte es auf Anhieb.« – Das
Lächerliche ist hier einerseits deutlich mit dem Weiblichen verbunden
– der Analytiker in kurzen Hosen steht am Spiegel wie eine Frau;
andererseits kann nur der Mann »das Weibliche« in seiner schönen
Gestalt (den Lidstrich) mit dem Stift (dem Penis) auf Anhieb zur Gel-
tung bringen. Die Innenseite des Lides steht meines Erachtens für die
Innenseite der Schamlippen, der Lidstrich mit dem Kajal-Stift also für
die Klitoris. In dieser Zeit fing die Patientin auch an, wie es damals in
der alternativen Szene üblich war, die Fingernägel zu lackieren: erst
an einem Finger, dann an zweien... und irgendwann an allen zehn.

Die bisexuelle Bewegung, die zum phantasierten Penis der Mutter
hinführt, hat nun aber nicht mehr die spöttisch-kämpferische, sozusagen gutartig phallische Konnotation, die in den beiden zuletzt refe-
rierten Träumen dominierte. Diese Dominanz verdankte ihre Existenz der dominanten Übertragungsbeziehung dieses Abschnittes der
Analyse, der Beziehung zu einem Vater, »der nicht mit den gleichen
Waffen zurückschlägt« (vgl. 1. Kapitel, S. 41). Im Schutze dieser
mittlerweile etwas besser etablierten, wenn auch noch nicht stabil
internalisierten Objektbeziehung konnte die Auseinandersetzung
mit der Mutter auf dem unbewußten Terrain des Kampfes um den
»Ur-Phallus« (Luquet-Parat, 1964: 127; Brunswick, 1940) beginnen.

Kastration ist ein mörderisches Geschäft, das seinen so besonders
bedrohlichen Anstrich dadurch erhält, daß die Bewegung hin zum
Penis der Mutter mit einer vorübergehenden Auflösung der mühsam
etablierten Geschlechtergrenzen bezahlt werden muß. Die unbe-

wußte Selbstwahrnehmung der Frau als eines kastrierten Wesens bietet immerhin die nicht zu unterschätzende Sicherheit klarer Verhältnisse: Der Mann hat den Penis, und die Frau hat ihn nicht. Erst dadurch wird der Penis zum überschätzten Phallus. »Wenn alle Hüllen fallen«, wie im nächsten Traum Frau D.s, den ich nacherzählen möchte, haben die Kleider ihre Kraft verloren, zugleich zwischen den Geschlechtern und, als zweite Haut, zwischen dem Innen und dem Außen wohltuend zu vermitteln. Andere, grausame Accessoires treten auf den Plan: »Ich habe mit einer Frau geschlafen, ich hatte einen Penis. Aber wie der... der... herauskam, merkte ich, er ist nicht von mir, sondern von Tom (= ihrem Freund). Es war ekelhaft, richtig widerlich. – Dann war ich bei einer anderen Frau im Bett, eine Freundin, sie hat auch in Wirklichkeit große Brüste, wie im Traum. Plötzlich kamen aus ihren Brüsten Fangarme heraus, mit Saugnäpfen daran« (130. Stunde). Ihre erste Assoziation: »...Präservative mit Noppen...Gibt es in Sex-Shops. Die Männer müssen schlimm sein, die so etwas nehmen und denken, das gefällt den Frauen.«

Dann sprach sie über den Abend vor dem Traum: um Mitternacht hatte sie sich in einem Anfall von Heißhunger Tortellini warmgemacht und gierig verschlungen. Den ganzen nächsten Tag, einen Sonntag, hatte sie in einem dumpfen Sog im Bett verbracht. Da hatte sie eine schreckliche Halluzination: »Ich bin ein Tortellini«, eine ganz fürchterliche, lähmende Vorstellung: »Ohne Arme und Beine, ich glaubte, ich bin verrückt, ich weiß gar nicht mehr, was mit mir los ist.«

In dem Moment also, wo sie den Penis *hat* (als Subjekt) und nicht mehr nur haben will (als Objekt), wird er auch schon zum grausamen, mütterlichen Brust-Penis. Die Folge der Assoziationen zeigt klar, wie der Versuch zusammenbricht, die regressive Bewegung der Auflösung der Geschlechtergrenzen auf dem Wege der projektiven Identifizierung zum Halten zu bringen. Dieser Versuch ist bezeichnet durch die Projektion der eigenen – sexuellen – Gier auf den Mann (Noppen-Präservativ). Die Noppen (= Saugnäpfe) stehen für den Brust-Penis, also für die sexualisierte orale Gier. Wenn sie dieser Gier nachgibt, lösen sich die Subjekt-Objekt-Grenzen auf; statt die Tortellini (Objekt) zu essen, wird sie selbst zum Tortellini.

Mit der Verschmelzungsangst wird aber zugleich der Verschmelzungswunsch mit der »guten Brust« abgewehrt. Ziemlich am Ende der Stunde, im Zusammenhang der Saugnäpfe, sagte ich: »Ich soll ja auch das Wort Sperma für Sie in den Mund nehmen« (vgl. die Auslassung in ihrem Traumbericht; tatsächlich fand diese Patientin, daß das Sperma des Mannes etwas ganz Widerliches sei). Sie reagierte jetzt nicht mehr, wie sie früher wohl getan hätte, mit Verfolgungsangst, entspannte sich vielmehr und sagte lachend: »Ich habe am Sonntag auch die Vorstellung gehabt, ein Däumling zu sein... Ich in Ihrem Bauch... da geht es mir gut!«

Mit der negativen Besetzung des männlichen Spermas (und der Fellatio) wird also auch die viel »tiefere« Angst vor dem Verschlungenwerden durch den mütterlichen Saug-Napf abgewehrt. Darum darf sie nicht selbst Saug-Napf sein und kein Sperma in den Mund nehmen. Mit der Angst vor dem Verschlungenwerden durch diesen mütterlichen Ur-Phallus wird ihrerseits der Wunsch nach dem Verschlungenwerden abgewehrt, der Wunsch danach, wie ein Däumling im Bauch der Mutter zu hausen. Wieder erinnern wir uns an die von B. D. Lewin konzipierte Trias der oralen Wünsche (siehe S. 20). In einer Assoziation der folgenden Stunde enthüllte der Fangarm-mit-den-Saugnäpfen noch eine weitere Bedeutung: Wenn sie wie ein Däumling in meinem Bauch ruht, wird sie wie der Däumling abgetrieben: mit dem Absaugschlauch. Damit hatten wir von der traumatischen Wirkung, die ihre Abtreibung für sie hatte, einiges verstanden. Die abgetriebene Frucht ist, wie es gar nicht anders möglich ist, ein Selbst-Objekt.

Bei einem anderen Erkenntnisinteresse in der Betrachtung dieser Analyse würde man die besonders ausgeformte sexuelle Metaphorik als Indiz einer vorzeitigen (prägenitalen) *Sexualisierung von Verschmelzungswunsch und Verschmelzungsangst* werten. Man würde auf die mißlingende Loslösungsproblematik und die hieraus resultierende Depression abheben, die ihrerseits mit der Sexualisierung abgewehrt wird. Das war auch ein zentrales Thema dieser Analyse, ist aber nicht das Thema meiner Darstellung in diesem Zusammenhang.

Die Sexualisierung des Verschmelzungswunsches in der Loslösungsphase und die hieraus resultierende Verschmelzungsangst ist ein zentrales Problem in der Genese von Homosexualität und Perversion. Tatsächlich ist der Bruder der Patientin homosexuell geworden; das spricht für ein besonderes mütterliches Entgegenkommen, ein Potential auf seiten der Mutter, die Sexualisierung symbiotischer Wünsche und Ängste mindestens zu provozieren. Die Patientin ihrerseits enthüllte ein hohes Maß an perversen Phantasien, aber diese waren bis zum Zeitpunkt der Analyse unbewußt geblieben und blieben auch in der Analyse vom Über-Ich negativ besetzt. Ihre zentrale

Onaniephantasie und die den sexuellen Verkehr begleitende Phantasie war, vergewaltigt zu werden. Das wirft en passant ein Licht auf die Frage, warum Perversionen die Domäne des Mannes sind – und die Frau »das Negativ der Perversion« (Freud), die Neurose, ausbildet.

Zu dieser außerordentlich interessanten Frage gibt es in der psychoanalytischen Literatur kaum ausgearbeitete Überlegungen. Phyllis Greenacre, die während ihrer intensiven Beschäftigung mit dem Verhältnis von Körperbild, Selbstbild und Fetischismus dieser Frage nachging, macht hierfür letztlich die unterschiedliche Anatomie der Genitale von Mann und Frau verantwortlich. Ihr zufolge hat besonders der Fetischismus – der ja von den meisten Psychoanalytikern als das Paradigma der Perversion angesehen wird – seine Basis in einer mangelhaften (»faulty«) Abrundung der Entwicklung von Körperschema und Körper-Ich. Nun ist diese mangelnde Abrundung oder Integration klinisch bei beiden Geschlechtern zu beobachten. Aber aufgrund der anatomischen Besonderheit, daß beim Mann bzw. beim heranwachsenden männlichen Kind die äußeren Genitalien besser sichtbar, leichter tastbar und stärker an die Körpergrenze verlegt sind, werden auch die »Lücken« im Selbstbild eher mit Mitteln kompensiert, die ebenfalls mit Sehen und Sichtbarkeit, mit Tastbarkeit, kurz mit Externalisierung operieren (Greenacre, 1953: 18 u. 28; 1960: 182 u. 189).

Auch Janine Chasseguet-Smirgel führt letztlich biologische Gründe für die »Einschränkung« an, »die sich für ein Mädchen aus der Tatsache ergibt, von einem gleichgeschlechtlichen Menschen geboren zu sein, der nicht sein ›wahres‹ sexuelles Objekt ist...« (Chasseguet-Smirgel, 1975: 21 f.). Der Junge wird von der Mutter eher zu der Illusion verführt, er könne ihr »wahrer« Partner sein: »Vielleicht könnte man behaupten, daß derjenige pervers wird, der sich nicht entschließen konnte, die Illusion aufzugeben, ihr adäquater Partner zu sein, und dabei oft von seiner Mutter bestärkt wurde...« (ebenda: 23). (Das Thema der unterschiedlichen Anatomie in ihrer Bedeutung für die Bildung der Geschlechtsidentität wird wieder aufgenommen in der 4. Fallgeschichte, S. 142 ff.).

So wie Frau D. den Umgang zwischen ihrer Mutter und ihrem jüngeren Bruder beschrieb, habe ich keinen Zweifel, daß die Mutter den Jungen in der Illusion bestärkte, er wäre ihr adäquater Partner. Die Mutter hintertrieb alle Versuche des Jungen, seinen Vater zu idealisieren und sich mit ihm zu identifizieren. Selbstverständlich war Frau D. als kleines Mädchen zu Recht neidisch auf den Bruder gewesen, und ich finde es höchst normal, daß sie sich in dieser Situation wünschte, ebenfalls einen Penis zu haben.

Ich möchte jetzt zum Ende der Analyse von Frau D. kommen. Es ist deutlich geworden, daß diese Patientin mit den Kleider-Träumen unter anderem das Problem der »Lücke im Selbst« oder der Nichtabgerundetheit des phallischen Selbstbildes darstellte und daß diese Selbstdarstellung von der Oberfläche der Kastriertheit und des Penisneides (»rote Skihosen«) über den Kastrationswunsch (der Analytiker in kurzen Hosen) und die gleichzeitige bisexuelle Phallusbewunderung (der Analytiker mit dem Kajal-Stift) bis zur Tiefendimension der Entdifferenzierung vor der Etablierung fester Subjekt-Objekt- und damit Geschlechtsgrenzen reichte (die »Tortellini« ohne Arme und Beine). Was ich jetzt zeigen möchte, würde Kohut mit dem Begriff der »restoration of the self«, der Wiederherstellung des Selbst (1977) bezeichnen.

Das Asthma der Patientin hatte sich längst aufgelöst. Frau D. fühlte sich anhaltend wohl. Dafür war der früher so philobatisch, autark und spöttisch sich gebende Freund in eine ernsthafte Krise geraten. Das Paar plante den Umzug in die erste gemeinsame Wohnung. Frau D. mußte ihrem Freund das Valium, das er über mehrere Monate benötigte, aus der Apotheke besorgen; er schämte sich zu sehr, es sich selbst zu holen. Er konnte es noch nicht mit seinem Stolz vereinbaren, abhängig geworden zu sein. Der Zeitpunkt für die Beendigung der Analyse war abgesprochen. Die Patientin hatte begonnen, es in den Stunden »zu genießen, faul dazuliegen und nicht krampfhaft alles zu sagen, was mir einfällt«.

Vier Monate vor dem Ende der Analyse hatte sie folgenden Traum: »Ich sah, daß meine Unterhose ganz blutig war, und wie ich näher hinschaute, sah ich, daß oben aus meiner Scheide Blut kam; das Blut kam aus der Klitoris, ich konnte die Wunde gar nicht stillen. Es kam immer weiter Blut und ich sah dann, daß in der Klitoris ein Loch war, aus dem kam das Blut. Dann hat mein Freund meine Bluse in der Waschmaschine gewaschen, eine Bluse mit einem Aufdruck. Er hat sie so gekocht, daß sie ganz klein wurde, wie für ein vierjähriges Kind. Ich war ganz wütend und hilflos.«

Während ich zuhörte, stellte sich bei mir die naheliegende assoziative Verbindung von Blut und Bluse her. Die Patientin hatte nacheinander folgende Einfälle zu dem Traum: Natürlich bedeutet das Blut die Periode. Das ist ein wichtiges Thema, über das sie immer zu sprechen vermieden hat, weil sie sich vor mir darüber schämte. In Wirklichkeit war es die Mutter, die früher so vorging, wie im Traum ihr Freund. Wenn die Mutter ein Kleidungsstück der Patientin nicht leiden konnte, kochte sie es ein, so daß es nicht mehr benutzbar war. Heute ergibt es sich tatsächlich öfter, daß ihr Freund ihre Wäsche wäscht, auch ihre von der Periode blutfleckigen Unterhosen, und das ist ihr dann immer sehr peinlich.

Ich fragte an dieser Stelle: »Aber warum wird in Ihrem Traum aus den Unterhosen eine Bluse?« »Das ist ja das Peinliche«, fuhr sie fort, »die Bluse aus dem Traum gibt es wirklich, ich ziehe sie nie an, besonders nicht, wenn ich zur Analyse komme. Das würde ich nie tun. (Pause) Wegen des Aufdrucks... (stockt) So typisch amerikanisch (abschätzig). Auf dem Rücken der Bluse sind zwei Gesichter abgebildet, ein Mann und eine Frau, die sich anschauen. Darunter steht: I love you. Und im Traum hat sie mein Freund so gewaschen, daß der Aufdruck nicht mehr zu sehen war.«

Ich: »Dann war das Peinliche weggewaschen. Aber was ist an dem Amerikanischen so peinlich?«

Sie: »Ah! Es heißt ja auch: ›Meine Tante aus Amerika ist gekommen.‹ So sagen die Frauen aus den sozialen Randgruppen zur Periode.« Wir mußten beide lachen. Die Patientin zog jetzt von sich aus die Verbindung von der ersten Regelblutung über »den Karton« zu den Kleidungsstücken, die die Mutter in der Waschmaschine kleinkochte. Die Bluse stand also für den Wunsch nach einem ausgeglichenen körperlichen Selbstbild, für ein narzißtisches Wohlgefühl und Gefallen an sich selbst als Frau-mit-Periode. Die Patientin war jetzt dabei, auch affektiv zu integrieren, was sie intellektuell schon seit längerem wußte: daß sie mich (und ihren Freund) projektiv dazu benutzte, sich selbst unattraktiv und ihren Wunsch nach einer Harmonie der Geschlechter – Mann und Frau auf dem »amerikanischen« Aufdruck – kitschig zu finden.

»Alle Kleidungsstücke, die mir gefielen und meiner Mutter nicht« ist die Metapher für das *phallische Bild*, das auf dem Aufdruck der Bluse in dem sich treffenden Blick von Mann und Frau dargestellt ist. Daß die Bluse im Traum bis zur Größe für eine Vierjährige einläuft, knüpft biographisch an reale Erfahrungen mit einer Mutter-Aggressorin an, die einerseits die Macht hat, zu kastrieren (kleinkochen), andererseits selbst als kastriert (unterwürfig, hinterhältig) empfunden wird, ein Zirkel, aus dem es nur einen Ausweg gibt: die Hinwendung zum Vater. Dieser Ausweg stand der Patientin aber nicht richtig offen, weil der Vater einerseits selbst durch die Mutter entwertet bzw.

entwertbar war und weil er andererseits die liebevolle Annäherung der Tochter durch seine zugleich abweisenden und sexualisierenden Kommentare in Beschämung verwandelte. So behält die Mutter recht: Aus dem schönen Blusen-Phallus wird eine kleine Klitoris mit Loch, aus dem es endlos blutet.

Ebenso metaphorisch kann man sagen, daß Frau D. in ihrer Analyse ihren Phallus wiedergefunden hat. Der Phallus ist in diesem Fall das Weibliche, das aus der lebensgeschichtlichen Fixierung des Selbstbildes auf den endlos blutenden, zu kleinen Klitoris-Penis befreit ist; er vereinigt in sich die zwei Gesichter des Geschlechts, Mann und Frau.

Der Kontext der zu diesem Traum gehörigen Übertragung war, daß die Patientin es anfing, zu genießen, still dazuliegen, bei sich zu registrieren, wie ihre Gedanken »fließen«, und sich nicht mehr »krampfhaft abzustrampeln«. Diesen Gefühlszustand verband die Patientin jetzt selbst mit ihrer Periode: »Eigentlich ein schönes Gefühl, wenn ich das Blut fließen spüre, wenn ich mich in mich zurückziehen kann und etwas von mir spüre, was sonst niemand sieht oder weiß und was ich mit niemandem zu teilen brauche.« Unter der Oberfläche der Selbstentwertung und des Abscheus vor dem Periodenblut hatte sie dieses Gefühl ihr Leben lang bewahrt. Sie konnte es jetzt mitteilen und also mit mir teilen, als sie nicht mehr projektiv zu befürchten brauchte, ich als Phallus-Monopolist würde ihr dies schöne Gefühl entreißen. Mit Bedacht habe ich den Ausdruck »ihr Leben lang« gewählt, denn dieses Wohlgefühl angesichts eines befriedigenden stillen Fließens verweist – als Deckerinnerung – zugleich auf den Bereich der befriedigenden primären Mutter-Kind-Beziehung in den ersten Lebensjahren, mindestens aber im ersten Jahr vor der Geburt des Bruders. Tatsächlich war die Endphase der Analyse, was die manifesten Themen betraf, von der inneren Aussöhnung mit den Eltern und von der Trauer über deren gegenwärtiges Schicksal bestimmt.

Einige Wochen später nahm die Patientin den Traum von der Bluse mit dem Aufdruck im Traum (632. Stunde) noch einmal auf; ein schöner Beleg dafür, wie am Ende einer gut zu nennenden Analyse Erinnern, Wiederholen und Durcharbeiten, dieser von Freud formulierte klassische Dreischritt der analytischen Arbeit, in einer harmonischen Bewegung wie von selbst »abläuft«, zur Befriedigung beider Beteiligter.

»Ich habe mal wieder von Ihnen geträumt. Erst bin ich bei der Arbeit eingeschlafen. Dann bin ich hier eingeschlafen. Dann sind Sie eingeschlafen. Um fünf nach elf bin ich aufgewacht und habe Sie geweckt. Ich habe mich gleich darüber geärgert, daß ich Sie nicht habe schlafen lassen. Es war so ein erfrischender Schlaf. Dann bin ich gleich zur Tür hinaus, ich hatte ein Nachthemd an, ein ganz langes Kinder- oder Omanachthemd. Ich habe mich geärgert, daß niemand auf dem Flur mich gesehen hat. Es war ein Nachthemd, wie ich es sonst nie anziehen würde.«

Zu dem Traum hatte sie zunächst folgende Gedanken. Gestern hat jemand zu ihr gesagt: Irgendwann muß jeder in der Analyse dahin kommen, daß er einschläft. »Dahin möchte ich kommen. Denn das würde ja bedeuten, daß es mir egal ist, was Sie gerade im Moment von mir denken.« »Fünf nach elf« ist ein Kalauer auf die Friedensbewegung. Die sagen immer: es ist fünf vor zwölf. Gestern war ja die Menschenkette Stuttgart–Ulm (= gegen die Stationierung der Pershing-Raketen in der BRD). Sie konnte leider nicht mitmachen; sie mußte mit ihrem Freund die neue Wohnung renovieren, in die sie einziehen wollen.

An dieser Stelle deutete ich: »Von 5 nach 11 bis 5 vor 12 sind 50 Minuten, eine Analysestunde. Es geht auch um Ihre Angst vor dem Ende.« Ich sprach aber nicht direkt den unbewußten Zusammenhang in der Verleugnung von atomarem »Ende« und dem der Analyse an. – Die Patientin hierauf: »Irgendwie ja. Nacht und Ende, Nacht und Nachthemd. Im Traum, das ist ja ein Kinder- und Omanachthemd. Die wirklichen Nachthemden, die werde ich Ihnen nicht mehr vorführen, die Reizwäsche. Eigentlich schade.« – Ich: »Die Reizwäsche enthalten Sie mir noch vor; aber was Sie mir vorenthalten, das können Sie auch Ihrem Freund nicht geben.«

Auf diese Deutung hin fiel der Patientin ein weiteres Stück des Traumes ein: »Ach ja, bevor ich in die Stunde kam, im Traum, war ich ganz hektisch. Ich wußte nicht, was anziehen. Zuerst hatte ich eine Bluse an, mit einem großen Fleck auf dem Rücken. Da wollte ich erst so tun, als würde ich den Fleck nicht gesehen haben, er war ja auch auf dem Rücken. Dann dachte ich an Ihre Worte: daß ich für alles an mir die Verantwortung übernehmen müsse. Also auch für den Fleck auf meinem Rücken. Da zog ich mich schnell um, und das Nachthemd an.«

Dieses Stück Traum- und Deutungsarbeit zeigt wohl die Leichtigkeit, mit der Frau D. jetzt die Verantwortung für ihren »blinden Fleck« übernehmen, die Verleugnung der eigenen aktiven (»phallischen«) Weiblichkeit – die »Reizwäsche« – wieder auflösen kann. Sie wird gewahr, wie sie im Traum aus der genitalen Position in die »unschuldige« Kind-Oma-Position fliehen und dabei noch die prägenitale (exhibitionistische) Lust, gesehen zu werden und dadurch zu verführen, retten will. Mir wird in der Übertragung nicht länger die Position des schlüpfrigen Verführers-Vergewaltigers zugeschrieben. Angesichts des Endes der Analyse, das unbewußt als Zerstörung und Tod jeder menschlichen Beziehung phantasiert wird, (»fünf vor zwölf«), möchte sie gewissermaßen noch einmal auf den Status quo ante regredieren, aber dies gelingt ihr nicht mehr. Sie ist schon zu lebendig.

Latente Perversion bei der Frau

Die Analyse von Frau D. hat uns an das Problem der latenten oder unbewußten, sexuell nicht vollzogenen Perversion bei der Frau herangeführt. Frau L., aus deren Behandlung ich jetzt berichten möchte, wies alle klinischen Begleiterscheinungen der Perversion auf, ohne daß eine manifeste Perversion vorgelegen hätte. In ihrem sexuellen Partnerverhalten war sie zwar unachtsam bis zur Selbstschädigung, aber das sind viele Menschen. Sie war auch keinesfalls süchtig promisk. Sie war Stewardeß, und in ihrem Beruf gehörte es zu den normalen Erwartungen, daß man sich die Bodenpausen auf Interkontinentaleinsätzen auch mit kollegialem Geschlechtsverkehr vertreiben konnte. Ihre Perversion war gleichsam in einer Zündholzschachtel und in einem Zwangsritual verborgen.

Ohne die schwierige Diskussion darüber auszuschöpfen, was als Perversion zu bezeichnen sei, möchte ich doch vier klinische Kriterien anführen, die meines Erachtens auf jeden Fall erfüllt sein müssen:

1. Es werden unbelebte Objekte und / oder Handlungen sexuell (und nicht nur libidinös) so besetzt wie sonst lebendige Partner (Kriterium der Ubiquität des Fetischs).

2. Diese Objekte und Handlungen werden, zusammen mit einem Partner oder allein, in eine Szene eingebaut, deren Darstellung für die Erlangung sexueller Erregung obligat ist (Kriterium der perversen Szene).

3. Die an diese Szene gebundene Erregung führt zur sexuellen Entladung im Orgasmus (Kriterium des Orgasmus).

4. Die periodische Wiederholung der zum Orgasmus führenden Szene ist zwingend und wird wie eine körperliche Sucht erlebt; der Entzug der Möglichkeit zur Inszenierung führt zu Entzugserscheinungen (Kriterium der suchtartigen Unaufschiebbarkeit). Die von

Fritz Morgenthaler so bezeichnete perverse Plombe, die die narzißtische Lücke im Selbst füllt, ist ein dynamisches Amalgam dieser vier Kriterien.

Möglicherweise gibt es Frauen, die diese vier klinischen Kriterien der Perversion erfüllen. Die meisten weiblichen (und viele männlichen) Transsexuellen würden nicht dazugehören, denn sie vermeiden den Orgasmus. Aus diesem Grund haben Sigusch, Meyenburg und ich in einer der Transsexualität gewidmeten Abhandlung diese auch als Perversion bezeichnet, »die ihr Ziel mit scheinbar nichtsexuellen Mitteln erreicht« (Sigusch, V.; Meyenburg, B.; Reiche, R., 1979: 270). Die meisten Frauen, die mit sadomasochistisch fixierten Männern in stabilen Partnerschaften zusammenleben und deren Männer (oder sie selbst) versichern, sie würden ihre sexuelle Praxis genießen, wären ebensowenig dazuzurechnen, denn sie sind an das, was sie mit ihren Partnern tun, nicht suchtartig gebunden. Diese Frauen würden nicht in einen krisenhaften Ausnahmezustand geraten, wenn die Sexualität unter anderen Vorzeichen stattfände.

Diese Liste könnte man fortsetzen, und man würde immer wieder auf Frauen stoßen, die zwar eine Neigung zu dem haben, was der Volksmund »perverse Spiele« nennt, ohne aber das Zwingende, Nichtspielerische aufzuweisen, das der Perversion ihre einzigartige dramatische Aura verleiht. Übrigbleiben einige Fälle von wirklich suchtartiger Kleptomanie mit Orgasmus oder orgasmusähnlichen Erregungszuständen und das weite Feld der Promiskuität (»Nymphomanie«). Aber gerade die suchtartige Promiskuität verliert sich in einer Grauzone kultureller Normalität, die wieder zum Ausgangspunkt meiner Fragestellung zurückführt, nämlich zur latenten Perversion.

Den Begriff der *latenten Perversion* gebrauche ich analog zu dem von Freud entwickelten Begriff der latenten Homosexualität: eine unbewußt bleibende Disposition, die dynamisch wirksam ist, die aber nicht zu einer manifest perversen sexuellen Objektwahl führt[1].

»Die sich selbst Homosexuelle nennen, sind eben nur die bewußt und manifest Invertierten, deren Anzahl neben jener der latent Homosexuellen verschwindet. Wir sind aber genötigt, die Objektwahl aus dem eigenen Geschlecht geradezu als eine regelmäßige Abzweigung des Liebeslebens zu betrachten, und lernen immer mehr, ihr eine be-

---

[1] Der Begriff »latente« Perversion wird en passant auch von Janine Chasseguet-Smirgel gebraucht (1984: 199), ohne dort jedoch einen besonderen Stellenwert einzunehmen.

sonders hohe Bedeutung zuzuerkennen. Gewiß sind die Unterschiede zwischen der manifesten Homosexualität und dem normalen Verhalten dadurch nicht aufgehoben; ihre praktische Bedeutung bleibt bestehen, aber ihr theoretischer Wert wird ungemein verringert« (Freud, 1917: 318).

Morgenthaler hat das schöne Bild von der *stummen Plombe* geprägt und eine Abstufungsreihe der Plombenbildung konzipiert – ähnlich wie schon Freud in den »Drei Abhandlungen«:

»Es gibt wahrscheinlich überhaupt keine narzißtische Entwicklung, die so ideal verläuft, daß sich nicht eine mehr oder weniger stumm bleibende Plombenbildung einstellte. Auf der einen Seite dieser Reihe kämen Entwicklungen mit stummen Mikroplomben zu stehen. Auf der anderen Seite wären schwer pathologische, psychische Defektentwicklungen einzuordnen, bei welchen die Plombenbildung mißlingt, weil die Störung im narzißtischen Bereich eine so große Lücke hinterlassen hat, daß an Reparatur nicht zu denken ist... Im ganzen betrachtet darf man nicht übersehen, daß die große Mehrzahl aller Perversen im Mittelbereich dieser Reihe zu finden ist« (Morgenthaler, 1974: 1082 f.).

Das erklärt nicht, warum »perverse Plomben« bei der Frau so gut wie immer stumm bleiben, auch dann, wenn wirkliche psychische Störungspotentiale vorliegen, die genetisch so aufgebaut sind, daß sie beim Mann zur Perversion führen würden. Es scheint doch so zu sein, daß der Frau neurotische »Plombenbildungen« eher offenstehen als perverse.

In diesem Zusammenhang ist auch interessant, daß selbst Phyllis Greenacre, die sich über viele Jahre klinisch und theoretisch mit den Perversionen befaßt hat, nicht einen einzigen Fall von Perversion bei einer Frau anführt. Sie berichtet über Fälle, die sie als Amulett- und als Tablettenfetischismus bezeichnet (Greenacre, 1960: 184 u. 187) und bei denen diese Gegenstände Fetischfunktion erfüllen. In ihren Darstellungen steht das beruhigende Moment des Fetischs ganz im Vordergrund, das Moment also, das den Fetisch mit dem Übergangsobjekt verbindet. Aber es fehlt die Sexualisierung, das also, was den Fetisch vom Übergangsobjekt (Winnicott) unterscheidet. In ihren Arbeiten über das Verhältnis von Fetisch und Übergangsobjekt hatte Greenacre, bereits vor Morgenthaler, den Fetisch als *security prop* bezeichnet, etwas frei mit Sicherheitsplombe oder -pfropf zu übersetzen.

»Der Fetisch ist deutlich ein bisexuelles Symbol und dient auch als Brücke, die die Geschlechtsunterschiede zugleich verleugnet und bestätigt. Sowohl der Fetisch als auch das Übergangsobjekt sind Sicherheitsplomben, welche dazu dienen, die angsterregende Situation unter die illusionäre Kontrolle des Kindes oder des Mannes zu bringen. Aber der Fetischist wird süchtig auf den Gebrauch seiner Plombe...« (Greenacre, 1969: 321).

Es ist aber weder Greenacre noch Morgenthaler ganz gelungen, die meines Erachtens entscheidende Variable, nämlich die Sexualisierung der Plombenfunktion, aufzuklären.

Masud Khan, der für das Verständnis der Perversion den Begriff des »montierten inneren Objekts« (*collated internal object*) geprägt hat, greift auf die bereits von Glover (1933) und Fenichel (1934) entwickelten Gedanken über die Libidinisierung der Angst und der Aggression zurück. Diese Gedanken bauen auch eine Brücke, die das Verbindende und das Trennende von Perversion und Neurose deutlich macht. Denn auch bei allen Neurosen wird Angst umgewandelt, sei es durch Somatisierung, wie bei den Psychosomatosen, sei es durch andere Mechanismen (insbesondere Konversion). Der Begriff des montierten inneren Objekts, der nicht nur in seiner Metaphorik an die Plombenfunktion gemahnt, betont stärker als der Begriff der Plombe oder des *security prop* den Introjektcharakter des Fetischs (oder allgemein: der perversen Szene):

»Das zentrale Thema... ist nämlich, daß das, was der Säugling, der später ein Perverser wird, introjiziert, ein dissoziiertes Primärobjekt ist (mütterlich, väterlich oder von beiden)... Die verschiedenartigen Introjekte verschmelzen intrapsychisch allmählich zu einem ›montierten inneren Objekt‹. Dieses ›montierte innere Objekt‹ in der psychischen inneren Realität des Perversen entspricht dem, was Winnicott (1951) das ›Übergangsobjekt‹ in der üblichen Entwicklung genannt hat... Das Übergangsobjekt ist etwas Externes und bleibt als ein Wesen für sich etwas Externes, obgleich es unter der phantasierten und psychischen Omnipotenz des Erlebens des Säuglings steht. Das ›montierte innere Objekt‹ ist im Gegensatz dazu etwas, was im wesentlichen intrapsychisch ist – daher der ständige innere Druck, es zu externalisieren. Diese Externalisierung konstituiert dann das sexuelle Geschehen« (Khan, 1979: 191 f.).

So gelangen wir allmählich zu der Formel: Libidinisierung plus Externalisierung. Libidinisiert wird die Angst vor drohender Vernichtung und Desillusionierung (Khan), vor Entleerung des Selbst (Morgenthaler) und vor Wahrnehmung der Kastration (Freud). Externalisiert in der perversen Szene wird das zum Fetisch geronnene montierte innere Objekt bzw. die Plombe. Da sich Angst so nicht dauerhaft binden läßt – anders als etwa im psychosomatischen Symptom – muß der Vorgang der Libidinisierung und Externalisierung periodisch wiederholt werden. Das macht seinen suchtartigen Charakter aus.

Masud Khan erläutert sein Konzept des montierten inneren Objekts am Fall einer Frau, die wegen akuter agoraphober Ängste zur Analyse kam – also, wie meine Patientin, nicht wegen einer manifesten Perversion – und die erst in der Analyse das Geheimnis ihrer *latenten Perversion* enthüllte.

Frau L. war von dem Internisten, bei dem ihre Mutter in Behandlung war, an mich empfohlen worden. Ihre Mutter wurde wegen verschiedener chronischer, hauptsächlich funktioneller organischer Beschwerden, die Ausdruck einer abgewehrten Depression waren, ständig mit Psychopharmaka behandelt. Sie wollte, daß ihre Tochter, die sich in einer akuten suizidalen Krise befand, unbedingt auch von ihrem Arzt behandelt würde. Mit der Zeit erhielt ich von ihr, über die Schilderungen meiner Patientin, den Eindruck, daß sie eine sehr egozentrische, anspruchsvolle und »vom Leben enttäuschte« Frau sein müsse. Wenn ihre Tochter zu Besuch kam, pflegte sie sie leidend, aber im Negligé und so zurechtgemacht zu empfangen, als hätte sie eigentlich statt ihrer einen Liebhaber erwartet, der leider nicht erschienen war. Das war auch der Eindruck der Patientin: daß sie, wie auch immer sie es anstellte, bei ihrer Mutter »nicht landen« konnte.

Frau L. flog Langstreckeneinsätze – und richtete es auch bei mir so ein, daß sie letztlich nicht landen konnte. Ihre Arbeit brachte es mit sich, daß die Psychotherapie, was das Setting betraf, nicht in einem konstanten Rhythmus stattfinden konnte. Sie konnte ihre beruflichen Gegebenheiten nach Bedarf zu Abwehrzwecken einsetzen, und es brauchte eine lange Zeit, bis ich das, was an ihrer Terminplanung Abwehr war, überhaupt einigermaßen erkannte.

Frau L. hatte eine wenig jüngere Schwester, von der ich den Eindruck bekam, sie lebe, genau wie meine Patientin, in einer Traumwelt, nur eben auf dem Boden. Beider Leben schien damit angefüllt zu sein, eine Operettenkulisse, die andauernd gerade einstürzte, immer wieder mit großem Geschick und Kraftaufwand neu aufzurichten. In Frankfurt hatte Frau L. ein niemals fertig eingerichtetes Appartement, das sie mit zwei Kolleginnen teilte – aber sie schien überall auf der Welt über Dependancen zu verfügen, in Form von Häusern, Schlössern, Skihütten, Hotels und Bauernhöfen, die irgendwelchen »guten Freunden« gehörten, und die sie zwischen den Einsätzen aufsuchte. Sie liebte ihren Beruf und die ganze Welt der Fliegerei. Sie wurde durch die von ihr geschaffene Realität, überall hinfliegen zu können und die damit einhergehende Illusion, überall landen zu können, zusammengehalten. Ich durfte nicht riskieren, diesen vitalen Anpassungsmechanismus einer realen Verankerung in einer illusionären Wirklichkeit durch forcierte Konfrontation zu gefährden.

In ihrem Auftreten wirkte Frau L. mädchenhaft und sehr zurückhaltend, früher hätte man gesagt: züchtig. Sie hatte einen etwas gekünstelten sog. natürlichen Charme, der durch ihren alpenländischen Dialekt unterstrichen wurde. Auf eine etwas unzeitgemäße Art liebte sie »das Romantische«, und sie war eine begeisterte, offenbar auch sehr draufgängerische Skifahrerin. Sie war in einer Alpenstadt aufgewachsen und hatte das Skifahren an ihrem sechsten Geburtstag entdeckt, zu dem sie von ihrem Vater ein Paar schwere und viel zu lange Skier geschenkt bekommen hatte. Diese Skier waren die Möglichkeit, von der Mutter fortzukommen – was sie an diesem Geburtstag auch gleich ausgiebig praktizierte – und dem Vater zu gefallen, ohne ihm nahe kommen zu müssen. Sofort fing sie hingebungsvoll und verbissen an zu üben.

Ihr sehnlichster Wunsch war, sich in einen Mann, an den sie sich anlehnen könnte, zu verlieben, eine Familie zu gründen und Kinder zu haben. Dafür würde sie die Fliegerei gern aufgeben. Die Männer, die sie kennenlernte, waren dafür aber nicht geeignet. Entweder waren sie jung, narzißtisch orientiert, nicht mit den Sorgen eines anderen Menschen zu belasten und eigneten sich darum nicht zur Anlehnung. Oder sie waren etwas älter, kamen in Frage für eine Bindung, und Frau L. konnte sich auch in sie verlieben; dann stellte sich nach einiger Zeit mit Sicherheit heraus, daß sie in unklaren oder komplizierten Partnerverhältnissen stärker gebunden waren, als es zunächst den Anschein gehabt hatte. Oder sie waren ebenfalls etwas älter, hatten, wie man sagt, eine große Enttäuschung bereits hinter sich, liebten Frau L. aufrichtig und wollten eine fest Verbindung eingehen; dann konnte sie sich mit Sicherheit nicht in sie verlieben und war darüber todunglücklich.

Als sie zu mir kam, war sie zwar erst 24 Jahre alt, aber sie vermittelte den Eindruck, als hätte sie schon ein ganzes Leben unglücklicher Liebe hinter und kaum mehr eine Hoffnung vor sich. Das war ihre innere Realität, an der sie zweifellos sehr litt. Zwei Jahre zuvor hatte sie einen ernsthaften Selbstmordversuch mit Tabletten unternommen. Sie war damals vom einen auf den anderen Tag von ihrem Freund verlassen worden, als sie gerade ihre Wohnung gekündigt hatte, um mit ihm zusammenzuziehen. Später erfuhr ich, daß sich das alles kurz nach dem Tod ihres Vaters zugetragen hatte.

Jetzt war sie wieder von einem festen Freund verlassen worden, wieder urplötzlich, und als sie sich gerade darauf eingestellt hatte, eine gemeinsame Zukunft mit ihm zu planen. Sie war jetzt aber nicht ernsthaft suizidal; sie war nur sehr unglücklich. Sie fragte sich, was sie bloß immer falsch mache. Vor zwei Jahren war sie von dem Psychiater der Station, auf die sie nach dem Suizidversuch routinemäßig gebracht worden war, offenbar gut versorgt worden und hatte seine Worte in sich behalten, daß sie, falls sie wieder in einen solchen Zustand käme, alle Energie darauf setzen sollte, sich um therapeutische Hilfe zu kümmern.

Die dominante Übertragungsbeziehung, die sich einstellte und auf die ich mich einzustellen hatte, glich einem unbewußten Pakt oder Versprechen, daß sie immer lieb sein wollte – sich also vor aggressiven (Selbstmord) und sexuellen Triebdurchbrüchen hüten wollte – und daß ich dafür auch lieb sein sollte und keine »bösen Dinge« sagen sollte. Insbesondere sollte ich ihre Terminplanung, die oft zu mehrwöchigen Unterbrechungen der Behandlung führte, nicht als Widerstand gegen die psychoanalytische Arbeit deuten, und ich sollte ihre Männerbeziehungen nicht auf Parallelen oder Nicht-Parallelen ihrer Beziehung zu mir untersuchen. Wenn ich mich nicht an die Rolle hielt, die sie mir offenbar zugewiesen hatte, war sie furchtbar enttäuscht, fühlte sich unverstanden oder schlimmer: Ich geriet in die Position des unemphathischen, intrusiven Eindringlings, des lüsternen Verfolgers oder Vergewaltigers.

Konfrontationen konnte ich überhaupt nur riskieren, wenn es möglich war, zwei oder drei Stunden an aufeinanderfolgenden Tagen abzuhalten, an denen sie in Frankfurt auf dem Boden war, aber das konnte ich nicht immer einrichten, denn auch ich hatte ja einen Terminplan. Ich glaube, mir war die Rolle des idealisierten, harmonisch einander liebenden Elternpaares »auf dem Boden« zugewiesen, zu dem sie jederzeit mit ihren Sorgen kommen konnte, und das sie so sehnlich suchte.

Morgenthaler (1974) hat beschrieben, daß und warum man die idealisierende Übertragung, die sich bei der Behandlung von Perversionen regelhaft einstellt, unbedingt schützen muß und warum solche Behandlungen zerbrechen, sobald man diese Idealisierung in Frage stellt. Ich bin dieser Regel wie instinktiv gefolgt, obwohl ich lange Zeit gar nicht wußte, wie sehr die Struktur dieser Patientin eine perverse Struktur war. Wie instinktiv, das heißt: Es war einfach eine Notwendigkeit und eine Frage des Taktes, so zu verfahren, wenn ich nicht wollte, daß die Behandlung zerbricht.

Frau L. wurde in eine dieser Ehen hineingeboren, die schon immer chronisch zerrüttet waren, und deren konstitutives Moment eben die gemeinsam ertragene Zerrüttung zu sein scheint – und die demzufolge auch niemals geschieden werden, obwohl ständig von Scheidung gesprochen wird. Die Kinder solcher Ehen stehen einander meist feindlich gegenüber, sie können sich nicht aneinander festhalten und stärken, einerseits, weil sie natürliche Rivalen um die immer zuwenig vorhandene elterliche, d. h. desexualiserte und desaggressivierte Zuneigung sind, andererseits, weil sie kein Identifikationsvorbild für Gemeinsamkeit vorfinden. Oder es tritt ein – was für Frau L. und ihre Schwester anscheinend nicht zutraf –, daß sich die Mutter und / oder der Vater ein Kind als Unterpfand der ehelichen Auseinandersetzung abgreifen und abzurichten versuchen. Dann werden die Kinder aus diesem Grund zu erbitterten Gegnern.

Frau L.s Mutter gab ihren beiden Töchtern schon als kleinen Mädchen zu verstehen, daß sie unerwünscht waren und jedenfalls nicht schon zum Zeitpunkt ihrer tatsächlichen Geburt hätten kommen sollen. Deswegen hätte nämlich sie, die Mutter, niemals wirklich Frau sein können. Darunter verstand sie wohl Dame sein, auf den Ball und in die Oper gehen. Abends, wenn der Vater – allein – aus dem Haus ging, machte die Mutter Anstalten, ebenfalls für das Ausgehen Toilette zu machen und brach dann im bereits erwähnten Negligé im Migräneanfall auf dem Bett in sich zusammen.

Der Vater war als selbständiger Handelsvertreter viel auf Reisen. Kam es vor, daß beide Eltern am Abend einmal zu Hause waren, dann tranken sie viel und heftig, stritten sich und redeten laut bis in die Morgenstunden – und die beiden kleinen Mädchen saßen angsterfüllt in ihren Betten und horchten. Am anderen Morgen war der Vater wieder verschwunden – und die Mutter blieb bis zum Nachmittag krank und unansprechbar im Bett. Das war Frau L.s Deckerinnerung für die Urszene, also für die Art und Weise, wie sie den Geschlechtsverkehr der Eltern, und damit die Sexualität überhaupt, erlebt und verinnerlicht haben muß: gewalttätig, mit dem Resultat der Zerstörung der Mutter.

Frau L. mied die Nähe des Vaters von Anfang an. Die unbewußten Gründe dafür lagen in einer sehr frühen Sexualisierung des Bildes vom Vater. Sicher war es auch so, daß es der Mutter nicht gelang, die primäre Gefährlichkeit des väterlichen Objekts zu neutralisieren und eine Brücke zum Vater zu bauen. Aber eine solche Behauptung nähert sich einer Schuldzuweisung. Zweifellos waren Vater und Mutter in einer sado-aggressiven Verstrickung so total aufeinander bezogen, daß kein gemeinsamer elterlicher und das heißt hier: triebneutraler oder sublimierter Raum geschaffen wurde, in welchem sich die Kinder hätten frei bewegen und die primären Objekte probeweise und alternierend mit Libido und Aggression besetzen können. Bis zum frühesten Zeitpunkt, zu dem sich Frau L. zurückerinnern konnte, wußte sie von der Mutter, daß der Vater andere Frauen hatte. Weil ihre eigenen inzestuösen Phantasien, wie ich noch zeigen werde, so mächtig und so bewußt waren, mußte sie die reale Nähe zum Vater meiden, und dadurch war wiederum den inzestuösen Phantasien die Möglichkeit genommen, sich an der Konfrontation mit der Realität zu mildern oder sogar aufzulösen. Von irgendwelchen auch nur verbalen oder gestischen Übergriffen des Vaters gegenüber seinen Töchtern konnte keine Rede sein.

Eines Tages wurde ein Kollege von Frau L., ein Pilot, nach einem Flug festgenommen, als er auf dem Transportband zur Gepäckabfertigung seinen eigenen Koffer gegen den roten Koffer einer Reisenden austauschen wollte. In seinem Koffer waren keinerlei Utensilien, die ihn identifizierbar gemacht hätten. Er war offenbar sexuell angewiesen auf den roten Koffer der Frau und seinen Inhalt, vielleicht auch auf die besondere Inszenierung der Inbesitznahme. Er hatte dieses Tauschgeschäft schon längere Zeit habituell betrieben und wegen der besonderen Umstände der Wiederholung die Kriminalpolizei auf seine Spur gelenkt. Nach der Feststellung seiner Personalien wurde er freigelassen – und erschoß sich noch in derselben Nacht.

Frau L. war über diesen Vorfall auf eine für mich zunächst unverständliche Weise aufgewühlt. Sie erzählte dann in mehreren Stücken nacheinander, daß sie sicher sei, daß auch ihr Vater »ein Fetischist« gewesen sei. Als Kind schon, und dann als junges Mädchen, hatte sie in seinen Schubladen gekramt und dabei erst »harte Pornos – nicht nur solche, wie im Playboy« entdeckt und dann auch weibliche Wäschestücke. Diese Entdeckungen hatten sie jeweils so erregt, daß sie onanieren mußte, und dieser Zusammenhang wiederum erfüllte sie mit Entsetzen.

Sie führte auch das schreckliche Ende ihres Vaters auf seine Einsamkeit in der Perversion zurück. Er war als Alkoholiker jahrelang in progredientem Verfall begriffen – übrigens ganz ähnlich wie der Vater der von Masud Khan im Aufsatz über das montierte innere Objekt zitierten Patientin –, bevor er starb; er hatte aber immer geleugnet, ein Alkoholproblem zu haben. Er trank von morgens an immer ein Viertel Wein auf drei Viertel Mineralwasser, und zwar so viel, daß er bis zum Abend zwei Liter Wein konsumiert hatte. Demnach muß er zuletzt nicht nur trunksüchtig, sondern auch trinksüchtig gewesen sein, denn er trank ja allein von diesem Gemisch acht Liter pro Tag. Insofern es sich beim Vater vor dem Tod um eine Trinksucht handelte, handelte es sich zugleich um den tödlichen Versuch, eine süchtig-perverse Entwicklung in einer Konversion zum Halten zu bringen. Es sei hier an eine Feststellung von A. Mitscherlich erinnert: »Die Trinksucht – denn eine Sucht entsteht allemal dort, wo gesucht, aber nicht gefunden werden kann – setzt eine Suche fort, d. h. eine seelische Bestrebung. Indem aber der Durst ebenfalls ein Erlebnis darstellt, hat die Konversion innerhalb der Sphäre des Erlebens stattgefunden. Der Durst ist unmittelbar als Erlebnis an körperliche Sensationen gebunden. Er steht auf der Scheide der psychischen zur physischen Existenz« (Mitscherlich, 1947: 280).

Ich will die Stunde nachzeichnen, in der mir klar wurde, wie sich Frau L. von der Schublade des Vaters freimachte, und welchen Preis sie dafür bezahlte. Der Preis war die Introjektion der Schublade als einem »montierten inneren Objekt«. Frau L. kam jetzt seit zwei Jahren. Sie sagte: Eigentlich könnte sie jetzt aufhören mit den Gesprächen; alles ist immer besser geworden. Außer einem. »Sie wissen schon, was ich meine… Ich schäme mich so darüber!« Es ist ihr Zwang, sich im Gesicht zu kratzen und imaginäre Pickel zu beseitigen. »Stundenlang stehe ich vor dem Spiegel… bis mir die Füße weh tun. Es ist wie eine Sucht.« Immer wieder nimmt sie es sich vor, es nie wieder zu tun. Wenn sie es nur einmal drei Wochen lassen könnte… dann hätte die Haut sich daran gewöhnt. Doch dann tut sie es wieder, und danach schämt sie sich so, fühlt sich schmutzig.

Ich: »Man muß an die Onanie denken, bei einem Kind.«

Sie: »Ja, das haben Sie schon einmal gesagt… Wenn ich vor dem

Spiegel stehe und es tue...« Sie weint, weint hemmungslos, wie ein Kind. »Es ist ein Gefühl, wie wenn ich schmutzige Gedanken habe... Sie wissen schon, was ich meine.«

Ich sagte nichts; ich war mit folgendem Gedanken beschäftigt, der mich etwas irritierte: Soll ich sie zwingen, die Onanie-Phantasie auszusprechen? Ist es nicht gleichgültig, wie diese inhaltlich aussieht? Muß sie sich denn so vor mir erniedrigen?

Sie: »Ich habe immer gedacht, wenn ich mit einem Mann schlafe, das muß ganz rein sein, eine ganz reine Sexualität... Und dabei empfinde ich dann ja auch nichts.«

An dieser Stelle sagte ich ungefähr: »Durch die zwei Sexualitäten, die reine und die schmutzige, haben Sie versucht, die Erregung vom Mann fortzuhalten, die Erregung, die ursprünglich von den Pornoheften des Vaters kam und von den Wäschestücken, die Sie bei ihm gesehen haben. Ihre Erregung kam direkt von der Erregung des Vaters. Darüber haben Sie sich so erschrocken und darum haben Sie sich so geschämt.«

Sie: »Sie können ja gar nicht sehen, wie ich mich immer verunstalte. Es ist ja Make-up drüber... Ich habe mich immer so geschämt, daß Sie mich ablehnen, wenn das herauskommt... ich bin so häßlich, wenn ich erregt bin.«

Ich war in diesem Moment fasziniert davon, den Zusammenhang von Zwangssymptom und Erregung, von Abwehr und Abgewehrtem, der Verschiebung der exhibitionistisch-voyeuristischen Erregung, so »hautnah« vor mir zu sehen. Ich fühlte mich der Patientin sehr nah. Dann fiel mir ein – wohl von der Metapher »ganz rein« angestoßen –, wie sie sich als junges Mädchen in einer kirchlichen Jugendgruppe engagiert hatte, ganz in dieser Arbeit aufgegangen war, sich vorgenommen hatte, später einmal nur mit dem Mann zu schlafen, den sie lieben würde.

Dann dachte ich: Das Make-up müßte doch schon ganz zerlaufen sein von den vielen Tränen; ich sehe aber gar kein Make-up; und ich sehe auch keine verunstaltete Haut. Ich sagte schließlich: »Sie können sich gar nicht vorstellen, daß ein Mann, der eine Frau mag, sie besonders mag, wenn er feststellt, daß sie durch ihn erregt wird. Weil Ihre Erregung von Kind an so mit der Erregung des Vaters, mit seinen Pornoheften verbunden war. Darum können Sie auch gar nicht glauben, daß ich Sie nicht ablehne, wenn hier Ihre Erregbarkeit durch das, was Sie Ihre schmutzigen Gedanken nennen, so direkt zum Vorschein kommt.«

Sie: »Zu den Bildern, die ich mir dabei mache, gehört auch, daß ein Vater mit seiner Tochter schläft.«

Die Patientin wirkte jetzt ruhig und entspannt. Sie erzählte die folgende Geschichte: Sie hat als Mädchen vor der Pubertät viel, sehr viel onaniert. Die Geschichten dazu hat sie aufgeschrieben, mit ganz kleiner Schrift, und die Zettel in eine Zündholzschachtel getan. Die Zündholzschachtel hat sie immer mit sich herumgetragen. Auf den Zetteln stand, wie ein Mädchen auf erniedrigende Weise mißbraucht und vergewaltigt wird.

Die Behandlung kam nach einem weiteren dreiviertel Jahr zu einem von Frau L. forcierten Ende. Sie hatte sich in einen Mann verliebt, der auch in sie verliebt, aber mit einer todgeweihten krebskranken Frau verheiratet war. Aus ihren Andeutungen wurde klar, daß sie eine Rettungsphantasie agierte, die dem Vater galt. Sie befürchtete, daß ich ihr diese Beziehung »ausreden« wollte und trat die »Flucht in die Gesundheit« an. Ich bezweifle, daß ihre unbewußten Konflikte zu diesem Zeitpunkt schon so weit aufgelöst waren, daß sie bei einem Mann, den sie liebte, sexuell empfindungsfähig war.

In ihrer letzten Stunde verabschiedete sie sich mit einem Traum, der mich einigermaßen beunruhigte: »Es war wie in... (= der Stadt, in der sie aufgewachsen war, und in der sie sich jetzt öfter mit ihrem Geliebten traf), nur alpiner. Ich mußte über eine Holzbrücke; sie hatte kein Geländer. Wie ich darauf war, sah ich plötzlich, daß von den Holzbalken immer wieder einer fehlte. Ich bekam große Angst und sprang ganz schnell darüber.« – Ich habe nicht mehr gedeutet, daß dies Bild der Brücke *auch* ihre Wahrnehmung der psychoanalytischen Situation, ihre Beziehung zu mir symbolisiert. Ich hatte schon entschieden, sie springen zu lassen.

Diese Brücke symbolisiert aber auch deutlich die »Lücken« in der Beziehung zum primären Objekt, und ihr Sprung darüber die immer bedrohte philobatische Lebenshaltung (Charakterbildung) angesichts der Unsicherheit aller Objekte. Es spricht vieles dafür, daß die Mutter gegenüber der Patientin sehr oft innerlich abwesend war und aus dieser inneren Abwesenheit heraus grenzüberschreitende (*instrusiveness* im Sinne von Winnicott) Attacken unternahm. Sie war auch oft auf eine bedrohliche Weise abwesend, nämlich unansprechbar, zurückgezogen in ihre Migränen oder depressive Zustände, während derer sie die beiden Mädchen ganze Nachmittage lang einer angstvollen Einsamkeit überließ. Hier dürfte sowohl die Wurzel der exzessiven Onanie als auch die der gekonnten philobatischen Wende – veranschaulicht in der Ski-Episode – zu suchen sein. Damit konnte sich die Patientin wengistens äußerlich von der Mutter unabhängig machen. Sie sah ja auch bei der Mutter zuviel sexuelle Erregung im Zustand der Zerstörung – veranschaulicht in der Deckerinnerung: Die Mutter macht sich wie zum Ausgehen zurecht und bricht dann auf dem Bett zusammen.

Frau L. suchte verzweifelt den Vater als drittes, rettendes Objekt und fand immer nur seinen erigierten Penis, die Spuren seiner einsamen sexuellen Erregung in der Schublade. Der reale Vater suchte den väterlichen Kontakt zur Tochter ebenso, wie sie als Patientin mich den therapeutischen Kontakt zu ihr suchen ließ. Oft, wenn er mit ihr wandern oder spazierengehen wollte, erteilte sie ihm unter Vorwänden eine Absage. Auf eine spezifische Weise habe ja auch ich bei ihr mehr getan als bei anderen Patienten, um den therapeutischen Kontakt aufrechtzuerhalten. Ich mußte für sie jeden Termin neu einrichten, und das wiederum mußte ihre unbewußte, vielleicht sogar ihre bewußte Phantasie beflügeln, sie spiele eine besondere Rolle in meinem Leben. Aus Furcht vor einer Sexualisierung der Übertragung mußte sie es so einrichten, daß der Kontakt zu mir »auf Distanz« blieb.

Zu Beginn der Behandlung äußerte sie mehrmals, daß sie nichts abstoßender und abgeschmackter fände, als wenn sich eine Patientin in ihren Psychiater verliebt. Sie entwickelte die paranoide Vorstellung, die sie zu Abwehrzwecken einsetzte, daß ich, wie alle Psychiater, wolle, daß sie sich in mich verliebe. Die Tragik lag, wie immer, darin, daß sie recht hatte: daß gerade zur erfolgreichen Durcharbeitung ihrer Störung die Erfahrung notwendig gewesen wäre, daß es letztlich nichts Schlimmes ist, wenn sie als Patientin vorübergehend heftige positive Gefühle für ihren Analytiker entwickelt, weil der reale Analytiker diese Gefühle schützt und nicht mißbraucht und sie gerade dadurch zwingt, ihre inzestuöse Phantasie an der Realität aufzulösen. So blieb ihre Phantasie-in-der-Zündholzschachtel letztlich in der Zündholzschachtel: immer bereit, zu entflammen, und doch nie die reale Funktion des Zündholzes erfüllend, ein *Objekt* zum Brennen zu bringen und sich darin zu verzehren.

Ich werde jetzt die Faktoren, die zur latenten Perversion bei Frau L. führten, nach der zeitlichen Reihenfolge ihres dynamischen Wirksamwerdens schematisch isolieren. Diese Faktoren sind konstitutiv für alle Perversionen.

1. Angst, die in frühen traumatischen Situationen frei wird, droht immer zu einer Auflösung des sich erst bildenden Identitätsgefühls

bzw. des Gefühls der Ich-Selbst-Gewißheit zu führen. Diese Angst wird unter besonderen Bedingungen (siehe 2.) libidinisiert (sexualisiert). Angst wird in Angstlust verwandelt. Es handelt sich insbesondere um Angst vor Vernichtung und Angst vor Verlassenwerden, die als Vorläufer der ödipalen Kastrationsangst im engeren Sinn angesehen werden können. Die Sexualisierung folgt zunächst psychophysischen Abfuhrwegen, die bei Mädchen und Jungen gleich sind. Freud hat schon in den »Drei Abhandlungen« festgestellt, »daß alle intensiveren Affektvorgänge, selbst die schreckhaften Erregungen, auf die Sexualität übergreifen« (Freud, 1905: 104). Sodann kommen aber auch anatomische Gegebenheiten und Identifizierungsschicksale in Betracht, die bei Mädchen und Jungen unterschiedlich sind und für die höhere Bereitschaft von männlichen Kindern verantwortlich sein dürften, Sexualisierung als Abwehr- und Anpassungsmechanismus einzusetzen. Diese Unterschiede sollen erst in der folgenden Fallgeschichte erörtert werden.

Das Ausmaß traumatischer Angst in der frühen Kindheit von Frau L. kann nicht direkt – über regressive Übertragungsphänomene – rekonstruiert werden, da der psychoanalytische Prozeß aus den dargelegten Gründen nicht die entsprechende Tiefendimension erreichte. Das Ausmaß traumatischer Angst kann hier nur indirekt rekonstruiert werden: erstens über die angedeuteten Deckerinnerungen von realen Verlassenheitssituationen, zweitens über Frau L.s Verhalten in plötzlich einbrechenden Situationen von Verlassenheit (Suizid), drittens über verbale Äußerungen der Mutter, an die Frau L. sich erinnerte (hierher gehört die Äußerung der Mutter gegenüber ihren damals noch kleinen Kindern, sie habe gar keine Kinder haben wollen), und viertens über ihre durchgängig kontraphobische und philobatische Charakterabwehr (Berufswahl; ihr Umgang mit dem »offenen« therapeutischen Stundenangebot).

2. Zu den besonderen Bedingungen, die eine Libidinisierung der Angst bahnen, gehört eine besondere Präokkupation des Kindes mit der Urszene. Die von M. Khan angeführten »dissoziierten Primärobjekt-Introjekte«, aus denen das innere Objekt »montiert« wird, sind solche Urszenen-Fragmente. Der Begriff der Urszene bezeichnet das früheste introjizierte Bild des Kindes vom Geschlechtsverkehr der Eltern. Die Urszene steht um so bedrängender, »sexueller«, im »inneren Raum« des Kindes, je weniger die Eltern (oder die sie vertretenden Sozialisationsinstanzen) einen triebneutralen »elterlichen Raum« zur Verfügung stellen können. Darauf habe ich auf S. 94 verwiesen.

Wenn das Kind die Eltern, Mann und Frau, primär oder sogar ausschließlich als sexuelle Kontrahenten erlebt, bleibt ihm in einer traumatischen Angstsituation gar nichts anderes übrig, als zu einer sexualisierten Elternimago Zuflucht zu suchen. Hier liegen die Wurzeln der Sexualisierung des Übergangsobjektes und seiner Verdinglichung zum Fetisch.

Ich kann jetzt auch meine Ausführungen über die »Familiarisierung des Männchens« (S. 30 und S. 41) auf diesen Punkt hin zuspitzen: Die Familie ist in ihrer Funktion als Ort der Reproduktion zugleich der genuine Ort der Reproduktionsruhe. Die Triebreifung des Kindes hat die »Triebruhe« der Eltern ebenso zur Voraussetzung wie ihre Triebaktivität. Wenn die Familiarisierung des Mannes, seine »Verväterlichung«, nicht gelingt, ist die Triebreifung des Kindes in Gefahr. Es gibt dann keinen Raum für das Spielen des Kindes, also für die Auflösung der Erregung im Spiel, sondern nur Erregung oder den gewaltsamen (unter Umständen depressiven) Rückzug aus der Erregung.

3. Das Verhängnis der frühen Sexualisierung liegt in der Lust, die sie schafft und die nach Wiederholung verlangt. Es wird alsbald eine autoerotische Bahnung geschaffen, die triebsublimierende Aktivitäten zwar keineswegs ausschließt, aber neben ihnen, und von ihnen nicht tangiert, abgespalten bestehenbleibt. Die ursprünglich als angstlindernde bzw. Haß bindende Onaniephantasie geschaffene »Szene« erstarrt rasch zur Perversion, die alle weiteren Entwicklungskrisen und Entwicklungsschübe unverändert übersteht. Die ursprüngliche traumatische Angstsituation wird durch den Sexualisierungsmechanismus nur überdeckt, bleibt aber dynamisch immer erhalten. Damit ist auch die Wurzel der suchtartigen Wiederholung benannt.

In dieser schematischen Darstellung habe ich *Angst* stellvertretend als Oberbegriff für alle anderen Affekte benannt, die bei Trennung, Versagung und Verlust frei werden. In der Tat sind auf einer frühen Stufe der Gefühlsentwicklung Haß, Wut und Angst noch gar nicht voneinander zu unterscheiden, und sie können, wie wir aus tiefen Regressionen in der Übertragung wissen, auch im erwachsenen Leben jederzeit in ein Ersetzungsverhältnis zueinander treten. Es geht hier also auch um den Haß und die Wut, die bei der Beendigung der Identifizierung des Jungen mit der Mutter frei werden – wie ich es in Kapitel 1, S. 43, dargestellt habe.

4. Die Plombe (bzw. das »collated internal object« bzw. der »security prop«) ist mehrfach determiniert; sie muß in der perversen Szene

periodisch externalisiert werden. In der *Genese* der Plombe kann ein narzißtischer von einem triebhaften Faktor unterschieden werden. Der narzißtische Faktor (im Verständnis der Perversion) zielt auf die Regulierung der Selbstbesetzung und auf die Wahrung des Sicherheitsprinzips; der triebhafte Faktor (im Verständnis der Perversion) zielt auf die Umwandlung von unliebsamen Affekten (Angst, Haß) in lustvolle, auf die Darstellung intrapsychischer Konflikte bzw. auf das, wozu internalisierte Objekte bewegt werden sollen. Sodann kann man einen Ich-Anpassungs-Faktor unterscheiden; die Perversion kann, wie jedes Symptom, »als eine kreative Leistung des Ichs aufgefaßt werden« (Morgenthaler, 1974: 1079). Im psychoanalytischen Prozeß erscheint dieser Faktor je nach Behandlungskonzept und Menschenbild des Analytikers entweder als Widerstand (z. B. Socarides, 1968) oder als schützenswertes Gut (Morgenthaler, 1974). Ich kann darauf hier nicht weiter eingehen.

Die Anfertigung einer »eigenen Schublade«, der Zündholzschachtel, löste mehrere Probleme gleichzeitig. Frau L. konnte als kleines – und noch als größeres – Mädchen die Zündholzschachtel mit sich herumtragen, ohne daß man dieser von außen, wie den Fetischen des Vaters, den Fetischcharakter angesehen hätte. Und die Zündholzschachtel barg, anders als ein eigentliches Übergangsobjekt, in seinem Innern ein distinktes, jederzeit abrufbares Geheimnis. Dies Geheimnis hatte aber wiederum nicht einen so hohen Verinnerlichungsgrad wie eine ausformulierte Onaniephantasie, die man ganz im Innern mit sich herumtragen kann. Frau L. mußte sie wie einen Talisman wirklich mit sich herumtragen. Das hatte die Zündholzschachtel wiederum mit dem Übergangsobjekt gemeinsam. Mit der Zündholzschachtel schützte sie ihre ihr selbst verborgene Liebesbeziehung zum sexuell erregten Vater und den realen Vater zugleich vor seiner Entzauberung. Der Preis dafür war die Entfremdung in der Beziehung zum Vater. »Das Geheimnis steht in einer engen Beziehung zum Fetisch«, sagt Ph. Greenacre (1960: 195) und deutet damit an, daß das Entwickeln und Hüten von Geheimnissen einen gemeinsamen Nenner mit der Perversion hat: die illusionäre Interpretation der Wirklichkeit.

5. Das Festhalten an einer illusionären Interpretation der Wirklichkeit ist für alle Perversionen zentral und schon von Freud in seiner Arbeit über den Fetischismus herausgearbeitet worden. Freud schreibt dort, daß beim Fetischismus »die wunschgerechte wie die realitätsgerechte Einstellung... nebeneinander« bestehen, und be-

zeichnet diesen Vorgang als Spaltung (Freud, 1927: 316). Aufgespalten wird die Wahrnehmung der Penislosigkeit der Frau, weil diese Wahrnehmung Kastrationsangst hervorruft. Der Fetisch ist für Freud das Paradigma der Spaltung überhaupt, der Gleichzeitigkeit von Anerkennung und Verleugnung der Realität. Der Perverse leugnet ja bewußt nicht, daß die Frau keinen Penis hat – und macht sich dann einen Phallus für sie, den Fetisch. Was Freud hier ausschließlich auf der Stufe ödipal entfalteter Kastrationsangst beim männlichen Kind analysiert, behält seine Gleichgültigkeit auch dann, wenn wir den »Penis« als Bezugspunkt aufgeben und dafür die phallisch-narzißtische Integrität (vgl. den Begriff des phallischen Bildes bei Grunberger) zum Bezugspunkt wählen.

Es ist immer wieder faszinierend zu beobachten, wie bei Patienten mit manifester perverser Problematik auch in ihren nichtsexuellen Objektbeziehungen und in den sublimierten bzw. triebfreien Bereichen (politische Ambitionen, berufliche Karrieren usw.) eine realitätsgerechte und eine wunschgerechte Einstellung nicht nur nebeneinander bestehen, sondern so geschickt oder gar geglückt aufeinander abgestimmt sind, daß hieraus außerordentliche Fähigkeiten im beruflichen, politischen und künstlerischen Bereich resultieren. M. Dannecker und ich haben diesen Komplex an der kollektiven Berufsbiographie homosexueller Männer soziologisch herausgearbeitet (Dannecker und Reiche, 1974, 5. und 6. Teil). Zum Verhältnis von Perversion und künstlerischer Kreativität gibt es nicht ohne Grund eine umfangreiche psychoanalytische Literatur (Eissler, 1963, Anhänge A, T, U; Greenacre, 1971, Teil II; Chasseguet-Smirgel, 1975, Kap. 1 und 5 und 1984; McDougall, 1978, Kap. 5). Ich möchte hier besonders betonen, daß die erwähnte *Abstimmung* der realitätsgerechten mit der wunschgerechten (von der perversen Illusion geprägten) Einstellung zu einer Überlebensfrage für den Perversen wird. Das verleiht den Ambitionen im sublimierten Bereich die Schubkraft und die außerordentliche Dichte, deren Resultat wir so oft als geniale Leistungen auf den Gebieten der beruflichen Arbeit, der Politik, der Kunst und des Sports bewundern.

Bei Frau L. sehen wir diese Schubkraft in der Geradlinigkeit ihres Berufsweges am Werk. Stewardeß zu sein, war Erfüllung für sie. Sie hatte die zugleich realitäts- und wunschgerechte Vorstellung von sich in ihrem Beruf, daß sie dazu da wäre, durch ein Ensemble von Präsenz, Haltung und Tun dem Fluggast einen »angenehmen Flug« zu bereiten. Sie nahm diesen Wunsch wirklich ernst. Diese Haltung ließe sich als sozial veredelte Mischung aus phallischem Exhibitionismus und oral-gewährender Mütterlichkeit zusammenfassen. Der Fluggast sollte durch ihre Gestalt gerade so weit angeregt werden, daß er nicht erregt, sondern auf angenehme Weise sich getragen und versorgt fühlen könnte. Die »richtige« Abstimmung wird am besten symbolisiert im Bild der Gangway, auf der die konkurrierenden Funktionen des sexualisierenden Laufstegs und der oralen Versorgungsbahn harmonisch aufeinander bezogen sind. Frau L. brachte in diesem Bereich die sonst auseinanderklaffende Spaltung der Sexualität in einen reinen und einen schmutzigen Teil zu einem Ausgleich.

In ihrer Berufsarbeit war die in der Zündholzschachtel verborgene sadomasochistische Phantasie in eine sozial wertvolle Diener-Herr-, Stewardeß-Fluggast-Beziehung umgewandelt. Darin wurden auch die inzestuösen Phantasien gegenüber dem Vater in Form einer unbewußten Rettungsphantasie untergebracht: den oral und sexuell abhängigen Vater auf eine nichtdestruktive, vielmehr beruhigende Weise zu versorgen und ihn dadurch am Leben zu erhalten. Der Preis, der dafür zu entrichten war, daß auch die Berufswahl wie die gesamte Charakterbildung auf einer Spaltung aufbaute, war an der Rigidität abzulesen, mit der sie durch die ganze Behandlung hindurch »charmant« war und blieb. Alles Schmutzige sollte draußen bleiben; ihre Aggression wurde nur kurz sichtbar, wenn sie etwa den Bau der Startbahn 18 West – ein damals im Rhein-Main-Gebiet heftig umkämpftes Projekt – mit Inbrunst gegen die »Chaoten« verteidigte. Wenn man ihr zuhörte, konnte man den Eindruck gewinnen, die Welt solle am Fliegen genesen.

Frau L. war sozusagen unerbittlich romantisch; sie sagte einfach nur »Salzburg!« oder »Wien!«, im Idiom ihrer Heimat, und fühlte sich angegriffen, wenn ich es nicht ebenso wie sie für die natürlichste Sache von der Welt hielt, daß sie heute nachmittag hinflöge und darum erst morgen für eine Stunde disponibel wäre. Aus diesen Gründen sollte man auch eher von einer Gegenbesetzung als von einer echten Sublimierung in der Berufswahl sprechen. Frau L. erteilte mir die Lehre, daß Naivität, Charme und »Romantik« wirklich harte Bastionen der Charakterabwehr sind und ebenso auf Spaltungen aufbauen wie Zwangssymptome. Auf die strukturelle Beziehung von Perversion und Zwangssymptom werde ich sogleich eingehen.

6. Perversionen sind aufgebaut wie russische Puppen. Die Zwischenräume zwischen den Puppen sind ausgefüllt von depressiven oder

psychotischen Leerräumen, und die jeweils äußere Schicht der Puppen wird von schönen lackierten Schalen zwanghafter Abwehr gebildet.

In seinem Aufsatz »Zur Genese der Perversionen«, der die moderne psychoanalytische Sicht der Perversion begründet, hat Hanns Sachs einen für alle Perversionen gültigen »Mechanismus der Perversion« – auch eine Montage-Metapher – postuliert. Dieser Mechanismus besteht in einem charakteristischen Zusammenspiel der *Verdrängung* polyvalenter perverser Triebäußerungen und der *Tolerierung* eines kleinen Restes, der dann als die manifeste Perversion imponiert (Sachs, 1923: 178f.). So gesehen, ist die manifeste Perversion immer nur die äußerste Puppe, die ihrerseits gut verborgen wird.

Bei Frau L. war das die sadomasochistisch ausgestaltete Onaniephantasie, die sie als Kind in der Zündholzschachtel mit sich herumtrug. Als die Zündholzschachtel im Zuge des sich entwickelnden Realitätssinnes in der Pubertät aufgegeben wurde, blieben Onaniephantasien und Onaniepraktik sozusagen ungeschützt im Raum. Hier sehen wir deutlich die stabilisierende Funktion des nunmehr entstehenden (oder ebenfalls »kreierten«) *Zwangssymptoms*, nicht vorhandene Pickel ausdrücken zu müssen. Deutlich tritt auch die Verbindungslinie Sucht-Zwang-Perversion hervor, auf die ebenfalls schon Sachs hingewiesen hatte (Sachs, 1923: 176). Unter dem Druck der masochistisch gefärbten Übertragungsliebe bricht in der geschilderten Stunde der sexuelle Befriedigungscharakter des Zwangssymptoms durch und damit bricht zugleich dessen Funktion, die Perversion abzukapseln, in sich zusammen.

Perversion und Übertragungsperversion

In der psychoanalytischen Arbeit hat man manchmal Gelegenheit zu beobachten, wie sich im Zuge der Entfaltung der Übertragung eine Perversion gleichsam passager ausbildet und wieder auflöst, und wie mit dieser Auflösung dann auch die sexuellen Phantasien und Handlungen, die sog. Sexualpraktiken, die bislang das Leben des Patienten beherrscht hatten, sich neu »verteilen«. Es kommt eine Bewegung in Gang, die dazu führt, daß das Individuum über mehr innere Freiheit verfügt – und das ist hier nichts anderes als eine größere Spannweite der sexuellen Selbst- und Objektbesetzungen. Die Plombe verliert etwas von ihrer »sexuellen Notfallfunktion« (Morgenthaler 1974: 1092). Daß sie sich sozusagen ganz ab- oder auflöst, der frühere

Homosexuelle oder Perverse also »aufhört«, sexuell so zu sein, wie er war, davon habe ich zwar gelesen, habe es aber noch nie erlebt und kann es mir eigentlich auch gar nicht vorstellen.

Meine eigene klinische Erfahrung führt mich dazu, Morgenthaler zuzustimmen, der den analytischen Prozeß bei den Perversionen so beschreibt, daß »unter dem Schutz der intakten Plombe, also unter Erhaltung der Perversion als solcher, die narzißtische Wunde heilt, die aus der frühen Kindheit stammt« (ebenda: 1094). Inwieweit dann die Plombenfunktion der Perversion so flexibel und überflüssig wird, daß sie schließlich vom Patienten selbst abgenommen werden kann, »wie ein Verband, der eine Verletzung schützte, die unter ihm geheilt ist« (ebenda: 1095), das ist eine Frage, die außerhalb des analytischen Zieles liegt und *de facto* erst nach der psychoanalytischen Behandlung, gewissermaßen vom Leben selbst, entschieden wird.

In der vorigen Falldarstellung habe ich den Begriff der *latenten Perversion* in Analogie zu Freuds Unterscheidung von manifester und latenter Homosexualität eingeführt. Jetzt möchte ich den Begriff der *Übertragungsperversion* aus einem von Freud eingeführten Begriff entwickeln, nämlich dem der Übertragungsneurose.

Der Begriff der Übertragungsneurose hat eine zweifache Bedeutung. Er hebt bei Freud einmal ab auf die Nosographie und bezeichnet als solcher die Psychoneurosen (Angsthysterie, Konversionshysterie, Zwangsneurose) im Unterschied zu den narzißtischen Neurosen, die, nach Freuds Erfahrung, eine analytische Übertragung kaum oder nur so schlecht ausbildeten, daß sie der psychoanalytischen Behandlung unzugänglich schienen. Der Begriff hebt aber bei Freud zum andern ab auf die Behandlungstechnik und den analytischen Prozeß im engeren Sinn und bezeichnet dann eine gleichsam künstliche Neurose, auf die hin die Übertragungsmanifestationen des Patienten sich organisieren. Im idealtypischen Verlauf soll sich die *klinische Neurose* – also das, was der Patient zum Beginn und zur Begründung der Behandlung darbietet – in die *Übertragungsneurose* umwandeln, deren Aufklärung dann zur Entdeckung der *infantilen Neurose* führt (vgl. Laplanche und Pontalis, 1967: 559 f.). Freud hat den Begriff der Übertragungsneurose 1914 in »Erinnern, Wiederholen und Durcharbeiten« eingeführt:

»Wenn der Patient nur so viel Entgegenkommen zeigt, daß er die Existenzbedingungen der Behandlung respektiert, gelingt es uns regelmäßig, allen Symptomen der Krankheit eine neue Übertragungsbedeutung zu geben, seine gemeine Neurose durch eine Übertragungsneurose zu ersetzen, von der er durch die therapeutische Arbeit geheilt werden kann. Die Übertragung schafft so ein Zwischenreich zwischen der Krankheit und dem Leben, durch welches sich der Übergang von der ersteren zum letzteren vollzieht« (Freud, 1914: 134f.).

In diesem zweiten Sinn gebrauche ich den Begriff der Übertragungsperversion: Umwandlung einer klinischen Perversion (oder perversen Manifestation) in eine Übertragungsperversion im Verlauf des analytischen Prozesses und therapeutische Auflösung beider »Perversionen«. Umwandlung, Auflösung – große Worte; ich beeile mich hinzuzufügen, daß ich von einem idealtypischen Modell spreche. In der Realität der psychoanalytischen Arbeit können wir uns glücklich schätzen, wenn es uns gelingt, diesen oder jenen Ausschnitt, überhaupt irgendeine Bedeutungsschicht der geronnenen perversen Szene verstehbar »in die Übertragung« zu bekommen und nicht irgendwann zu scheitern zwischen der Scylla der Überschwemmung der Analyse durch die perverse Inszenierung, der wortwörtlichen Pervertierung der Analyse einerseits und der Charybdis des verständnislosen Mitverfolgens dessen, was der Patient »draußen« inszeniert.

Bei Patienten mit festgefügter, seit der Pubertät oder gar der Kindheit monosymptomatisch geronnener Perversion wird dieser Umwandlungsprozeß schwierig zu beobachten sein und oft – wie bei den meisten Transsexuellen – gar nicht in Gang kommen. Ich habe einmal mehr als 800 Stunden lang einen jungen Mann mit einer schweren masochistischen Perversion behandelt und die Analyse so abschließen können, daß der Patient, mit den Worten Freuds, den Übergang von der Krankheit zum Leben vollziehen konnte. Er hatte sein Verlangen, ausgepeitscht zu werden und dabei zum sexuellen Höhepunkt zu kommen, im Alter zwischen acht und zehn Jahren ausgebildet. Sobald er in das Alter kam, in dem ein Junge anfängt, mit Mädchen zu gehen, setzte er alles daran, ein Mädchen (und später eine Frau) zu finden, die diesem Verlangen nachkommen würde. Das gelang ihm nie, führte ihn statt dessen an den Rand des sozialen und beruflichen Abseits. Als er zur Analyse kam, war sein gesamtes Leben derart von der Verfolgung und dem Austarieren seiner sexuellen Perversion absorbiert, daß er glaubte, aufgeben zu müssen. Seine Lebensenergien wurden zunehmend von der Inszenierung der Perversion verzehrt.

Im Verlauf der Analyse haben er und ich ganz gut verstanden, wann und wie er »seine« perverse Szene oder Plombe geschaffen hatte und wie der Mechanismus der perversen Externalisierung ablief. Dadurch verlor die Perversion viel von ihrem zwanghaften, lähmenden, zerstörerischen Automatismus. Wieder und wieder führte ihn der Lauf des gut in Gang gekommenen analytischen Prozesses dazu, sein Verlangen in oft beängstigender Dichte in der Übertragung anzukündigen. Sein Verlangen war, sexuell gedemütigt und auf den Hintern geschlagen zu werden, dadurch und ohne jede genitale Berührung zum Orgasmus zu gelangen und derart über seine selbstgewählten und von ihm kontrollierten Verfolgerinnen zu triumphieren. Letztlich aber blieb die Szene doch »draußen« – und wir konnten nicht wirklich verstehen, warum er all dies immer und immer wieder tat.

Am ehesten wird der Prozeß der Dynamisierung der Perversion in der Übertragung bei Patienten zu verfolgen sein, die in ihrer Struktur das ödipale Niveau der psychosexuellen Entwicklung erreicht haben, nicht allzusehr vom neurotischen Abwehrkampf absorbiert, also einigermaßen flexibel in ihrer Persönlichkeit sind, aber doch gleichzeitig unter einem starken perversen Externalisierungsdruck innerer Bilder stehen. Herr B., aus dessen Analyse ich jetzt berichten will, zählte im Aufbau seiner psychischen Persönlichkeit zu dieser diagnostischen Gruppe, die Otto Kernberg (1985: 181) als »organisierte Perversion auf dem Niveau der neurotischen Persönlichkeitsorganisation« bezeichnet.

Herr B. war mir von einem Kollegen mit den Worten überwiesen worden, der Patient glaube, »so zu sein wie Jürgen Bartsch«. Aber er, der Kollege, glaube, es verberge sich etwas anderes dahinter. Auch mir gegenüber stellte Herr B. sofort seine Mord- und Selbstmordimpulse in den Vordergrund. Zum Beispiel sei er heute mit dem Kleinwagen seiner Frau hierhergekommen; eigentlich fahre er einen Sportwagen der Marke X, aber er habe solche Angst vor seinem Impuls, auf der Autobahn plötzlich das Steuer nach links zu reißen und gegen eine Leitplanke zu rasen. Er spielte mit dem Gedanken, den Wagen überhaupt »einzumotten«. Mich irritierte etwas, wie dieser mit ausgesuchter geschäftsmännischer Eleganz gekleidete Mann so »locker« Kontakt aufnahm, alles tat, um mir »ein angenehmes Gespräch« zu bereiten und dabei die Psychoanalyse derart als das Nonplusultra vor mir aufbaute, als gälte es, mir eine zu verkaufen.

Er war selbständiger Versicherungsmakler. Lange Zeit hatte er große Angst, daß ich »als Linker« ihn deswegen verachten, ja sogar eines Tages »rauswerfen« würde. Erst als durchgearbeitet werden konnte, daß er die Phantasie hatte, die Psychoanalyse, also mich, dazu zu benutzen, erstens an das »schnelle Geld« und zweitens an das »große Geld« heranzukommen und daß er durch mich eine Art Bernie-Kornfeld-Psychoanalytiker werden wollte, ließ diese Angst nach. Der »Deal« – wie er es später oft nannte – sollte sein: Ich bin als Analytiker scharf auf sein Geld, seinen Sportwagen und sein Inneres, das darf ich aber nicht zugeben; er ist scharf auf mein Geheimwissen der Kommunikationsführung und der Menschenbeherrschung, das darf er aber nicht zugeben. Damit ich von dem »Deal« nichts merke, muß *er mir* die Psychoanalyse verkaufen.

Nach diesem Muster der projektiven Identifizierung und des oralgierigen Aussaugens waren seine Objektbeziehungen aufgebaut. Er hatte keine Freunde, nur wechselnde Kumpel und wechselnde Liebschaften. Er hatte gerade heiraten »müssen«, weil seine Frau schwanger geworden war. Er kannte sie noch gar nicht lange und fühlte sich von ihr und ihren Eltern »gelinkt«. Nun hatte er schreckliche Angst davor, das noch gar nicht geborene Kind umbringen zu müssen. Die Angst vor seiner Frau, seinen Haß und Neid auf sie und ihre Eltern – die gegen ihn »zusammenstehen wie eine Mauer« – schilderte er so lebhaft und so einfach, die empfundene Ausweglosigkeit seiner Situation so drastisch, daß mir seine Mordimpulse plötzlich nicht mehr nur dramatisiert erschienen.

Einige Monate später – die Analyse hatte gerade begonnen – stellte sich heraus, daß seine Geschäfte gar nicht gut gingen und daß er befürchtete, wieder einmal vor dem finanziellen Ruin zu stehen. Er war beherrscht von einer Angst vor dem umfassenden persönlichen Zusammenbruch.

Beruflich entpuppte er sich als Hochstapler, wie er im Buche steht – so wie ihn Phyllis Greenacre in ihren Arbeiten über das Verhältnis des Hochstaplers zur Perversion beschrieben hat (Phyllis Greenacre, 1958b, 1958c). Aber er hatte auch die Anlage zum zähen, durch nichts von seinem Ziel abzubringenden Arbeiter. Er machte auf mich überhaupt nicht den kalten oder aalglatten Eindruck, den Männer oder Frauen aus seiner Branche oft in mir hinterlassen; die »gewinnende«, pfiffige und jungenhafte Seite seines Auftretens konnte nicht nur Mache sein. Was daran echt war, stand in einer engen Verbindung zu seinem tief verwurzelten Schuldgefühl. Das aber war so aufgebläht, daß er es nur in einer aggressiven Externalisierung, gleichsam in einer Übersprungshandlung als potentieller Mörder zeigen konnte.

Nur als Sexualmörder hatte er Anspruch auf Einfühlung und Verständnis; auch hierin war er Hochstapler.

Den Ausschlag, eine Psychoanalyse machen zu wollen, hatte das Buch einer Psychoanalytikerin gegeben, das damals in den unterschiedlichsten Kreisen wie eine Offenbarung empfunden und als Kultbuch rezipiert wurde. »Dort ist mein Fall beschrieben!« sagte er im Erstinterview zu mir. Tatsächlich hatte er, wie er später zugeben konnte, kaum in das Buch hineingeschaut, aber durch die Gespräche mit den Frauen und Freundinnen seiner Geschäftspartner hatte er begriffen, daß da Dinge gesagt werden, die genau ins Schwarze treffen. Das war genau die richtige Analytikerin für ihn. Getreu seiner Devise, daß man »immer ganz oben einsteigen muß«, wählte er die Nummer des Verlags, in dem das Buch erschienen war, und verlangte die Telefonnummer der Autorin. Als sie ihm mit der Begründung verweigert wurde, der Verlag müsse die Privatsphäre seiner Autoren schützen, er könne aber die Adresse haben, lehnte er dankend ab, nicht ohne der Telefonistin noch zu verstehen zu geben, es gäbe auch Telefonbücher. Dann rief er diese Psychoanalytikerin an, und sie unterhielten sich eine Stunde lang – »das beste Gespräch meines Lebens«. Von ihr wurde ihm schließlich der oben genannte Kollege empfohlen.

Als ich Herrn B. im Erstinterview sagte: »Sie sind also ein Selfmademan«, machte er prompt mit der linken Hand die Geste der Onanie und sagte: »Ja, ich habe es mir das ganze Leben selbst gemacht.« Dabei verschluckte er das »es«. So brachte er sinnfällig die gestaltbildende Klammer zwischen seiner sexuellen Obsession, deren psychogenetischer Fixierung in der Leugnung der Abstammung von Vater und Mutter und der Determination seiner beruflichen Karriere zum Ausdruck. Zugleich kündigte sich in dieser aggressiven Geste die Gewalt der Sexualisierung in der Übertragung an, von der diese psychoanalytische Behandlung bestimmt sein würde.

Viel später erfuhr ich, daß Herr B. es noch in einem ganz physiologischen Sinn »sich selbst gemacht« hatte. Er hatte als Junge offenbar eine Phimose gehabt, die nicht erkannt worden war, weil seine Mutter und sein Vater niemals seinen Penis inspiziert hatten. Im Alter zwischen neun und zehn Jahren hatte er in seinem unstillbaren Verlangen nach sexueller Erregung seinen Penis so lange zwischen den Handflächen gerieben, bis er blutete und die Eichel freilag. »Endlich hatte ich ihn frei; da ging die Wichserei erst richtig los!«

Die Mordimpulse zu dramatisieren, hatte in erster Linie den Sinn, die Scham zu überdecken, die es ihm bereitete, über diejenigen seiner sexuellen Abhängigkeiten und Eigentümlichkeiten zu sprechen, die er als verachtenswert und nicht zu sich gehörig empfand. Die Mordimpulse hatten aber auch noch eine andere Funktion. Herr B. hatte sich nämlich seit der Vorpubertät daran gewöhnt, alle Kränkungen und Beschämungen, die ihm im Umgang mit anderen Menschen widerfuhren, sofort »wegzuwichsen«. Dabei brachte er dann in seiner Phantasie seine Rivalen und Peiniger um oder ließ sie umbringen oder verwickelte sie in Autounfälle und Terroranschläge. Es ist erstaunlich, wo überall und wie oft dieser Junge onaniert haben muß. Dennoch mußte sich die Onaniephantasie schon darum von der Onanie selbst ablösen, weil er nicht immer und sofort onanieren konnte, aber immer und sofort phantasieren konnte, wenn er in eine irgend geartete Situation der Unterlegenheit geriet.

In der Analyse präsentierte Herr B. zunächst nur die Zuckerseite seiner sexuellen Obsession, die inzwischen nicht mehr in der Onanie, sondern darin bestand, »Sex« mit einer Frau zu haben, wann und wo sich nur eine Gelegenheit dazu ergab. Er führte sich als Liebling der Frauen bei mir ein.

Demnach waren zunächst drei Abwehrschichten zu unterscheiden: die Mordimpulse, die sich inzwischen weitgehend von der Onanie emanzipiert hatten; die Sex-macht-Spaß-und-ist-ganz-toll-Haltung; die beschämende sexuelle Abhängigkeit von perversen Szenen und Bildern, die ihrerseits für traumatische Szenen und Themen stehen mußten und deren Bedeutung sich in der Analyse zu enthüllen hatte. Die Mordimpulse waren jedenfalls nur eine Maske der Scham, ganz so, wie Leon Wurmser (1981) die Depression und andere Affektzustände als Masken der Scham beschrieben hat. Damit bin ich schon ganz in der Behandlung von Herrn B., die bei einer Frequenz von vier Wochenstunden etwa 900 Stunden dauerte.

Herr B. war in beengten und ärmlichen Verhältnissen groß geworden. Dies Beengte und Ärmliche bezog seine Qualität der Demütigung und Erniedrigung nicht so sehr von der tatsächlichen räumlichen und finanziellen Eingeschränktheit der Familie, sondern von den Maßstäben der Mutter, die etwas Besseres zu sein und etwas Besseres verdient zu haben vorgab. Besonders in den ersten zwei Jahren der Behandlung zeichnete Herr B. von seiner Mutter das eindringliche Bild einer geilen alten Vettel, die mit nichts anderem beschäftigt war, als zu Hause in den zwei Dachkammern zu thronen und ihren chronischen sexuellen Erregungszustand in moralische Urteile und

Verhaltensanweisungen umzuwandeln, die sie an ihren Sohn und die Welt ergehen ließ. Oft fühlte ich mich ins Kino, in einen Film wie »Psycho« versetzt, wenn er ihre Stimme nachahmte und sie schrill nach ihm rufen ließ. »Ihre Einteiler« hingen zum Trocknen über dem Spülstein in der Küche, in den der Vater zu urinieren pflegte, weil er »zu faul« war, eine halbe Treppe tiefer zu gehen, wo sich die mit einer anderen Partei gemeinschaftlich benutzte Toilette im Kniestock befand.

Im Schlafzimmer, in dem er bis zum 18. Lebensjahr, schon in der Lehre zum Industriekaufmann, gemeinsam mit den Eltern schlief, stand der von Eltern und Patient gemeinsam benutzte Nachttopf. Nachmittags mußte er oft stundenlang am Bett der Mutter sitzen, wenn es dieser »schlecht ging«, und sie hustete und stöhnte. Dabei pflegte sie seine kleinen Hände so fest zu pressen, daß er Angst bekam, sie würde sterben, und fortlaufen wollte. Aber die Mutter hatte ihn »fest im Griff, in ihren eisernen Krallen«.

Sein Vater saß dann im abgeschabten Sessel in der Küche, las »dicke Schwarten« aus der Leihbücherei und rauchte. Er war bei seiner Geburt schon über 50 Jahre alt gewesen – die Mutter 36 – und hatte sich früh berenten lassen. Nachts wachte der kleine Junge auf vom Stöhnen der Eltern im Geschlechtsverkehr, von den asthmatoiden Hustenanfällen der Mutter oder davon, daß der Vater sich in die Küche schlich. Morgens früh ging der Junge dann »gelb und kotterig« zur Schule und erbrach auf dem Schulweg regelmäßig das Frühstück, das ihm nie schmeckte und das seine Mutter ihm »mit ihren fischigen Fingern in den Mund stopfte«.

Herr B. entwarf vor mir das Bild einer Kindheit, in der es für ein Kind nur eine Lust – aber keine Freude – zu geben schien, und diese Lust war genau die verkehrte: sexuelle Erregung. Er war auf eine zugleich schrecklich demütigende und sexuell erregende Weise an diese monotone Familienszene fixiert: »Die Alten fickten, und ich lag in meinem kleinen Bett und hielt den Atem an und wichste und wichste.« Vom Beginn der Analyse an bereitete der Patient dieses Szenario in den grellsten Farben vor mir aus. Ich sollte Partei für ihn und gegen die Mutter ergreifen. Ich sollte zugeben, daß »die alte geile Sau« ihn sexuell mißbraucht und daß »der alte Schlappschwanz« nichts dagegen getan hatte.

Lange Zeit konnte er es sich nicht anders vorstellen, als daß seine Mutter ihn wirklich irgendwann in seiner Kindheit sexuell mißbraucht hatte und daß sich dieser Mißbrauch irgendwann in der Analyse herausstellen und dingfest machen lassen würde. Wir brauchten ziemlich lange, bis der Patient meinen Formulierungsvorschlag akzeptieren konnte, daß auf jeden Fall ein *sexualisierendes Klima* geherrscht habe und daß wir uns vielleicht damit begnügen müßten, zu klären, welche Rollen die Mutter, der Vater und er selbst in der Erzeugung und Aufrechterhaltung dieses Klimas gespielt hätten. Tatsächlich hat sich später herausgestellt, daß Herr B. seinen *ersten Geschlechtsverkehr* im Bett der Mutter hatte, und zwar in Anwesenheit der Mutter im Bett, in folgender Anordnung: der Vater auf der Schlafcouch in der Küche; er in der Betthälfte des Vaters im Schlafzimmer; neben ihm seine Koituspartnerin, eine auf Besuch weilende Tochter einer Bekannten der Mutter; daneben die Mutter. »Das war irre geil«.

Herr B. war damals 19 oder 20 Jahre alt, die junge Frau etwas älter, und er verdankte es nur dem energischen Einspruch der Mutter, daß er sich mit dieser Frau nicht bald darauf verlobte. Die Mutter sagte damals zu der Frau: »Du darfst ihn uns nicht wegnehmen. Wir haben doch noch gar nichts von ihm gehabt!«

Herr B. verstand es, mich mit seinen sexuellen Erlebnissen und Phantasien, seien es aktuelle oder solche aus der Vergangenheit, so zu überrumpeln, daß meine Denkfähigkeit vorübergehend immer wieder außer Kraft gesetzt wurde. In der Analyse drohte ein »sexuelles Klima« zu entstehen, ein Klima, in dem es mir nicht mehr möglich war, mich in freischwebenden Identifizierungen und gedanklichen Objektivierungen hin und her zu bewegen.

Kernberg hat in seinen Anmerkungen zu den technischen Problemen in der Psychoanalyse der Perversion darauf hingewiesen, wie wichtig es ist, »sich im Hin und Her der Gegenübertragung gleichermaßen mit der sexuellen Erregung des Patienten und der der Objekte des Patienten zu identifizieren« (Kernberg, 1985: 186). Allmählich konnte ich diesen Angriff auf meine Gedanken mit dem sexualisierten häuslichen Klima in Verbindung bringen. Aus dem sehr langwierigen Prozeß des Deutens und Durcharbeitens der Sexualisierung in der Übertragung möchte ich besonders die Bedeutungsschicht der *Bestechung* hervorheben. In der Bestechung, einer exquisiten Beschäftigung des Hochstaplers, gehen Bruch der guten Sitten, finanzieller Betrug und sexuelle Überrumpelung eine unheilige Allianz ein. Dabei nimmt die Sexualisierung die Bedeutung des Schweigegeldes an.

In der Zeit, da die *Herausbildung der Übertragungsversion*, die ich jetzt nachzeichnen werde, greifbar wurde, etwa nach einem Jahr Analyse, hatten die Geschäfte des Patienten begonnen, besser zu gehen.

Herr B. hatte einen großen Auftrag »an Land gezogen«, der seine Anwesenheit in einer entfernten Stadt erforderte, und es so mit sich brachte, daß Herr B. während eines Jahres jede zweite Woche zwei der vier Analysestunden ausfallen lassen mußte. Integraler Bestandteil des Auftrages war eine nicht zu knapp bemessene »Provision«, also eine Bestechung eines Abteilungsleiters des Unternehmens, für das Herr B. tätig werden sollte.

Es war für ihn »natürlich ganz klar«, daß er die ausfallenden Stunden bezahlen würde. Ich mußte mit ihm herausarbeiten, daß diese Bereitwilligkeit mir gegenüber das Moment der Bestechung (der Mutter durch ihn und des Patienten durch die Mutter) und des Angriffs auf die (väterliche) Disziplin des analytischen Vertrags verbergen sollte. Ich würde ja demnach über ein ganzes Jahr hinweg für Stunden bezahlt werden, von denen ich lange im voraus wüßte, daß ich frei über sie verfügen könnte – keine schlechte Provision. Meine Deutung führte zu anhaltenden wütenden Reaktionen: Wenn er den Auftrag nicht annähme, sei bei ihm finanziell »tote Hose« und dadurch erst recht die Analyse in Gefahr; so etwas könne ich mit einem Sozialarbeiter oder einem anderen meiner üblichen Analysepatienten machen, aber nicht mit ihm.

In dieser Zeit fing Herr B. an, regelmäßig vor oder nach der Behandlungsstunde, manchmal auch davor und danach, »in die Peep-Show« zu gehen. Er war vorher niemals in seinem Leben in einer Peep-Show oder in einem Bordell gewesen, ja, er war stolz darauf, daß er nie bei einer Prostituierten gewesen war, weil er das »nicht nötig hatte«. Bis dahin wußte ich von seinem sexuellen Verhalten, seinen Vorlieben und Obsessionen ungefähr so viel:

Er hatte »schon immer« viel und heftig, oft unter den oben angedeuteten nicht-sexuellen Auslösern von Zurücksetzung und Erniedrigung onaniert. Seit der Vorpubertät hatte er oft beim Defäzieren in dem Moment, in dem die Kotstange spürbar gegen den Schließmuskel drückt, das unbändige Verlangen, »die Scheiße anzuhalten, zu wichsen bis es kommt, und dann auf einen Schlag zu scheißen, zu wichsen und am besten auch noch zu pissen«. Er »konnte immer, in jeder Lebenslage aus dem Stand« den Koitus vollziehen und war bei Frauen anscheinend nicht auf irgendwelche eng umschriebenen fetischistischen Auslöser angewiesen. Er betrog seine Ehefrau ebenso häufig, wie er dies mit allen seinen Freundinnen getan hatte. Analverkehr und aktiv-oral-genitaler Verkehr gehörten sozusagen dazu, waren aber nicht in einem klinischen Sinn obligatorisch für ihn. Er hatte sich bei mir überhaupt als ein Liebhaber eingeführt, der auch *die* Frau sexuell glücklich zu machen verstünde, die bis dahin nie zum Orgasmus gekommen war. Wie die Frauen sich ihm gegenüber sexuell verhielten, schien dagegen eher bedeutungslos zu sein.

In seiner Kindheit hatte er im Alter von sechs oder sieben Jahren damit begonnen, gleichaltrige, jüngere und später auch ältere Mädchen dazu zu bringen, ihre Unterhosen vor ihm auszuziehen und ihm ihre Geschlechtsteile und Hintern zu zeigen. Er forderte sie auf, vor ihm zu defäzieren und stocherte dann mit einem Holzstöckchen in der Vagina und im After der Mädchen herum. Mehrfach kamen die Eltern der Mädchen, um sich bei seinen Eltern zu beschweren; er wurde dann ins Schlafzimmer gesperrt, während seine Mutter mit den aufgebrachten Eltern herumrechtete. Ihm gegenüber äußerte sie sich nie zu den Vorfällen. Es kam auch nie zur Anzeige, aber er wurde bald in der Nachbarschaft und von den Schulkameraden gemieden.

In seiner Einsamkeit geriet er natürlich auf die Bahn einer sich immer weiter verstärkenden Sexualisierung. »Es kam die Zeit, da habe ich nur noch gewichst, vor der Schule, in der Schule und nach der Schule.« Erst als er einmal beim Stehlen von Schallplatten erwischt und von der Kripo nach Hause gebracht wurde, schritt der Vater ein – und verlor dabei sogleich so sehr die Beherrschung, daß »die Männer in den Ledermänteln« sich schützend vor den Jungen stellen mußten (der Vater, ebenfalls gelernter Industriekaufmann, war wegen einer kleinen Unterschlagung vorbestraft und entlassen worden und war danach bis zur Rente Lagerarbeiter gewesen). Im übrigen gab es zu Hause gar keinen Plattenspieler. Als er elf oder zwölf Jahre alt war, ergab es sich, daß ein Mädchen aus seiner Gegend einem Sexualmord zum Opfer fiel. Das löste unvorstellbare Angst und Schuldgefühle in ihm aus und erhellt einen Aspekt seiner Selbstvorstellung, so zu sein wie Jürgen Bartsch.

Ich konnte mir zu diesem Zeitpunkt noch kein Bild des tieferen Zusammenhangs der drei Abwehrschichten machen, die ich oben unterschieden habe. Und noch bei der Niederschrift dieses Falles muß ich mich von der sich immer wieder wie automatisch einstellenden Tendenz frei machen, der Abwehr des Patienten zu folgen und ihn entweder als »Sex-Maniac« zu zeichnen, der Sex-ist-das-Tollste als Lebensdevise ausgab, oder umgekehrt als den potentiellen Sexualtäter, als der er sich in aggressiven Selbstbezichtigungen buchstäblich vor mir wand.

Herr B. wollte sich wirklich losmachen von seinem Lebensgefühl,

»durch das Leben zu laufen wie mit einem Faden, der durch meinen Penis gezogen ist und an dem eine unsichtbare Hand zieht«. In der Analyse zeigte er mir immer wieder auf eine mich tief berührende Weise eine Seite von sich, von der er sagte, daß sie verschüttet wäre und daß er sie mit meiner Hilfe freilegen wollte: gesellschaftskritisch, politisch engagiert, künstlerisch interessiert, intellektuell ambitioniert und fähig, andere Menschen zu lieben – kurz: so zu sein, wie er dachte, daß ich wäre.

Tatsächlich war er in seiner Lehrzeit Betriebsjugendsprecher und aktiv in der Gewerkschaftsbewegung gewesen, hatte sich an den Ostermärschen beteiligt und ein Kabarett aufgezogen, für das er politische Texte verfaßte. Daß er dies alles aufgegeben hatte, führte er darauf zurück, daß er diese Seite nicht mit seiner sexuellen Gier und seiner Gier nach Geld in Einklang bringen konnte.

Gleich zu Beginn der Behandlung hatte er in einer für ihn typischen Flucht nach vorn versucht, sich von dieser Gier loszusagen, war plötzlich in Latzhosen und T-Shirt erschienen, meldete sich zu Volkshochschulkursen usw. an, alles in dem Wunsch, es diesem auf mich projizierten Ideal recht zu machen. Dadurch hatte sich nicht nur seine finanziell unsichere Situation zur Notlage verschärft; er war noch viel mehr in eine sexuelle Notlage geraten, aus der er sich nun in einem aggressiven *coup de force* zu befreien versuchte. Dabei spürte er nun, wieder wie von einem unsichtbaren Faden gezogen, den er aber diesmal in meiner Hand vermutete, das Verlangen, in die Peep-Show zu gehen.

Herr B. ging über ein Jahr lang fast täglich dorthin, dann »mußte« er es allmählich seltener tun, und nach weiteren anderthalb Jahren waren die dieses Geschehen determinierenden verinnerlichten, unbewußten Objektbeziehungen soweit gedeutet und durchgearbeitet, daß er sich von seiner ihn so sehr beschämenden und erregenden Gier als befreit betrachten konnte. Der äußere Verlauf des Übertragungsagierens läßt sich ohne Willkür in fünf zeitlichen Abschnitten darstellen:

1. In der ersten Zeit ging Herr B. hin, warf das Geldstück in den Guckkastenschlitz, schaute und onanierte. Ich bekam den Eindruck, daß das Erregende nicht so sehr das Schauen selber als vielmehr der vorbereitende Akt war, die Spannung, die dazu führte, daß er hingehen »mußte«, wie von dem genannten unsichtbaren Faden gezogen. Er hatte in dieser Zeit kaum noch Geschlechtsverkehr mit seiner Frau, wohl aber ab und zu Verkehr mit anderen Frauen, die er im Zuge seiner Berufsarbeit kennenlernte.

2. Er war jetzt in einem anhaltenden Zustand von Sexualisierung, von sexueller Gier, ohne über den haltenden Rahmen einer organisierten Perversion zu verfügen, ein demütigender, schrecklicher Zustand. Sein abgrundtiefer Frauenhaß trat unverhüllt zutage und verlangte regelrecht nach Organisierung in einer sexuellen Szene. Ich möchte stellvertretend eine von mehreren solcher Szenen schildern:

Er nahm mit den Augen durch den Guckkastenschlitz Kontakt mit einer Frau auf der Drehscheibe auf – »bis ich sie so weit hatte, daß sie für mich tanzte«. Es handelte sich um ein »unten rasiertes Mädchen«. Dann ließ er sie in eine Einzelkabine kommen. Solche Kabinen sind für »Sonderwünsche« von Kunden, mit Ausnahme des Koitus, eingerichtet, der den Prostituierten und dem Bordell vorbehalten bleibt. In dieser Kabine brachte er die offenbar überraschte Frau dazu, sich von ihm oral-genital berühren zu lassen, ein Akt, der in Peep-Shows streng tabuisiert ist. Die zugrunde liegende Absicht war, die Frau sexuell zu überrumpeln, sie in einen – ungewollten – Zustand sexueller Erregung und damit von Hilflosigkeit zu bringen. Er wollte also die Richtung der Sexualisierung umkehren. Dann gab er ihr zu verstehen, sie sei nicht sein Typ und ging fort, ohne sich vor ihr befriedigt zu haben oder von ihr befriedigt worden zu sein.

3. Er ging in die Peep-Show, warf aber kein Geld mehr in den Guckkastenschlitz, sondern onanierte voller Haß in die Papierkörbe, in denen die ejakulatgetränkten Kleenex-Tücher seiner Vorgänger lagen.

4. Er ging nur noch hin, um in die Papierkörbe zu urinieren.

5. Er ging nur noch »um die Peep-Show herum«, aber nicht mehr hinein.

In der Analyse von Herrn B. ist es wohl gelungen, »allen Symptomen der Krankheit eine neue Übertragungsbedeutung zu geben« (Freud). Die »Übertragungsperversion«, strukturell nichts anderes als eine Übertragungsneurose, kam dadurch zur Ausbildung, daß der Patient die ihm lebensgeschichtlich einzig zur Verfügung stehenden Modi der Gestaltung von Objektbeziehungen im analytischen Feld zwangsläufig zur Darstellung bringen mußte, daß ihm dann aber die gewohnten Abfuhrwege wegen der Besonderheit der analytischen Situation verschlossen waren. In dieser »Notlage« kam es zu der angedeuteten Sexualisierung in der Übertragung und dann zu der regelrechten Übertragungsperversion. Man könnte vielleicht auch sagen: Um eine Perversion der Übertragung zu verhindern, also um eine chronische Sexualisierung und damit Zerstörung der analytischen Situation zu verhindern, mußte vorübergehend das – für den Patienten und mich sehr lehrreiche – Notventil der Übertragungsperversion geschaffen werden.

Die Abfolge des Übertragungsagierens des Patienten zeigt vom dritten bis zum fünften Abschnitt eine zunehmende Desexualisierung und Sublimierung der perversen Inszenierung. Der Patient wurde zunehmend Herr seiner sexuellen Erregung. Es wurde für ihn zu einer Frage des Überlebens, aggressiven und sexuellen Erregungszuständen – die auf dem Kulminationspunkt der Übertragungsperversion gar nicht mehr voneinander zu unterscheiden waren – nicht mehr blindlings nachgeben zu müssen, sondern »an sich zu halten«, die Erregung in sich aufzubewahren, abklingen zu lassen und ihre energetische Umformung an sich selbst wahrzunehmen. Herrn B. erfüllte es mit großem Stolz, als er schließlich auf größere Zeitabschnitte sexueller Abstinenz zurückblicken konnte.

Motor der Sublimierung war einerseits die Scham, andererseits die Identifizierung mit Werthaltungen, die die Analyse für ihn verkörperte und die ihm einen Weg aus der Verleugnung der Scham wiesen. Diese Werthaltungen könnte man so zusammenfassen: ein Zurechtrücken von Zeit und Ort für sexuelle Erregung, das aber gleichzeitig frei ist von jedem Verächtlichmachen oder Verurteilen der Modalitäten *seiner* sexuellen Erregung. Ich möchte betonen, daß es verhängnisvolle Folgen hätte, wenn man technisch versuchen wollte, diesen Prozeß der Identifizierung in irgendeiner Weise aktiv zu fördern, indem man sich z. B. in noch so guter Absicht als Objekt der Identifikation »anbietet«. Solche »Angebote« werden – zu recht – als Verführung, als Vereinnahmung, als Überwältigung empfunden, gleichgültig, wie begierig sie auf der bewußten Ebene aufgegriffen werden. Sie führen mindestens zu einer Verwirrung der Übertragungsentwicklung. Sie müssen so empfunden werden, weil sich in ihnen stets ein Stück »zu viel« der verführerischen, vereinnahmenden, überwältigenden frühen Mutter-Kind-Beziehung wiederholt.

Mervin Glasser hat auf diesen Umstand hingewiesen und ihn mit der Unfähigkeit von perversen Patienten in Verbindung gebracht, echte Identifikationen vorzunehmen (Glasser, 1986: 12). In der Übertragung kommt es dann leicht zu dem, was Glasser Pseudo-Identifikationen oder »simulation« nennt. Diese hat ihren Ursprung in der Vernichtungsangst des Perversen. Identifikation wird unbewußt mit Verschmelzung / Vernichtung, also mit der Auslöschung der eigenen Identität gleichgesetzt, entsprechend vermieden und, um das

Objekt zu täuschen und das eigene Selbst zu retten, übertrieben simuliert. Ein Beispiel solcher Simulation habe ich oben mit den Latzhosen angeführt, in denen Herr B. eine Zeitlang zu den Stunden erschienen war. Gerade bei Perversionen muß man zuwarten, ob und bis der Patient von selbst Gebrauch von einer Identifikation machen kann, die dann wesensgemäß eine Identifikation mit dem dritten, väterlichen Objekt ist.

Was in einer Psychoanalyse geschieht, wird dann *evident*, wenn der aktuelle Konflikt, in diesem Fall also die Übertragungsperversion, mit der infantilen Situation und der Übertragungssituation zu einer gemeinsamen Evidenzlinie konvergiert. Ich kann hier nicht auf sämtliche Konnotationen und Bedeutungen der dargestellten Übertragungsperversion eingehen, will aber beispielhaft einige solcher konvergierenden Linien nachzeichnen. Dabei gehe ich aus von Erinnerungen und Einfällen, die Herrn B. im fraglichen Abschnitt der Analyse so lebendig wurden, daß sie für ihn selbst den Charakter biographischer Schlüsselerlebnisse annahmen.

Herr B. liegt, als Junge von elf oder zwölf Jahren, auf dem Küchensofa. Seine Mutter steht nackt am Waschstein, wendet ihm den Rükken zu und wäscht ihr Genital. Er sieht »ihre aufgeklappte Möse« und gerät in einen Zustand von Erregung, der so heftig ist, daß er sofort zur Toilette rennen muß, um zu onanieren. Diese Erinnerung hat den Charakter einer Deckerinnerung für die Urszene. In der Übertragung geht er lange Zeit davon aus, daß ich erregt in meinem Sessel sitze und mich insgeheim an seinen Erzählungen, also an seiner Erregung, »aufgeile«. Es wird wichtig, herauszuarbeiten, daß, »gleichgültig, was damals wirklich war«, *er* es jetzt ist, der mich in einen Zustand von Erregung bringen will, und daß er seine Biographie sozusagen dazu mißbraucht und aus ihr das Recht ableitet, in der projektiven Identifizierung fortzufahren und in der perversen Fixierung zu verharren.

Als er im Alter von 17 Jahren mit den Eltern in den Ferien ist und sich in ein Mädchen verliebt, drückt ihm sein Vater ein Markstück in die Hand »für Pariser... oder machst du immer noch Diesen (Handbewegung der Onanie)?!« In dieser Szene empfindet er gnadenlose Verachtung durch den Vater. In der Behandlung will er mich zu Reaktionen von Verachtung für das, was er tut, bewegen. Diese Verachtung würde gemildert werden, wenn ich ebenso durch seine Erzählungen – aus dem Elternhaus oder aus der Peep-Show – erregt würde wie sein Vater und er durch seine Mutter, und wenn uns dann in gegenseitiger

Verachtung nichts anderes übrigbliebe, als uns wechselseitig manuell zu befriedigen.

Im Alter von vier oder fünf Jahren macht er mit seinen Eltern einen Ausflug. Er probiert aus, wie lange er es aushalten kann, die Eltern vorgehen zu lassen und immer weiter hinter ihnen zurückzubleiben. Aber die Eltern gehen immer weiter, ohne zurückzublikken. »In diesem Augenblick hatte ich zum erstenmal dieses Gefühl, daß ein Faden durch meinen Penis gezogen ist und ich daran gezogen werde. Ich bekam Panik, mein Penis brannte, und ich rannte und rannte, bis ich wieder bei ihnen war.«

Diese Erinnerung ist ihrerseits als Deckerinnerung für die zu vermutenden Traumata der Separations- und Wiederannäherungsphasen im Sinne von M. Mahler zu werten. Es wird deutlich, wie bereits in einem sehr frühen Alter die sukzessiven Versuche des Patienten, sich aus der Symbiose mit der Mutter zu lösen, durch Sexualisierung überschattet sind und wie durch die Sexualisierung des familären Raumes die Selbstabgrenzung torpediert wird. Das schafft, wie der Patient es ausdrückt, »diese geile Mischung« aus Ekel, Haß, Angst und Erregung, in der er an seine Mutter gebunden ist.

Während der Analyse richtete sich Herr B. so ein, daß er nicht nur pünktlich zu den Stunden kam, sondern »noch Spielraum« hatte. Wenn er durch äußere Umstände doch einmal in Verzug kam, geriet er alsbald in einen Zustand von Panik und hilfloser Wut, der sich bis zur Vernichtungsangst steigerte. In solchen Zuständen entwickelte er dann Mordimpulse gegen jedes ihm im Weg stehende Objekt, etwa gegen seinen Vordermann im Stau. Hier war die »lebenserhaltende«, nämlich das psychische Gleichgewicht momentan regulierende Funktion der nackten Aggression *in statu nascendi* zu beobachten.

Bei mir angekommen, lag er dann völlig außer Atem auf der Couch. Ich mißverstand dies Verhalten anfänglich als demonstratives Zeichen der oben angeführten Pseudo-Identifikation mit den Regeln und Zielen der Analyse, bis mir klar wurde, daß er in solchen Momenten wirklich in einen Zustand von Objektverlust geraten war. Es half ihm dann nichts mehr, sich vorzusagen, daß ich ja in meiner Praxis auf ihn warten würde. In der Zeit, als die Übertragungsperversion zur vollen Entfaltung kam, mußte er nun tatsächlich immer wieder zwei Stunden hintereinander ausfallen lassen. In dieser Zeit wurden sowohl die ursprüngliche Vernichtungsangst als auch die gegen sie geschaffene Sexualisierung wiederbelebt und dramatisch inszeniert.

M. Glasser sieht, ganz ähnlich wie Ch. Socarides (1968: 104f.), den »Kernkomplex« der Perversion in der Spannung von Verschmelzungswunsch und Vernichtungsangst. Er arbeitet aber klarer als dieser den *Mechanismus der Sexualisierung* heraus: Aufgrund seiner frühesten Erfahrungen mit dem Primärobjekt betrachtet der Perverse jede Intimität mit dem Objekt als einen Akt, der zur Vernichtung führt, der seine getrennte Identität und Existenz auslöschen wird (»...as engulfing, or enveloping, or intrusive«). Die Reaktionen der Wahl auf diese befürchtete Vernichtung sind (narzißtischer) Rückzug oder (aggressiver) Angriff im Dienste der Selbsterhaltung.

»Das Objekt (ursprünglich die Mutter) kündet drohende Vernichtung an und muß darum völlig vernichtet (negated) werden. Aber das Objekt ist gleichwohl das einzige, das alle seine tiefen gefühlsmäßigen Bedürfnisse befriedigen kann, und das Individuum sieht sich so mit einer Situation konfrontiert, die aus unversöhnlichen Konflikten zusammengesetzt ist. Die Lösung des Perversen in dieser Situation besteht in der Einführung der *Sexualisierung*, durch welche Aggression in Sadismus umgewandelt wird: die ursprüngliche Intention, zu zerstören, wird in den Wunsch umgewandelt zu verletzen und zu kontrollieren« (Glasser, 1986: 10).

So mußte Herr B. die Frau in der Peep-Show sexuell verletzen und unter seine Kontrolle bringen, weil er in der Übertragung die Phantasie entwickelt hatte, daß ich ihn sadistisch manipuliere und ihn in den Peep-Shows als meine Marionette tanzen lasse. Er führte dies auf meinen gegen seinen Unabhängigkeitswunsch gerichteten Racheimpuls zurück.

Herr B. hatte seine Eltern seit seinem 8. Lebensjahr finanziell unterstützt: Er arbeitete täglich als Balljunge und später als Kegeljunge und lieferte den größten Teil des dabei verdienten Geldes zu Hause ab. Die Eltern nahmen auch in diesem Punkt ihm gegenüber die gewohnte Haltung ein: Die Mutter erwartete es als selbstverständlich, daß er das verdiente Geld ablieferte, und der Vater »hat mal wieder nichts mitgekriegt«.

Hier finden wir eine weitere genetische Wurzel seines Hanges zur Bestechung und zur Hochstapelei. Mit dem Geld, das er der Mutter ablieferte, erkaufte er sich zugleich die moralische Berechtigung, »auf die alte geile Sau zu wichsen« und stellte sich damit über den Vater, denn er war es ja nun, der das Geld nach Hause brachte. Entsprechend wollte er sich in der Analyse aus der Analyse freikaufen, indem er mich habituell für Stunden zu bezahlen gedachte, die gar nicht abgehalten wurden.

Es ist jetzt an der Zeit, zu der Frage zurückzukommen, deren Beantwortung ich in der 2. Fallgeschichte abgebrochen hatte (dort S. 102 ff.): der Frage danach, wieweit anatomische Gegebenheiten bei der Identitätsbildung und bei den Identifizierungsschicksalen von Mann und Frau eine Rolle dergestalt spielen, daß sie für die unterschiedliche Bedeutung der Perversion bei Mann und Frau relevant werden. Mit der psychoanalytischen Aufbereitung dieser Frage, die in allen fünf Fallgeschichten präsent ist, verfolge ich natürlich ein Interesse, das über die Klinik der Perversion im engeren Sinn hinausweist.

Freud hat immer wieder darauf hingewiesen, »daß die normale Sexualität aus etwas hervorgeht, was vor ihr bestanden hat« und hat »die Kluft zwischen der normalen und der perversen Sexualität« (Freud, 1917: 334) weitgehend zu einer Frage der diagnostischen Optik erklärt.

»Wenn wir diese krankhaften Gestaltungen der Sexualität nicht verstehen und sie nicht mit dem normalen Sexualleben zusammenbringen können, so verstehen wir eben auch die normale Sexualität nicht. Kurz, es bleibt eine unabweisbare Aufgabe, von der Möglichkeit der genannten Perversionen und von ihrem Zusammenhang mit der sogenannt normalen Sexualität volle theoretische Rechenschaft zu geben« (Freud, 1917: 317).

Entsprechend seiner »one-body-psychology« (vgl. S. 33) neigte Freud dazu, die Frau als das Negativ des Mannes zu betrachten. So gab er auch seiner vielzitierten klinischen Formel der Neurose als dem Negativ der Perversionen eine anthropologische Anwendung: Der Mann wird pervers, die Frau neurotisch:

»Allein die Psychoanalyse lehrt noch mehr. Sie zeigt, daß die Symptome keineswegs auf Kosten des sogenannten normalen Sexualtriebes entstehen (wenigstens nicht ausschließlich oder vorwiegend), sondern den konvertierten Ausdruck von Trieben darstellen, welche man als *perverse* (im weitesten Sinne) bezeichnen würde, wenn sie sich ohne Ablenkung vom Bewußtsein direkt in Phantasievorsätzen und Taten äußern könnten. Die Symptome bilden sich also zum Teil auf Kosten abnormer Sexualität; *die Neurose ist sozusagen das Negativ der Perversion*« (Freud, 1905: 65).

142

»Die Einsicht, daß Perversion und Neurose sich wie positiv und negativ zueinander verhalten, findet oft eine unzweideutige Bekräftigung durch Beobachtung innerhalb der nämlichen Generation. Recht häufig ist von Geschwistern der Bruder ein sexuell Perverser, die Schwester, die mit dem schwächeren Sexualtrieb als Weib augestattet ist, eine Neurotika, deren Symptome aber dieselben Neigungen ausdrücken wie die Perversionen des sexuell aktiveren Bruders...« (Freud, 1908: 154).

Für die stärkere Disposition der Frau zur Neurose machte Freud neben dem biologischen auch einen kulturellen Faktor verantwortlich: Das infantile und adoleszente »Verbot der Sexualbetätigung« (Freud, 1910: 87) laste auf der Frau schwerer als auf dem Mann. Wenn heute allgemein konstatiert wird, daß nichts für die biologische Annahme eines »schwächeren Sexualtriebes« bei der Frau spreche und daß die Unterschiede in der Sexualerziehung der Geschlechter in den modernen Industriegesellschaften weitgehend aufgehoben seien, so sind wir um so direkter mit der Frage konfrontiert: Verbirgt die Frau »ihre« Perversion hinter der des Mannes, läßt sie ihn sozusagen als ihr »Positiv« für sich agieren oder ist sie tatsächlich in geringerem Maße als der Mann auf die Ausbildung von Perversionen angewiesen?

Die Perversionsbildung hängt für Freud, ebenso wie die Neurosenbildung, ab vom »Maß der *Anziehung*, welches die zu verlassenden infantilen Objekte äußern können, und das proportional ist der erotischen Besetzung, die ihnen noch in der Kindheit zuteil wurde« (Freud, 1910: 81). Da Freud stets von einem Niveau entfalteter innerer und äußerer infantiler Objektbeziehungen aus argumentiert, kurz, vom Niveau des triadischen Konfliktes oder des Ödipuskomplexes aus, ist ihm von manchen psychoanalytischen Autoren entgegengehalten worden, er habe die »frühen« oder »narzißtischen« Dispositionen in der Genese von Neurose und Perversion nicht im Blick gehabt. Für Freud waren die Schicksale des dyadischen Konfliktes (Lösung aus der Mutter-Kind-»Symbiose«) selbstverständlich im Ödipuskomplex aufgehoben – und nicht aus ihm ausgeklammert. Darum glaube ich nicht, daß es gut ist, Freuds sthenisch durchgehaltene ödipale Untersuchungsoptik von unserem »erweiterten« ich- oder selbst-psychologischen Zugang aus zu kritisieren.

Mehrere Autoren haben betont, daß die Mutter-Kind-Symbiose nur im Falle der gegengeschlechtlichen Dyade, also zwischen der Mutter und ihrem männlichen Kind, den Charakter jener »erotischen

Besetzung« (Freud) annimmt, die dann so prägend ist, daß sie im späteren Leben zu jenem gefährlichen Verschmelzungsverlangen führt, das allen weiteren Gestaltungen des Lebens, insbesondere den sexuellen, seinen Stempel aufdrückt. Robert J. Stoller hat für diese frühe pathogene Mutter-Sohn-Beziehung den Begriff der »blissful unity« (glückselige Einheit) geprägt und von der »exzessiven, glückseligen körperlichen und emotionalen Nähe« gesprochen, »die über Jahre andauert und auch nicht von anderen Geschwistern unterbrochen werden kann« (Stoller, 1968: 169). In einem solchen Fall werden »alle Wünsche des Kindes erfüllt, insbesondere, unglücklicherweise, der Wunsch, ein Teil von Mutters Körper zu bleiben« (Stoller, 1968: 167). Der Junge hat dann noch in einem Alter, in dem die kognitive Entwicklung weit fortgeschritten ist, keine sicher etablierte unbewußte Vorstellung, wo sein Körper aufhört und der der Mutter beginnt.

Janine Chasseguet-Smirgel hat auf die Frage, »warum die Perversion bei der Frau seltener ist als beim Mann« (1975: 21) eine Antwort zu geben versucht, die in dieselbe Richtung weist:

»Mir scheint, daß das Mädchen niemals die völlige Gewißheit hat, ein befriedigendes Objekt für das Objekt zu sein, denn ihr Vater ist ein Objekt, das auf sich warten läßt. Zudem hat das Mädchen zuvor eine unausweichlich frustrierende mütterliche Beziehung erlebt, nicht nur wegen der frühen unvermeidlichen Konflikte zwischen beiden Geschlechtern, sondern auch wegen dieser innewohnenden Einschränkung, die sich für ein Mädchen aus der Tatsache ergibt, von einem gleichgeschlechtlichen Menschen geboren zu sein, der nicht sein »wahres« sexuelles Objekt ist... Überdies wird es von der Mutter nicht in der gleichen Weise besetzt wie der Knabe (außer bei selbst perversen Müttern)« (Chasseguet-Smirgel, 1975: 21 f.).

Chasseguet-Smirgel geht also, darin Freud folgend, davon aus, daß auf der Heterosexualität eine biologische Prämie ruht. Diese Prämie kann dem Jungen in der Symbiose leicht zum Verhängnis werden. Es ist zwar unbestritten, daß in den Wunsch einer Mutter, das erwartete Kind möge ein bestimmtes Geschlecht haben, gesellschaftliche und kulturelle Faktoren eingehen. Die Besetzungen, auf die Chasseguet-Smirgel hier abhebt, weisen jedoch über den Bereich der narzißtisch stabilisierenden und labilisierenden Sanktionen hinaus, die von der gesellschaftlichen Umwelt ausgehen. Das »›wahre‹ sexuelle Objekt« ist hier als biologische Grundannahme zu verstehen.

Um diese Argumentationslinie zu unterstreichen, möchte ich auf das interessante Feld der Transsexuellenforschung verweisen, aus dem auch Stoller die Erfahrungen bezieht, die ihn zur Formulierung der »blissful unity« veranlaßt haben. Aus meiner eigenen klinischen Erfahrung mit Transsexuellen habe ich, wie auch aus der gesamten empirischen Literatur, den Eindruck gewonnen, daß biologisch weibliche Transsexuelle niemals die – noch so brüchige und widersprüchliche – »blissful unity« in den ersten Lebensjahren aufweisen, die in der Mutter-Sohn-Interaktion von biologisch männlichen Transsexuellen so häufig zu beobachten ist. Biologisch weibliche Transsexuelle weisen sehr oft ein grobschlächtiges Unterversorgungstrauma im ersten Lebensjahr auf.

Phyllis Greenacre hat in ihrer Arbeit über »Frühe körperliche Faktoren in der Entwicklung des Identitätsgefühls« (1958) das Körperbild oder Körperschema (»body-image«) und das Selbstbild (»self-image«) als Vorläufer und Kerne der sich erst später ausdifferenzierenden Identität unterschieden. Die Bildung des Körperbildes findet, etwas verkürzt ausgedrückt, entlang von Organen statt, die nacheinander ins Zentrum der Organisierung des Körperschemas rücken: zunächst Mund und Haut (in den ersten Lebenswochen), dann Auge-Hand-Arm (in der zweiten Hälfte der ersten Jahres), schließlich Gesicht und Genitalien.

Greenacre betont, daß niemand jemals sein eigenes Gesicht oder seine eigenen Genitalien so vollständig sehen kann, wie die des anderen (Greenacre, 1958: 117). Sie hebt auch die zentrale Bedeutung des »early habitual taking-in« (»in sich Hereinnehmen«) der Genitalien des anderen Geschlechts hervor. Den biologischen Gegebenheiten entsprechend, muß der Junge das Geschlecht der Mutter viel früher in sich hereinnehmen als das Mädchen die Genitalien des Vaters oder eines anderen männlichen Objektes. Dies »taking-in«, ein Vorläufer der Verinnerlichung, findet entlang der genannten Organe statt, und zwar in einem störanfälligen dialektischen Prozeß, in dem das sich bildende innere Bild des anderen Geschlechts mit dem sich bildenden Bild des eigenen Geschlechts vermischt, verglichen und von jenem getrennt, unterschieden wird. Dieses »build-up of the body image« ist nun beim Jungen paradoxerweise auch darum störanfälliger als beim Mädchen, weil bei ihm die Genitalien besser sichtbar und leichter tastbar sind. Für das ganze Gebiet der Geschlechtsidentitätsstörungen und Perversionen kommt Greenacre darum zu dem Schluß:

»Wegen dieser Umstände weisen Frauen möglicherweise häufiger aber weniger schwere Störungen auf als Männer. Beim kleinen Mädchen können Berührung und Blick nur eine geringere Rolle bei der Formung des Bildes der eigenen Genitalien spielen als beim Jungen. Darüber hinaus sind die sexuellen Störungen der Frau, so wie ihre Geschlechtsorgane, weniger sichtbar als die des männlichen Geschlechts. Frauen werden gewöhnlich keine Fetischisten, es sei denn, sie hätten bereits eine übermächtige männliche Identifikation aufgebaut, die plötzlich wieder erschüttert wird« (Greenacre, 1958: 119).

Hier wird ein sehr wichtiger Aspekt im Unterschied der Geschlechter angesprochen: Die Frau kann Störungen des sexuellen Funktionierens im Geschlechtsakt leichter vor sich und dem anderen verbergen als der Mann; jeder Rückgang der Erektion dagegen ist sofort sichtbar oder spürbar. Die Perversion wirkt auch hier als »security prop«.

Die *Beendigung der Identifizierung* mit der Mutter (vgl. S. 43) wird für den Jungen darum so leicht zur Quelle von Störungen der Geschlechtsidentität, weil der Junge, anders als das Mädchen, zum Zeitpunkt der Lösung vom Körper der Mutter auf seinen ihm selbst noch unvertrauteren Körper verwiesen ist. Er ist darum viel direkter abhängig von der Mithilfe der Mutter und von der Präsenz des väterlichen Dritten – und sei es auch nur dessen innerer Präsenz in der Mutter –, um zu einer tragfähigen Abgrenzung vom Körper der Mutter zu gelangen. Aus vielen psychoanalytischen Untersuchungen, insbesondere von M. Mahler und ihren Mitarbeitern, wissen wir, daß die Mutter ihr Kind, dessen Entwicklungs- und Reifungsschritten entsprechend »loslassen« muß. So stellt auch Stoller, sich auf Greensons Begriff des »dis-identifying from mother« beziehend, in »Sex and Gender« zusammenfassend fest:

»Wir alle wissen, daß dieser Prozeß des Loslassens kompliziert ist, gleichsam wie verschiedene Fahrpläne, die bestimmen, wann welche Entwicklungszüge des Kindes am besten losgelassen werden. Dieser Prozeß geht kontinuierlich voran von dem Tag an, da der Säugling mit seinen zunehmenden Bewegungskoordinationen und anderen sich entwickelnden Ichfunktionen eine immer größere Fähigkeit zeigt, sich von der Mutter fortzubewegen... Dieser Prozeß ist augenscheinlich besonders abhängig von der Persönlichkeit der Mutter, obwohl auch die sich entwickelnde Persönlichkeit des Kindes einen wichtigen Faktor darstellt. In der Entwicklung der Geschlechtsidentität des kleinen Mädchens scheint es mehr Spielraum zu geben als in

146

der des kleinen Jungen, denn die Mutter, die ihr kleines Mädchen zu lange an sich bindet, mag die Unabhängigkeit des Kindes beschädigen oder andere neurotische Probleme hervorrufen, aber die Beschädigung der Geschlechtsidentität, besonders der Kerngeschlechtsidentität (core gender) wird doch geringer sein« (Stoller, 1968: 266).

In der Analyse von Herrn B. sehen wir die Beschädigungen des »Loslassens« in der zentralen Phantasie des Fadens vereinigt, der, durch seinen Penis gezogen, in der Hand der Mutter verbleibt. Der Faden ist aus den unterschiedlichen Materialien gedreht, die ich in der dritten Fallgeschichte summarisch dargestellt habe. Sie erhalten ihre Kohäsion durch die Sexualisierung. Wie bei einer Perlenschnur lassen sich auf diesem Faden die Beschädigungen der – verborgenen – Geschlechtsidentitätsstörung und ihre Manifestationen in der Perversion aufreihen:

Die Phantasie – und die körperliche Empfindung – von Faden und Penis weist zunächst auf die unbewußt empfundene Unklarheit des Patienten, wo der Körper der Mutter aufhört und wo der eigene Körper beginnt. Diese Unklarheit drückt sich am deutlichsten aus in der Ungeklärtheit darüber, ob es eine Phantasie oder eine frühe Wahrnehmung des Patienten ist, daß die Mutter *mit ihm zusammen* sexuell erregt gewesen ist und ihre sexuelle Erregung in ihm induziert hat. Ich nehme für diesen Fall an, daß die Sexualisierung ursprünglich nicht allein vom Patienten kreiert und nicht ausschließlich zu Abwehrzwecken (gegen Angst vor Objektverlust o. ä.) eingesetzt worden ist. Beweisen läßt sich in diesem Bereich, in dem es um körperliche und affektive Kommunikationsstile zwischen Mutter und Kind *vor* der Etablierung fester Subjekt-Objekt-Grenzen geht, nichts.

Die Mutter – und in ihrem Schlepptau der Vater – ignorierten besondere angeborene körperliche Merkmale des Kindes, die ihnen sozusagen nicht gefielen. Auf die Phimose, bei der es sich möglicherweise nur um eine Verklebung von innerem Vorhautblatt und Eichel gehandelt hat, habe ich schon hingewiesen. Eine wirkliche Traumatisierung bedeutete die jahrelange Verleugnung der starken Sehschwäche des Kindes durch die Eltern; diese Verleugnung fällt um so stärker ins Gewicht, als beide Eltern ihrerseits sehbehindert waren.

Herr B. war einige Wochen nach der Einschulung wieder nach Haus geschickt worden, weil er immer nach vorn zur Tafel rannte, um das dort Aufgeschriebene erkennen zu können. Dadurch war er »auffällig« geworden. Die Mutter zwang ihn daraufhin, noch einmal für ein Jahr in den Kindergarten zu gehen. Hier stoßen wir auf eine körperliche und auf eine unmittelbar erziehungsbedingte Wurzel in der hohen libidinösen und aggressiven Besetzung des Schauens. Schauen und sehen bedeutete für Herrn B.: sich losreißen können vom Körper der Mutter und doch immer wieder – wie zuletzt in der Peep-Show – auf den erregenden Körper der Mutter zu treffen.

Das Thema der bisexuellen Omnipotenz, das ich in der ersten Fallgeschichte behandelt habe, spielt natürlich auch in der sexuellen Identifizierung von Herrn B. eine große Rolle. Ich erinnere nochmals an das »Zusammenziehen« von Anus und Penis auf der Toilette; an die wahrhaft omnipotente Phantasie, die Scheidung der Körperausgänge – welche hier für die Scheidung des Geschlechts in männlich und weiblich steht – aufzuheben in der Gleichzeitigkeit von Urinieren, Defäzieren und Ejakulieren; an das Urinieren in die Papierkörbe der Peep-Shows; an das Herumstochern in Scheide und After der kleinen Mädchen. Insbesondere das Ejakulieren und Urinieren in die Papierkörbe weist in seiner bildhaften Darstellung auf den *Vorgänger*, also auf den Vater. Wenn er auf das Ejakulat des Vorgängers ejakuliert und uriniert, schaltet er in dieser homosexuellen Aktion den Vater bei der Mutter aus, während er mit dem Auge am Guckloch mit dem Körper der Mutter verschmilzt. Er ist dann zugleich der Vater, der in den Spülstein in der Küche uriniert, und die Mutter, die, sich dort waschend, den Jungen so sehr in sexuelle Erregung versetzt, daß dieser nicht mehr an sich halten kann. Wenn er dann noch sein eigenes Ejakulat gegen die Glasscheibe im Guckloch schleudert, um diese für seinen Nachfolger – also sich selbst – unbrauchbar zu machen, schließt sich wieder der Kreis zu der Demütigung, die er in seiner eigenen Unbrauchbarkeit (Glasscheibe = Brille) erfuhr.

Herr B. konnte die einzelnen Einmarkstücke in der Peep-Show ebenso in den Guckkastenschlitz werfen, wie er sie als Balljunge auf den Ballplätzen verdient, an die Mutter abgeliefert und sich dadurch das »Recht« erkauft hatte, sich nicht von ihrem Körper lösen zu müssen. Auch in dieser Aktion setzt er den Vater außer Kraft, den er doch so sehnsüchtig suchte und dessen er so dringend bedurfte. Wenn er die Frau in die Kabine für Sonderwünsche kommen läßt, dort das Sexualtabu der Berührung bricht und die Frau überrumpelt, entlädt er in dieser Aktion zugleich seinen Haß gegen mich als den väterlichen Dritten: seine Wut darüber, daß ich die Überschwemmung der analytischen Stunde mit Sexualisierung nicht zulassen

möchte und in der Stunde das Inzesttabu errichte, das lebensgeschichtlich durchzusetzen sein Vater nicht stark genug war.

Herr B. suchte und verweigerte zugleich die Identifizierung mit
dem Vater. Wie Frau L. (S. 114 u. 120) war er identifiziert mit einer
sexualisierten Elternimago, die keinen Raum für die Entfaltung
triebhemmender sublimatorischer Prozesse ließ. Auch hier gab es zu
wenig triebneutralen elterlichen Raum. Anders als Frau L. empfand
Herr B. den Vater als erregtes und domestiziertes Anhängsel der
Mutter, kurz, als ihren Phallus. Mit ihm sich zu identifizieren, wäre
in dem von Glasser beschriebenen Sinn höchst gefährlich gewesen.
Das daraus resultierende Dilemma der geliehenen Identifizierung
oder der Simulation (Glasser) läßt sich verdeutlichen an den vielen
Büchern aus der Leihbücherei, die der Vater las und die der Patient
seinerseits vom Vater auslieh: »... und wenn ich etwas lesen wollte,
war es wieder das gleiche! Ich holte mir ein Buch vom Vater, und
dann war es so eine Schwarte wie ›Angélique und der König‹, und
schon wieder hatte ich einen stehen!« Das Dilemma war also: Immer wenn er im Vater das Dritte suchte, etwas, das über ihn und
seine sexualisierte Bindung an die Mutter hinauswies, fand er nur
immer wieder sexuelle Erregung.

Die verzweifelte Suche nach einer echten Selbstidentifizierung,
nach etwas ihm Eigenen, zeigte sich in einer Redewendung, mit der
der Patient immer und immer wieder die Stunden eröffnete: »Heute
war es *das erste Mal*, daß ich wirklich das Gefühl hatte...« oder:
»Gestern habe ich zum ersten Mal in meinem Leben ganz anders...«
Das imaginierte Neue oder die empfundene Veränderung standen
dann stets für die Suche nach einer Erweiterung des triebfreien Raums
in ihm selbst (z. B. mit einer Frau zufällig ins Gespräch kommen,
ohne automatisch daran denken zu müssen, wie... usw.). Mein spon-
taner Gegenübertragungsaffekt, der auf solche Redewendungen eine
Zeitlang sich einstellte, ließe sich mit der notorischen Antwort seines
Vaters umreißen: »Gib doch nicht so an!«

So ließe sich die Analyse von Herrn B. auch nachzeichnen als
Kampf um die Anerkennung des Vaters *und* um die Anerkennung
durch den Vater. Dieser Kampf schließt die Anerkennung des realen
So-Seins des Vaters, Trauer und Verlust, mit ein. Herrn B.s Vater litt
lange und geduldig an einem Prostata-Karzinom. Vielleicht war er
also gar nicht »zu faul« gewesen, wenn er nicht immer auf die Toilette
ging.

Die Liebe zum und die Trauer um den Vater werden symbolisiert in dessen Lottozahlen, einer ausgetüftelten feststehenden Zahlenreihe, nach der der Vater Woche um Woche gespielt hatte – dem einzigen Vermächtnis an seinen Sohn. Einerseits hielt der Patient überhaupt nichts von Glücksspielen, denn als echtem Selfmademan ging es ihm gegen den Strich, sein Glück einer externen Glücksmaschine zu überlassen. War er doch lange Zeit von dem unbewußten Selbstkonzept getragen gewesen, seine eigene Glücksmaschine zu sein. Aber er hätte es als Verrat am Vater empfunden, nach dessen Tod nicht die Zahlen des Vaters auf den Lottoschein zu setzen. Sein wöchentlicher Gang zur Lotto-Annahmestelle steht für den Gruß, den man einem geliebten Menschen aufs Grab legt.

Der Schrecken der Kastration

Eines Tages rief mich in meiner Praxis ein Mann an und sagte, er wolle zu einem Beratungsgespräch in einer Sachfrage zu mir kommen. Noch am Telefon erklärte er mir, worum es ging. Er hatte sich vor einiger Zeit in ein Mädchen verliebt und dann plötzlich festgestellt, daß sie transsexuell, also biologisch ein Mann war. Nun wußte er nicht, was er tun sollte, und hatte eine ganze Reihe Fragen. Er war, gleich nachdem er die ihn sehr erschreckende Feststellung gemacht hatte, in die Bibliothek der Universitätsklinik gegangen, um sich über das Problem des Transsexualismus zu informieren. Dort war er in der Literatur auf meinen Namen gestoßen, und so entschloß er sich, mich anzurufen.

Soweit seine telefonische Ankündigung. Die Art seiner knappen Einführung nahm mich ebenso ein wie die »Sachfrage«. Da ich bis zu diesem Zeitpunkt zum Thema des Transsexualismus nur als Co-Autor mit anderen Sexualwissenschaftlern gemeinsam publiziert hatte, drängten sich mir, eher vorbewußt, etwa folgende Gedanken zum Rahmen der stattzufindenden Konsultation auf: Was wird mit der Sachfrage wohl abgewehrt? Er weiß, daß ich Psychoanalytiker bin, und zieht es doch vor, zu mir und nicht zu einem Kollegen zu gehen, der als Sexualwissenschaftler an der Uniklinik arbeitet. Mit seiner »Sachfrage« wäre er da doch besser aufgehoben. Aber die hat er sich ja dort schon selbst beantwortet, in der Bibliothek. Er will aber auch keine psychoanalytische Behandlung. Also was will er dann von mir? Herr E. kam zur vereinbarten Stunde, und ich traf einen unauffällig wirkenden, unauffällig leger gekleideten wachen Mann um die Dreißig an. Mir fiel auf, daß mir nichts an ihm auffiel. Er bezog sich sofort auf unser Telefongespräch; er hatte sich inzwischen weiter mit der Literataur vertraut gemacht, u. a. hatte er in dem medizinischen Fachblatt »Der Gynäkologe« chirurgische Berichte über Geschlechtsumwandlungsoperationen mit den dazugehörigen Abbildungen studiert.

Diese so sehr zielorientierte Art seines Vorgehens nahm mich um so mehr wunder, als sich herausstellte, daß er keine akademische Ausbildung hatte und also mit dem Benutzen wissenschaftlicher Bibliotheken kaum vertraut sein konnte. In kurzen Worten erzählte er folgende Geschichte:

Er hatte im Frühjahr in Mailand, wo er sich geschäftlich aufhielt, eine junge Ceylonesin kennengelernt, Jeanette mit Namen, in die er sich sofort unsterblich verliebte. Er fügte hinzu: »Also, unsterblich, vielleicht nicht ganz.« Sie sagte ihm, sie sei Modezeichnerin, arbeite auch in der Mode und sei auf dem Weg nach Berlin, um sich nach einem neuen Job umzusehen.

Sie fuhren dann zusammen nach Frankfurt, das für sie ja auf dem Weg lag, und nach einigen Wochen gemeinsam verbrachter Zeit – sie wohnte währenddessen bei ihm – fielen ihm mehr und mehr Ungereimtheiten an ihr auf: daß sie nie die Periode bekam, daß sie offenbar von Spirale und dergleichen noch nie etwas gehört hatte... und am letzten Tag vor ihrer Abreise nach Berlin stöberte er in seiner ziellosen Ungewißheit in ihren persönlichen Sachen herum... und fand in ihrem Notizbuch eine zusammengefaltetete Bescheinigung über eine Geschlechtsumwandlungsoperation. Er war so verwirrt und erschrocken, daß er sie nicht zur Rede stellen konnte. Er konnte aber auch nicht mehr mit ihr schlafen. Am nächsten Tag reiste sie ab. Seitdem hatten sie sich telefonisch mehrmals ausgesprochen; an ihrer Liebe für ihn hatte sich nichts geändert, aber er erbat sich Bedenkzeit.

Seine Geschichte war also wirklich kurz erzählt. Es war jetzt vielleicht sieben Minuten nach zehn; um zehn Uhr war er gekommen; um elf würde der nächste Patient kommen. Es entstand eine kurze Pause; dann sagte er: »Letzte Woche, als ich Sie anrief, wollte ich noch etwas über meine Freundin wissen. Ich glaube, jetzt will ich etwas über mich wissen.« Nach kurzem Überlegen sagte ich ihm: »Sie wollen von mir wissen, wie normal *Sie* sind.«

Herr E. antwortete auf meine Intervention mit der nächsten »exotischen« Geschichte, die mich nun aber, anders als die eben erzählte, alsbald und zunächst unbemerkt ganz gefangen nahm und in einen

Zustand erwartungsvoller Erregung versetzte. »Als ich Jeanine, das ist die Frau, mit der ich zusammen wohne, zwischen uns ist aber nichts, erzählte, daß ich heute zu Ihnen gehe, war sie richtig neidisch. Sie ist aus Jamaica. Sie hat auch mit Mode zu tun. Sie will eigentlich schon lange eine Psychoanalyse machen. Sie kennt Sie sogar; sie hat Sie einmal auf einer Veranstaltung im... gesehen. Ich soll Sie fragen, ob sie zu Ihnen kommen kann.«

Ehe ich meine Gedanken ordnen und zu einer zweiten Intervention richten konnte, in der ich etwa die Verschiebung des Wunsches nach Behandlung von ihm auf eine weitere »exotische Sachfrage« hätte deuten können, fuhr er schon fort, Jeanine auf das Verführerischste bei mir einzuführen. Jeanine ist »weiter« als Jeanette; Jeanette schminkte sich jeden Morgen sofort nach dem Aufstehen; sie könnte nicht wie Jeanine ungeschminkt am Frühstückstisch erscheinen. Aber früher war Jeanine genauso – wie Jeanette. Andererseits ist Jeanine auch neidisch auf Jeanette, z. B. darauf, daß diese früher, als Junge, »nur einen Orgasmus nach außen« hatte und jetzt einen »Orgasmus nach innen hat, etwas total anderes«.

Während ich noch der Frage nachhing, was das wohl sei, ein Orgasmus nach innen und ein Orgasmus nach außen, stellte ich mit einer Mischung aus Beunruhigung und dem Verlangen, aus dieser Berunruhigung keinesfalls Konsequenzen zu ziehen, fest, daß ich »innen« sehr erregt war. Ehrlich gesagt interessierte mich nur noch die Frau aus Jamaica, egal, wie sie hieß.

Als ich wieder auf die Uhr schaute, war es fünf nach halbelf. Es wurde Zeit, daß ich mich einkriegte. Herr E. war längst wieder bei sich und bei Jeanette. Herr E. drängte mich zu nichts, aber ich hatte doch das Gefühl, ich sollte ihm etwas über sich sagen. Ich hatte meine Zeit mit Jeanine vertan. Gegen einen schweren Affekt von Unlust ankämpfend, versuchte ich, irgendeine Ordnung in meine Assoziationen der letzten halben Stunde zu bringen. Ich hatte natürlich gar nicht nur an die Frau aus Jamaica gedacht. Mir war ein unglaublich abgegriffenes Stück Papier wieder vor die Augen getreten, ein chirurgischer Operationsbefund, den mir vor mehreren Jahren einmal eine biologisch männliche transsexuelle Patientin vorgelegt hatte, und in dem ganz grauenhafte Dinge standen. Und ich hatte an einen Film denken müssen, den ich vor noch mehr Jahren gesehen hatte und von dem ich in dem Moment dachte, sein Titel wäre »Plötzlich im letzten Sommer«. Es handelte sich um die Verfilmung einer Geschichte von Tennessee Williams oder von Oscar Wilde; ich wußte es nicht mehr.

Eines Tages war in der sexualmedizinischen Ambulanz, in der ich damals arbeitete, eine muntere alte Dame erschienen. Ich war etwas überrascht, denn sie war in der Anmeldung als Herr X registriert worden. Weil sie stark humpelte, ging sie am Stock; sie hatte eine billige Perücke auf dem Kopf sitzen, war stark geschminkt und hatte grobe, breite, verarbeitete Hände mit lackierten Fingernägeln. Ihr war heiß, und sie bat mich, ihr ein Glas Wasser zu holen. Sie war – für ihre Verhältnisse – von weither mit dem Zug angereist, schon seit fünf Uhr am Morgen war sie unterwegs, und darum war sie, in Frankfurt angekommen, erst einmal im »Wiener Wald« eingekehrt, denn bis zu ihrem Termin bei mir war noch genügend Zeit.

So begann sie das Gespräch. Das Hähnchen im »Wiener Wald« war salzig; daher ihr Durst. Sie begann heftig zu flirten, schlug ihre Beine verführerisch übereinander, so daß ich sehen konnte, warum sie am Stock ging: sie hatte eine Beinprothese. Sie sagte zu mir, sie müsse mir ein Geständnis machen: Es sei heute das erste Mal in ihrem Leben, daß sie »so« – als Frau – auf die Straße ginge. Ihr ganzes Leben lang habe sie nur innerhalb ihrer Wohnung als Frau gelebt. Sie war sehr bewegt; die Tränen flossen ihr die Wangen herab, und ich sah in einer Mischung aus tiefer Rührung und tiefem Entsetzen den alten Mann vor mir sitzen, der sie war. Nie wieder in ihrem Leben wollte sie in die ihr verhaßten Männerkleider steigen. Sie wollte von mir wissen, ob sie das dürfe, als Frau leben. Dies sei der aufregendste Tag in ihrem Leben; bis heute morgen habe sie nicht gewußt, daß sie *ihre* Kleider anziehen würde, um hierher zu kommen.

»Sie« hatte bis zu ihrer Unfall-Berentung vor über 20 Jahren als Gruben-Zimmermann unter Tage gearbeitet. Eines Tages brach das Balkenstützwerk, an dem sie arbeitete, über ihr zusammen, und sie wurde unter dem herabstürzenden Gestein begraben. Außer Bewußtsein wurde sie ins Knappschafts-Krankenhaus verbracht. Der abgegriffene Befundbericht, den sie mir an dieser Stelle ihres Lebensberichts vorlegte, betraf die Bein-Amputation. Er trug noch die Spuren des Schreckens des Chirurgen. Denn der Chirurg sah sich mit der Frage konfrontiert, ob er nicht besser den Penis gleich mitamputieren solle; dieser bestand fast nur noch aus abschilfernden Schichten nekrotischen Gewebes. Herr oder Frau X hatte seit Jahrzehnten, unter Verwendung einer Camelia-Binde, den Penis nach unten abgebunden getragen.

War das nicht schon wieder eine »exotische« Geschichte? Ging es nicht auch in dem Film um eine, um die vierte exotische Geschichte?

Ein junger Homosexueller, der seine Homosexualität vor sich selbst und der Welt verbirgt, befindet sich mit seiner Mutter, der er ebenso sklavisch ergeben ist wie sie ihm, und mit seiner Cousine, die ihm seine Mutter zum Zwecke der Kaschierung und Selbstkaschierung der Homosexualität zugeführt hat, auf Reisen. Die junge Frau wird unter Grauen in einem schmerzhaften Prozeß der Selbstentdeckung gewahr, daß sie von den beiden als Köder benutzt wird, von der Mutter, um ihren Sohn an sich zu binden, und von deren Sohn, um sie als Lockvogel für die exotischen jungen Männer einzusetzen, an die dieser herankommen möchte.

Ich wollte Herrn E. jetzt etwas von meiner Erfahrung mit ihm verständlich machen. Von meiner Erfahrung mit ihm war mir in diesem Moment ungefähr soviel zugänglich: Er kann in kürzester Zeit ein sexuell erregendes Klima im Raum schaffen, welches bewirkt, daß er »draußen« ist – außerhalb meines analytischen Interesses – und daß ich »draußen« bin – nicht mehr deuten kann. Die »Ordnung« meiner Assoziationen und Gegenübertragungsreaktionen begann deutlich Gestalt anzunehmen in einigen Reihen mit sich wiederholenden Elementen: einer exotischen Reihe; einer Reihe von Entdeckungen einer erschütternden, unabweisbaren Triebrealität; einer Reihe des Grauens im Moment der Entdeckung; einer Reihe des Einsetzens von Unbeteiligten bzw. von Dritten zur Bewerkstelligung der Entdeckung oder – was unbewußt dasselbe ist – ihrer Verhüllung; in den Enthüllungen / Verhüllungen wird sexuelle Erregung reihenweise wie ein Köder eingesetzt (also eine Reihe von Ködern).

Ich sagte schließlich: »Sie haben mir jetzt fast mehr über Jeanine und ihre Wünsche erzählt als über Jeanette und Sie selbst. Wovon wollen Sie ablenken, wenn Sie mein Interesse auf Jeanine lenken?« Das war gewagt, aber dieser Mann hatte mir durch seine Reaktion auf meine erste Deutung bewiesen, daß er die »Feilspäne« im »magnetischen« unbewußten Feld zielstrebig zu richten gewohnt war. Er sagte das, was in meiner zweiten Deutung »eigentlich« ich hätte sagen sollen: »Jeanine ist eine attraktive Frau, mit der ich aber nichts habe, Jeanette ist letztlich ein kastrierter Mann, auch wenn ich mir das nicht eingestehen will, weil ich mich in diese Frau verliebt habe.« Darauf ich sinngemäß: »Jeanette hat Ihnen also gezeigt, wie transsexuell oder homosexuell *Sie* sind. Nehmen Sie diese Begriffe nicht so genau, es sind im Moment nur Worte für verdrängte Wünsche in Ihnen. Jedenfalls hat sie Ihnen etwas gezeigt, worauf Sie zuerst mit großer Erregung, dann mit Angst und Schrecken geantwortet haben. Als sie lasen: Sie ist kastriert, waren *Sie* kastriert. Sie konnten nicht mehr mit ihr schlafen. Von Jeanine haben Sie es nicht gewollt, obwohl Sie es vielleicht hätten haben können.«

Als sich dieser Mann sachlich und mit einer Beimischung von Herzlichkeit verabschiedet hatte, sagte ich mir: Eigentlich hätte ich ihm sagen können: »Jeanine haben Sie nicht gewollt; Jeanine hatten Sie mir zugedacht.« Ich mußte noch lange über diese Begegnung nachdenken.

In dem Versuch, diese Konsultation vor dem Hintergrund meines Themas psychoanalytisch zu entschlüsseln, sei zunächst an eine Behauptung aus der Einleitung der Fallgeschichten erinnert. Nach Herrn E.s Anruf hatte ich mich auf eine einmalige Konsultation und mithin vorbewußt darauf eingestellt, diese *Form* der »Behandlung« – entsprechend meiner Formulierung im zweiten Kapitel (S. 50) – in einer Stunde zu einer *inhaltlichen* Sättigung zu bringen. Prinzipiell ist davon auszugehen, daß der Patient dasgleiche tat; weiter unten werde ich einen Beleg für diese Annahme anführen. Im zweiten Kapitel hatte ich weiter gesagt: Wenn der »Inhalt« des Patienten und die »Form« des Behandlungsrahmens zur Deckung kommen, ist die »Neurose« des Patienten – »Neurose« hier als Synonym für die Gründe seines Kommens genommen – zur Übertragungsneurose geworden, für beide Beteiligte anschaubar, deutbar und damit virtuell auflösbar. Nun ist offensichtlich, daß der Begriff der Übertragungsneurose völlig überdehnt und seinen Sinn verlieren würde (vgl. S. 126), wenn er auf das psychodynamische Resultat des Geschehens einer einzigen psychoanalytischen Stunde angewendet würde. Dennoch habe ich ihn oben so gebraucht, um die *Einheit der psychoanalytischen Methode* zu unterstreichen. Was ist in dieser einmaligen Begegnung nun zur Deckung gekommen, was ist für beide Beteiligte anschaubar geworden?

Verstehe ich diese eine Konsultation als den Rahmen, der zwischen Analytiker und Patient *gefunden* wurde, so komme ich zunächst zu dem Schluß: Das war Herrn E.s Analyse; so viel war in einer Stunde möglich. Herr E. wollte *das* und nichts anderes, keine Sachaufklärung und keine Psychotherapie, welcher Art auch immer.

Im Mittelpunkt der Psychodynamik dieser Konsultation steht eine schwer zu beschreibende, weil nicht »sichtbare«, sexuelle Szene – vielleicht genügt es auch, von einem Übertragungs-Gegenübertragungsaffekt zu sprechen –, die ich so benannt habe: Es wird in kürzester Zeit ein sexuelles Klima im Raum geschaffen, das bewirkt, daß ich »nach innen« erregt bin, mich dieser Erregung hingeben und nicht mehr deuten möchte. Mit H. Argelander würde man die eintretende Verdichtung als »Grenzsituation« (Argelander, 1970: 87 ff.) charakterisieren. Ich will versuchen, die treibende Kraft dieser Inszenierung in Worte zu fassen, also den Handlungsdialog[1] zu entschlüsseln:

Herr E. möchte mir eine Frau zuführen, die er für attraktiv hält und die er in verführerischen Farben schildert, die für ihn aber unter das Inzesttabu (Wohngemeinschaft) fällt. *Er* respektiert also das Tabu und möchte nun feststellen, ob ich es auch respektiere, oder ob ich in die mir von ihm gestellte Falle gehe, so wie er in die ihm von Jeanette gestellte Falle gegangen ist. Dann würde ich – wie er – durch das »falsche« Objekt erregt werden; ich soll Jeanine doch in psychoanalytische Behandlung nehmen und nicht erotisch mit ihr abheben. Es braucht eine gewisse Zeit, bis es mir gelingt, die mir vom Patienten in diesem Dialog zugewiesene Rolle zu erkennen und mich aus der Verstrickung in ihr zu lösen.

Es ist davon auszugehen, daß Herr E., ebenso wie ich, unbewußt bzw. vorbewußt Konsequenzen aus der Tatsache gezogen hatte, daß uns nur wenig Zeit zur Verfügung stehen würde, um sein Problem zur Darstellung zu bringen. Er mußte also »in kürzester Zeit« die Verdichtung herstellen – zu der in anderen psychoanalytischen Settings ganz andere Zeiträume zur Verfügung stehen. Das würde erklären, warum er gleichsam darauf angewiesen war, »in kürzester Zeit« ein sexuelles Klima im Raum zu schaffen. Da ich nichts über seine Lebensgeschichte weiß, außer den im letzten Abschnitt mitgeteilten Daten (mit Ausnahme seines genauen Alters und Berufs), weiß ich natürlich auch nichts darüber, ob dies etwa ein Leben ist, in dem *Sexualisierung* in »kürzester Zeit« eine dominante Rolle in den gelebten Objektbeziehungen spielt. Ich glaube nicht, daß das der Fall ist. Patienten, die bei Behandlungsbeginn oder im Erstinterview

[1] R. Klüwer führt den Begriff des Handlungsdialogs ein: »Der Verbaldialog... tendiert bei zunehmender Übertragungsaktualisierung dazu, in einen Handlungsdialog überzugehen, und muß, analog der Gegenübertragung, als mögliche Erkenntnisquelle in die selbstanalytische Reflexion mitaufgenommen werden. Zusätzlich zu der Frage: welche Gefühle (und Vorstellungen) weckt der Patient in mir, fragen wir uns: Was tue ich mit dem Patienten? Was tut der Patient mit mir?« (Klüwer, 1983: 838). »Der Handlungsdialog kann analog zur Gegenübertragung sowohl eine Reaktion auf die Übertragung des Patienten sein wie Ausdruck einer Übertragung des Analytikers auf den Patienten, die gerade zur Übertragung des Patienten auf den Analytiker ›paßt‹. Ob das eine oder andere vorliegt, läßt sich... sofort daran erkennen, ob der Handlungsdialog von seiten des behandelnden Analytikers in dem Augenblick durchbrochen werden kann, da er ihn merkt« (Klüwer, 1983: 839).

sehr früh den Abwehr- und Beziehungsmodus der Sexualisierung zur Anwendung bringen, wollen damit meist eine permanente Katastrophe der befürchteten Selbstdesillusionierung überbrücken. Solche Patienten reagieren auf die frühe, wenn auch vorsichtige, Deutung der Sexualisierung mit irgendeiner Form von Beziehungsabbruch. Gerade das tat Herr E. nicht. Er stieg ein, nicht aus, als ich endlich deutete, er wolle, daß ich mich für Jeanine interessiere. Herr E. mußte nicht befürchten, ich wolle oder würde einer vitalen, zentralen Selbstillusionierung seines Lebens »auf die Schliche kommen«. Im Gegenteil, er wollte etwas über den Zusammenbruch und die Genese einer *akuten*, konflikthaften Illusion in seinem Leben herausfinden.

Mein Part an dem in Gang gekommenen Handlungsdialog steigerte sich bis zum Punkt meines vorübergehenden Ausstiegs aus dem im engeren Sinn analytischen, auf Deutung gerichteten Dialog (»Ich interessiere mich nur noch für Jeanine«). Daß ich diesen meinen Part aber *in* der uns zur Verfügung stehenden Zeit soweit erkennen konnte, wie ich es beschrieben habe, spricht ebenfalls dafür, daß dieser Patient nicht »chronisch« bzw. habituell »sexualisiert«. Sonst wäre ich entweder gar nicht erst »eingestiegen« oder hätte im Gegenteil in dieser Stunde wohl nicht mehr »aussteigen« können. Das weiß ich aus Erfahrung, und zwar nicht nur meiner eigenen.

Nach diesen diagnostischen Bemerkungen will ich mit der Auflösung des Handlungsdialogs die Frage weiter verfolgen, warum Herr E. über seine Entdeckung so sehr entsetzt war. Ich will den Handlungsdialog also als Erkenntnisquelle nutzen.

Indem ich mir fünfzehn Minuten vor dem Ende der Konsultation nochmals die beiden »exotischen« Geschichten vergegenwärtige, die die beiden exotischen Geschichten des Patienten in mir zur Erinnerung gebracht haben, löse ich mich allmählich aus der erotischen Verstrickung. Wie Tagreste des Traums waren sie jahrelang bereitgelegen, um sich nunmehr an den gemeinsamen affektiven Schnittpunkt des Erlebens des Patienten und meines Erlebens mit dem Patienten zu heften.

Der alte Gruben-Zimmermann hatte, ebenso wie ich bei Herrn E., nur noch wenig Zeit. Auch für ihn, der an die Siebzig war, war es, wenn nicht fünf vor zwölf, so doch zehn vor zwölf, wenn er noch Frau werden und nicht unerlöst als Mann in die letzte Grube einfahren wollte. Und auch Catherine Holly, der Köder-Cousine des Mutter-Sohns in Tennessee Williams Bühnenstück »Plötzlich im letzten

Sommer«[2], geht es nicht anders. Sie läßt sich von Dr. Cukrowicz in der hypnotischen Sitzung, die die Rahmenhandlung des Stücks und des nach ihm gedrehten Films bildet, das Geheimnis ihres verrückten Gebarens entlocken. Durch ihr traumatisches Erlebnis während einer Spanien-Reise, das sie im Auftrag der Tante für sich behalten mußte, blieb sie in ihrer weiteren Entwicklung gehemmt: sie war nicht mehr frei, Frau zu werden. Ihr Geheimnis war: Ihr homosexueller Cousin war von den durch sie geköderten Jungens, als sie seiner Triebnatur gewahr wurden, wie eine Galapagos-Schildkröte erschlagen und in einem kollektiven kannibalischen Akt halb aufgefressen worden. Dieses Bild erinnerte ich während der Konsultation; daß der Film diese beliebte Rahmenhandlung hat, hatte ich längst vergessen.

Hinter dem manifesten Tagrest »abgegriffener Zettel, auf dem etwas ganz Schreckliches steht«, der so gut zu Herrn E.s Entdeckung von Jeanettes Operationsbefund paßt, verbirgt sich ein Affekt, der mir damals sehr zu schaffen gemacht hatte. Hatte ich mit dem alten Mann doch die höchst verwirrende Erfahrung gemacht, daß ich empfänglich war für den heftigen erotisierenden Auftritt einer alten Frau, die nicht einmal eine Frau war. Einen Moment lang hatte ich damals gefühlt, ich würde schamhaft erröten. Ich hatte mir das später so erklärt: Ich war in den Bann der Erotisierung gezogen worden, der durch die Schubkraft der »Pubertät« ausgelöst wurde, die bei diesem Mann sich eine jahrzehntelang aufgestaute Bahn schaffte, als er am frühen Morgen zum erstenmal in seinem Leben als Frau aus dem Haus ging.[3] Ich war von ihm ausersehen worden, ihn zur Frau zu machen, so wie Herr E. von Jeanette ausersehen worden war, sie zur Frau zu machen, und wie Catherine Holly dazu ausersehen war, für ihren Verlobten heterosexuelle in homosexuelle Männer zu verwandeln. Und wozu war ich von Herrn E.s unbewußter Aktion in unserem Handlungsdialog ausersehen?

Auf diese Frage gibt es nicht nur eine Antwort. Ich rekapituliere zunächst meine beiden Deutungen und Herrn E.s Antworten auf sie. Mit meiner ersten Deutung – »Sie wollen von mir wissen, wie normal *Sie* sind« – wurde offenbar das unbewußte Feld in der Richtung des

---

[2] »Suddenly last Summer« wurde 1958 uraufgeführt. Der gleichnamige Film stammt von dem Regisseur J. L. Mankiewicz, 1959 im Columbia-Verleih.

[3] Aus der psychotherapeutischen Behandlung Transsexueller weiß ich, daß diese oft, wenn sie endlich real beginnen, der gewünschten Geschlechterrolle entsprechend zu leben, in einen Zustand geraten, der wie die Pubertät aufgebaut ist. Diese Patienten kannten die Pubertät bisher nur vom Hörensagen und stellen plötzlich an sich fest, daß sie »in die Pubertät kommen«.

dann einsetzenden Handlungsdialogs strukturiert. Herr E. hatte gut verstanden, daß es nicht um »normal«/»verrückt« oder »normal«/»krank« ging, sondern um die Frage seiner Geschlechtsidentität jenseits jedes diagnostischen Zugriffs. Folgerichtig »sagte« Herr E. mir dann etwas über die Konstitutionsprinzipien seiner sexuellen »Anatomie«. Ich »antwortete« hierauf, indem ich mich wegtragen ließ in eine erregende »exotische« Welt. Aus dieser kehrte ich zurück mit der Hilfe eines Angstsignals (»Ich habe nur noch wenig Zeit«; »Ich habe meine Zeit mit Jeanine vertan«), das vom Über-Ich aufgegriffen und zur Stärkung meiner vorübergehend lädierten Ich-Funktionen (»nicht deuten wollen«) verwendet werden konnte. In dieser Sequenz reflektiert sich dramatisch der Schrecken der Kastration: die Strafe für die Hingabe an den schönen Gesang der Sirenen, das falsche Objekt.

Dieser dynamische Zusammenhang bildet den Hintergrund meiner zweiten Deutung –: »Wovon wollen Sie ablenken, wenn Sie mein Interesse auf Jeanine lenken?« Herr E. hätte nun Gelegenheit gehabt, gegen das Über-Ich-Moment meiner Deutung (»Sie lenken ab!«) Front zu machen und mit Unverständnis zu reagieren, »sich dumm zu stellen«. Dann wäre diese Konsultation, wie bekannt, auf dem Wege des Aussitzens abgeschlossen worden. Statt dessen konnte er sich mit dem Aspekt meiner Deutung verbünden, der auf die Libidobesetzungen im Es zielt (»Sie lenken mein Interesse auf ›Jeanine‹. Was bedeutet ›Jeanine‹?«). Indem er sich so mit dem libidinösen Interesse meiner Frage verbündete, wurde der Weg frei für den frei beweglichen Schlußdialog. Dieser Schlußdialog ist dadurch ausgezeichnet, daß im Prinzip auch er hätte sagen können, was ich sagte, und ich hätte sagen können, was er sagte.

In meiner zweiten Intervention hatte ich mich also auf die Deutung einer Projektion (»ablenken«, »lenken auf«) konzentriert. In der Projektion – genauer gesagt: der *projektiven Identifizierung*, um die es sich hier handelt – werden unerwünschte Selbstaspekte in einer anderen Person wahrgenommen *und* hervorgerufen. Die projektive Identifizierung ist in zweifacher Weise ein Kontroll- und Beherrschungsversuch:

1. soll etwas Eigenes (ein unerträglicher Aspekt des Selbst) am Objekt beherrscht werden.
2. soll dadurch das Objekt beherrscht werden. »Selbstaspekt« ist eine ziemlich abstrakte Zusammenfassung für all das, *wovon* abgelenkt werden sollte – für all die offenbar gefährlichen Erfahrungen, die im

Schlußdialog, durch die Deutung der Projektion aus ihrer Erstarrung gelöst, anklingen in den Worten: attraktive Frau; »es haben mit« (also sexuelle Vereinigung eines Mannes mit einer Frau); Erregung; Angst; Verwandlung des einen Geschlechts in das andere; Kastration. Die Beherrschung/Kontrolle des Objekts ist in der projektiven Identifizierung darum so zentral, weil sie – illusionär – garantiert, daß die unerträglichen Selbstaspekte (insofern sie z.B. erwünschte, aber nicht ertragbare Selbstaspekte sind) am kontrollierten Objekt unter der Verfügbarkeit des Subjekts bleiben. Das, *womit* abgelenkt wird, wird in meiner dritten Deutung ausgesprochen, die ich, kurz nach der Verabschiedung, nur noch *mir* geben konnte: »Jeanine hatten Sie *mir* zugedacht.« Dazu war also wegen der Zeit, die ich »mit Jeanine vertan« hatte, die Zeit zu knapp.

Wir stoßen so auf eine überraschende Identität des *Wovon* abgelenkt wird und des *Womit* abgelenkt wird. Die Erregung (»sexuelles Klima im Raum«) dient dazu, um von Erregung abzulenken. Präziser, in der Sprache der projektiven Identifizierung: Indem Herr E. mich mit »Jeanine« erregt, steckt er seine an »Jeanette« gebundene Erregung projektiv in mich hinein (und identifiziert mich damit mit ihr), um derart seine Erregung zu beherrschen. Der Köder »Jeanine« ist die Metapher der Sexualisierung.

Erst nach dieser Analyse der Abwehr*form* ist es möglich, *inhaltliche* Antworten auf die oben gestellte Frage zu geben: Wozu war ich von Herrn E.s Aktion bestimmt? Herr E. war nach seiner Entdeckung des Operationsbefundes bei Jeanette impotent geworden. Indem er mich erregt, vergewissert er sich, daß er nicht kastriert ist. Diese Vergewisserung trägt aber die dialektische Implikation in sich: Wenn er mich (zu sehr) erregt, bin ich kastriert. Ich kann dann nämlich nicht mehr deuten, bin meiner spezifisch analytischen Potenz verlustig gegangen. Das ist aber gerade das, was *er* mit »Jeanette« erlebt hat – und nun setze ich »Jeanette« und »Jeanine« in Anführungszeichen, um den Punkt zu markieren, ab dem wir spätestens nicht mehr von realen Personen in der Außenwelt, sondern von inneren Objekten des Patienten (und den an sie gehefteten Phantasien) sprechen. Er hatte mit »Jeanette« die zugleich abgründige und alltägliche Erfahrung gemacht, daß das erregende zugleich das kastrierende Objekt ist.

Durch eine leichte Prismendrehung ergibt sich eine neue Optik: Herr E. war so blind verliebt, daß er nicht mehr sah, daß »Jeanette« ein Mann war – mindestens *war*. Er ist also auf einen Mann hereingefallen, der vorgab, eine Frau zu sein. Jetzt möchte er feststellen, ob ich auf ihn hereinfalle. Zu diesem Zweck schlüpft er in die verführerische Haut der phallischen »Jeanine« und macht mit mir, was »Jeanette« mit ihm gemacht hatte. »Jeanette« und »Jeanine«[4] sind durch den von Freud an der Traumarbeit entwickelten Mechanismus der Verschiebung miteinander verbunden.

»Jeanette« ist »Jeanine« – indem wir dies feststellen, wird deutlich, daß der Patient die transsexuelle und die homosexuelle Gefahr, die für ihn unbewußt für die gleiche Gefahr stehen, demonstrieren und projektiv an mir festmachen muß, um sie dadurch zu beherrschen. Denn wenn ich mich nur noch für »Jeanine«, also die »echte Frau«, interessiere, interessiere ich mich nicht mehr für *ihn*, also nicht mehr für einen Patienten, der mit einem Problem der Geschlechter-»Verwechslung« zu mir gekommen ist, sondern ich interessiere mich dann für »ihn« als Frau, und damit ist paradoxerweise die Gefahr der Auflösung der Geschlechtergrenzen in Homo- und Transsexualität gebannt.

Bis hierher habe ich die inhaltliche Optik auf die *Kastrationsgefahr* und auf die *Gefahr der Diffusion der Geschlechtergrenzen* (die zugleich eine Gefahr der psychotischen Entgrenzung ist) gerichtet. Aus der Optik der ödipalen Konstellation wird der *negative Ödipuskomplex* thematisiert. Das ödipale Dreieck konstelliert sich durch das inzestuös erregende Primärobjekt, das, vermittelt durch die Triebschicksale des Patienten, die Eigenschaften von »Jeanette/Jeanine« annimmt, dann durch Herrn E. als in der Konsultation handelnde Person und durch das dritte Objekt, den Analytiker. Die Katastrophe des positiven Ödipuskomplexes verdichtet sich im Schrecken der Kastration: Die »Jeanette/Jeanine«-Mutter wird als kastriert *gesehen*, *weil* ihr Bild zu sehr mit »homosexuellen« und »transsexuellen« Phantasien aufgeladen ist.

Aus dieser Katastrophe tritt Herr E. in der Konsultation die geordnete Flucht zugleich nach »vorn« an in die Sexualisierung – und »zurück« in den negativen Ödipuskomplex. Dieser ist gekennzeichnet durch die Positionsverschiebung: Er kontrolliert die ödipale Szene nun dadurch, daß er den Vater scharf auf die »Jeanine«-Mutter macht.

---

[4] Natürlich sind »Jeanette« und »Jeanine« für den Zweck dieser Darstellung gewählte Kunstnamen. Aber im sog. wirklichen Leben ist alles immer noch viel echter. Durch Weglassung der Mittelkonsonanten des längeren Namens von »Jeanette« wurde dieser in »Jeanine« verwandelt. »Jeanette« war also identisch mit der kastrierten »Jeanine«.

Dabei wird die Mutter ihrer bedrohlichen »Jeanette«-Eigenschaften entkleidet. Er ist wieder der unbeteiligte Dritte, und der Vater soll nicht merken, daß er seine heterosexuelle Potenz einer homosexuellen Aufladung durch den Sohn verdankt. Der mit den Eigenschaften der verführerischen »Jeanine«-Mutter ausgelegte *Köder der Sexualisierung dient dem Zweck der Überschreitung der Inzestschranke.*

Die *bisexuelle Omnipotenz* und der *Vaginalneid*, die zu dieser Position gehören, werden sichtbar in einer weiteren Drehung des Prismas: Er möchte so sein wie »Jeanette-Jeanine«, so schön geschminkt und modisch zurechtgemacht, daß ich mich für ihn so interessieren kann, wie er mich für »Jeanine« interessieren machen kann. »Früher war Jeanine genauso – wie Jeanette« heißt dann: Ursprünglich war auch die schöne verführerische Frau ein Mann... ein Mann, der eine Frau ist... die ein Mann ist...

Bezeichnenderweise wird der Untergang des Ödipuskomplexes in dieser Konsultation durch eine depressive Reaktion in der Gegenübertragung eingeleitet: »Es wird Zeit, daß ich mich einkriege.« Indem ich Abschied von »Jeanine« nehme, erreiche ich die *depressive Position.* Dadurch wird die Fixierung des Handlungsdialogs auf den negativen Ödipuskomplex überwunden, und der Patient kann im Schlußdialog eine selbstreflexive Position einnehmen. Er erblickt nun in »Jeanettes« Kastration seine eigene. Damit nimmt er auch die depressive Position ein, die ich in der Einleitung der Fallgeschichten, den Teiresias aus Sophokles' Ödipus zitierend, so benannt hatte: »Du bist der, den Du suchst!«[5]

Gewiß war Herr E. auch darum zu mir gekommen, um herauszufinden, ob ich meine, daß er eine Psychoanalyse brauche. Diese Frage blieb ungestellt und, wie so viele andere Fragen, in dieser Konsultation auch unbeantwortet. Daß sie mindestens unbewußt im Raum stand, ist durch die Rückführung »Jeanines« auf ein Selbstobjekt des Patienten bewiesen. Wir können dann die Stelle, an der sich der Ver-

---

[5] Der blinde Seher Teiresias ist ein Spezialist für die Kenntnis beider Geschlechter, wenn er auch von Sophokles nicht explizit als solcher eingeführt wird. K. Kerényi faßt die verschiedenen Versionen des Mythos zusammen: In einer Version wurde er mit Blindheit geschlagen, weil er die Brust und den Schoß der Athene gesehen hatte. In einer anderen Version war er selbst sieben Jahre lang Frau und erfuhr die Liebe des Mannes. In eine Frau wurde er verwandelt zur Strafe dafür, daß er zwei Schlangen bei der Paarung beobachtet und das Weibchen getötet hatte. Nach seiner gnädigen Rückverwandlung wurde er dann von Hera mit Blindheit geschlagen, weil er verriet, was er als Frau erlebt hatte: daß die Frau zehnmal mehr von der Liebe hat als der Mann (Kerényi, a. a. O.: 85).

baldialog zum Handlungsdialog verdichtet, so übersetzen: »Ich soll Sie fragen, ob der ›Jeanine‹-Teil in mir eine Analyse bei Ihnen machen kann.« Hätte Herr E. nun eine Analyse gebraucht? Eigentlich eine müßige Frage, denn als Herr E. hat er keine Analyse gewollt.

Aber diese Frage ist ein Anlaß, einen abschließenden diagnostischen Blick auf diesen Mann zu werfen. Es wurde schon dargestellt, warum ich nicht glaube, daß Herr E. zu den Menschen gehört, deren Objektbeziehungen primär durch Sexualisierung bestimmt sind. Genese und Funktion der Sexualisierung habe ich in der dritten Falldarstellung schematisch in sechs Punkten (S. 119ff.) zusammengefaßt. In der Tat ist die Sexualität ein so zentraler und so wenig beachteter Abwehr- und Anpassungsmechanismus, daß sie in einer eigenen Arbeit[6] behandelt werden soll. In Herrn E.s Konsultation spielte die Sexualisierung, wenngleich eine wichtige, so doch nicht die dominante – und in ihrer Dominanz immer zerstörerische – Rolle. Vielmehr ergänzten sich, jedenfalls in der Konsultation, eine starke sexualisierende und eine starke sublimatorische und strukturierende Tendenz zu einer gesunden Mischung. Da alle diagnostischen Zusammenfassungen einen unabdingbar ideologischen Rest haben, ziehe ich die offen ideologische Alltagsdiagnose »gesunde Mischung« solch schrecklichen Benennungen wie »hoch strukturiert«, »gut komponiert« oder »gute Gestalt« vor.

Herrn E.s intrapsychische »Jeanine«, die durch Erotisierung / Projizierung in mir lebendig wird, ist aufgebaut wie eine intrapsychische *Plombe*. In der Analyse der Plombenbildung (S. 111) hatte ich als deren Formel benannt: Libidinisierung (Sexualisierung) plus Externalisierung. Hier wird diese Plombenbildung noch einmal in actu sichtbar. Mit F. Morgenthaler könnte man sagen: »Jeanine« ist eine *stumme Mikroplombe*, die im Erlebnis mit »Jeanette« externalisiert und in der Übertragung in mich hineinprojiziert wird. Daß das Resultat der Externalisierung Herrn E. so sehr erschreckte, zeigt, daß er eben nicht manifest pervers, sondern, wie Frau L. aus der dritten Fallgeschichte und anders als Herr B. aus der vierten, nur latent pervers ist.

Wenn es richtig ist, daß sich die Plombenbildung einer »Lücke« (Morgenthaler) in der Bildung der narzißtischen Kohärenz des Selbst verdankt, dann können wir in bezug auf Herrn E. eine letzte diagnostische Spekulation anstellen. Es muß einen Bereich der frühen Störung geben, der zu einer Unsicherheit des Körperselbst und der Kör-

---

[6] in Vorbereitung

pergrenzen führt. Dieser Bereich bleibt im alltäglichen Leben »stumm«, er ist gut kompensiert (»Mir fiel auf, daß mir nichts an ihm auffiel«), bewirkt aber, wenn Herr E. plötzlich in der Außenwelt mit ihm konfrontiert wird, daß er, »unsterblich verliebt«, nicht mehr sieht, daß Jeanette trotz Silikonbrüsten und Neo-Vagina die Körpergrenzen eines Mannes hat.

Über diesen Bereich der frühen Störung habe ich, wie angemerkt, keinerlei biographische Hinweise. Nach meiner Sicht der Dinge und der Menschen steht das anzunehmende »stumme« frühe Trauma dieses Mannes dem Ödipuskomplex dieses Mannes (über den ich biographisch ebensowenig weiß) keineswegs in diagnostischer Konkurrenz gegenüber, sondern bringt den Ödipuskomplex auf den für diesen Mann besonderen Begriff. In einer »höheren«, ödipalen Schicht ist »Jeanine« der Trieb-Köder, den der Patient auslegen muß, um mit mir in einen Dialog über sein Selbstobjekt »Jeanette« – die »tiefere« Schicht – eintreten zu können.

Herr E. schien zu den nicht wenigen Menschen zu gehören, die irgendwann in ihrem Leben, scheinbar zufällig, mit den sexuellen Abgründen ihrer Existenz konfrontiert werden. Er hat die Kastration in der rohen Form gesehen, die übrigbleibt, wenn die Maske der Geschlechtsumwandlung abgestreift ist und gleichzeitig mit ihr die schöne Illusion der bisexuellen Omnipotenz zerfällt. Ich zitiere, stellvertretend für Jeanettes Befundbericht, aus dem Entlassungsbericht des alten Zimmermanns, nach dessen »Geschlechtsumwandlung«, zu der ich ihm an der sexualmedizinischen Ambulanz seinerzeit schließlich verholfen hatte (Amb. Nr. 1207/1976). Herr X hatte nach seiner Einlieferung anläßlich des Grubenunglücks noch 25 Jahre darum gekämpft, auch körperlich eine Frau sein zu dürfen. Endlich war er am Ziel seiner Wünsche angelangt: »...In der 3-stündigen Operation wurden folgende Eingriffe durchgeführt: beidseitige Orchiectomie, Penisamputation, Formung der Vagina, Formung der Labien, Harnröhrentransplantation in die Vagina. Anschließend wurden in kurzer Maskennarkose mit Lachgas Halothan Sauerstoff 2 Siliconimplantate mit jeweils 260 ml eingelegt... Bei der Entlassung befand sich die Patientin in einem guten Allgemeinzustand, die Wunden waren verheilt, die Patientin war über den Operationserfolg sehr froh...«

So nah liegen Freude und Schrecken beieinander.

4. Kapitel:
Schlußbetrachtung
Zum Begriff der Geschlechterspannung

Die Frau macht sich ein Bild vom Mann, und der Mann macht sich ein Bild von der Frau. Das Bild, das sich der Mann von der Frau macht, bestimmt die geschriebene Geschichte ebenso wie die katalogisierte Kunst und die materielle Ökonomie – überhaupt den sichtbaren, vorderhand verfügbaren und zitierbaren geistigen und materiellen Lebensprozeß. Ist darum das Bild, das sich die Frau vom Mann macht, nur das Abbild des Bildes, das sich der Mann von der Frau macht? Ist die Geschichte der Frau bis heute nur die Geschichte ihrer ihr vom Mann aufgezwungenen Geschichtslosigkeit?[1] Macht sich der Mann sein Bild von der Frau nicht auch nach dem Bild, das sich die Frau von ihm und von sich macht – auch wenn sie dies Bild bis heute nicht in den Kunstgalerien ausstellt, nicht in Geschichtsbüchern und Gesetzestexten niederlegt?

Die feministische Bewegung hat die Verdinglichungen, Verzerrungen und Projektionen im Bild des Mannes von der Frau einer umfassenden Kritik unterzogen. Aufhänger dieser Kritik ist immer und immer wieder Freuds Lehre der psychosexuellen Entwicklung von Mann und Frau. Eine nicht abreißende Zahl von Veröffentlichungen mit der Themenvariation »Psychoanalyse und Feminismus« gibt darüber Zeugnis.[2] Man, aber leider nicht *frau*, bekommt den Eindruck, daß hier auch der Sack statt des Esels geschlagen wird. Denn keine »bürgerliche« und darum »patriarchalisch« organisierte Wissenschaft hat der Frau jemals soviel Gerechtigkeit widerfahren lassen wie die Psychoanalyse.

---

[1] »Geschichte der weiblichen Geschichtslosigkeit« ist ein Schlüsselbegriff bei S. Bovenschen (1979: 10). Aus Bovenschens Streitgespräch mit Marcuse hatte ich im 1. Kapitel die Behauptung abgeleitet, die zentrale feministische Denkfigur komme in dem Satz zum Ausdruck, »…daß der eine Pol, nämlich das Weibliche, überhaupt noch nicht wirklich besteht«. Die Frau in der Geschichte ist dort konzipiert als stummes Herrschaftsobjekt des Mannes, daß sich nur durch »Listen der Ohnmacht« – so der Titel einer Untersuchung von Claudia Honegger (1983) – zu wehren vermag. Gleichsinnig spricht Maya Nadig (1987: 165) von den feministischen Forscherinnen, also von einer gesellschaftlich hochprivilegierten Gruppe, als von »Unterdrückten« und – im Anschluß an Elisabeth Lenk (1981) – von »Parias«, also vom geistig-kulturellen Lebensprozeß Ausgeschlossenen und Ausgestoßenen.
[2] Vgl. die Bibliographien bei E. Reinke-Köberer (1978), C. Hagemann-White (1978) und U. Schmauch (1987a).

165

Die von feministischer Seite an der Freudschen Konzeption von männlicher und weiblicher Entwicklung zu Recht vorgetragene Kritik kann sich auf psychoanalytische Autoren und Autorinnen berufen, die, gerade indem sie konsequent freudianisch bleiben, zu Formulierungen gelangen, die *einzelne* theoretische Verallgemeinerungen Freuds zurechtrücken – in erster Linie seine Skizzierungen des idealtypischen Verlaufs der phallischen Phase und des Ödipuskomplexes beim Mädchen. Die immer wieder zu Recht zitierten und reklamierten Autorinnen wie Janine Chasseguet-Smirgel, Lili Fleck, Phyllis Greenacre, Margarete Mitscherlich-Nielsen oder Maria Torok nehmen dem Feminismus gegenüber sehr unterschiedliche Haltungen ein.

Es ist wahr, daß die Frau in der Psychoanalyse »keinen mythischen Namen« (Renate Schlesier, 1984: 346f.) hat; wir kennen nach wie vor nur den *Ödipus*-Komplex und die *phallische* Phase. Aber es ist nicht wahr, daß »die Rolle, die die Psychoanalyse dem weiblichen Kind reserviert, allerhöchstens die eines Stiefkindes, oder wenn man will, die einer herumirrenden Seele (ist), die sich ihre Identität manchmal von dem mythischen Heros, meistens aber mal von dem, mal von jenem Schatten ausborgen muß« (ebenda: 348).

Die Geschichte der Psychoanalyse ist nun einmal, wie Freuds eigene wissenschaftliche Biographie, die Geschichte der permanenten kritischen Fortschreibung des Ödipuskomplexes – und das bedeutet auf der empirisch-klinischen Ebene der »Namensgebung«: des Ödipuskomplexes des Mannes *und* der Frau gleichermaßen. Gerade in dem psychoanalytischen Festhalten an dem einmal gegebenen Namen liegt mehr Wahrheit und mehr Aufforderung zur Selbsterkenntnis, weil es zu einem kritischen Aushalten des Begriffs auffordert und weil zugleich in diesem Namen der unaufhebbare Rest an Verdinglichung anerkannt bleibt, der der Frau in jeder »männlich« organisierten Sprache und Wissenschaft zugefügt wird. Die herumirrende Seele der Frau wird nicht dadurch erlöst werden, daß man das »man« durch ein feministisches »frau« ersetzt oder dem Ödipus eine Bindestrich-Elektra zugesellt. Und gerade die Männer, die dieser Mode folgen, verbergen mit dem opportunistischen Kotau vor der Frauenbewegung die niederen Instinkte ihrer tiefsitzenden Misogynie.

Die Remythologisierung des Geschlechterverhältnisses, die die feministische Bewegung der Psychoanalyse anlastet, wird von ihr selbst betrieben. Der Impuls der Aufklärung, der mit der Lehre von Marx und Engels seinen höchsten philosophischen Ausdruck gefunden hatte und von der Kritischen Theorie in seiner ihm eigenen Dialektik von Erfüllung und Scheitern festgehalten worden war, droht in ein Konglomerat psycho-politisch opportuner Theoreme zu zerfallen. Zwar heißt es im Kommunistischen Manifest, es sei »die Stellung der Weiber als bloßer Produktionsinstrumente aufzuheben« (Marx/Engels, 1848: 479), die ihnen im Kapitalismus zukomme. Aber in seiner historischen Analyse der »individuellen Geschlechtsliebe«, die er ganz und gar als eine Errungenschaft der bürgerlichen Epoche ansieht, verzichtet Friedrich Engels – im »Ursprung der Familie« – auf solche propagandistischen Verkürzungen und bescheibt »unsere Geschlechtsliebe« (Engels, 1884: 71 ff.) als einen Entwicklungsprozeß triebgesteuerter Wechselseitigkeit von Mann und Frau, der getragen wird von dem Wunsch, »sich gegenseitig besitzen zu können«:

»Unsere Geschlechtsliebe unterscheidet sich wesentlich vom einfachen geschlechtlichen Verlangen, dem Eros, der Alten. Erstens setzt sie beim geliebten Wesen Gegenliebe voraus; die Frau steht insoweit dem Manne gleich, während sie beim antiken Eros keineswegs immer gefragt wird. Zweitens hat die Geschlechtsliebe einen Grad von Intensität und Dauer, die beiden Teilen Nichtbesitz und Trennung als ein hohes, wo nicht das höchste, Unglück erscheinen läßt; um sich gegenseitig besitzen zu können, spielen sie hohes Spiel, bis zum Einsatz des Lebens, was im Altertum höchstens beim Ehebruch vorkam« (ebenda: 78).

Die individuelle Geschlechtsliebe entwickelt sich natürlich innerhalb des Rahmens der Klassengegensätze:

»Der erste Klassengegensatz, der in der Geschichte auftritt, fällt zusammen mit der Entwicklung des Antagonismus von Mann und Weib in der Einzelehe, und die erste Klassenunterdrückung mit der des weiblichen Geschlechts durch das männliche« (ebenda: 68).

Man beachte die genaue Wortwahl: »fällt zusammen« heißt es – und nicht, daß der Klassenantagonismus mit dem der Geschlechter identisch sei oder diesen gar erkläre. Unabhängig davon, wie weit man die im »Ursprung der Familie« vertretene historische Rekonstruktion als überholt betrachten mag, bleibt doch die wesentliche Einschätzung der Frau als eines *historischen Subjektes* bestehen; nur Subjekte können sich »gegenseitig besitzen« wollen. Der so gefaßte Begriff des Besitzens sprengt seine eigene ökonomische Reduktion im historischen Materialismus auf. Denn Warenbesitzer und Ware können sich nicht gegenseitig besitzen; die Wiederkehr des verdrängten Subjektcharakters der Ware im Warenfetischismus – also das als Verdinglichung gefaßte Grundphänomen der kapitalistischen Illusionierung, daß die Ware ihrerseits vom Warenbesitzer Besitz ergreift – wird von Marx niemals als »gegenseitiges Besitzen« mit den Konnotationen von Liebe, Trennung, Unglück und Einsatz des Lebens beschrieben.

Engels erfaßt also bereits das Geschlechterverhältnis – formuliert im Begriff der individuellen Geschlechtsliebe – im Spannungsdreieck von Klassenantagonismus, patriarchalischer Struktur und triebgeleiteter Ausdifferenzierung des Individuums. Nicht zufällig stößt die materialistische Geschichtsauffassung gerade im »Ursprung der Familie« an ihre eigene Grenze; der Primat der Dialektik von Produktivkräften und Produktionsverhältnissen als Geschichte *erklärende* Zentralkategorie wird erschüttert. Diese Grenze freigelegt und in all ihren Manifestationen benannt zu haben, bleibt das Verdienst der feministischen Wissenschaftskritik.[3]

Das Patriarchat, definiert als »jedes Gesellschaftssystem, das Männern in ihren verschiedenen sozialen Rollen konkrete oder normative Macht über Frauen einräumt, ein System, in dem Männer über die weibliche Existenz zu ihren Gunsten verfügen können« (Janssen-Jureit, 1984: 105) – dieses Patriarchat hat eine bis heute wissenschaftlich noch unbegriffene, eigentümliche Resistenz gegen alle überbauhaften Zersetzungen in der langen Geschichte des Umschlags von Produktivkräften und Produktionsverhältnissen. Sein grundlegender Funktionsmechanismus ist:

1. die geschlechtsspezifische Arbeitsteilung in sorgende (weibliche) und instrumentalisierende (männliche) Tätigkeiten.

2. die Aneignung des Mehrprodukts, das aus der sorgenden Tätigkeit hervorgeht, durch die instrumentalisierende Tätigkeit.

Feministisches Denken ist darin sich einig, diese »Arbeitsteilung« sei vom Mann installiert und »das Weibliche« sei durch sie definiert, zugerichtet und in seiner Entfaltung gehindert. Es handelt sich aber

---

[3] Vgl. insbesondere die von Barbara Schaeffer-Hegel und Brigitte Wartmann (1984) herausgegebenen Beiträge zu dem Symposium »Mythos Frau – Weiblichkeit in der patriarchalischen Kulturentwicklung«.

bei diesem wahrhaft gattungsgeschichtlichen Prozeß[4] um eine »arbeitsteilige« Zurichtung/Entwicklung des »Weiblichen« *und* des »Männlichen«. Die Frage, wie sehr dieser Prozeß vom Mann inauguriert, von der Frau gewollt oder aber mit blinder geschichtlicher Notwendigkeit über die Köpfe der Individuen hinweg sich durchgesetzt hat, ist in erster Linie eine Frage des mythopolitischen Credos. An diesem Punkt scheiden sich die Geister.

Die Frau in der Kritischen Theorie

In der Kritischen Theorie erscheint das Verhältnis von Mann und Frau in der bürgerlichen Gesellschaft durchaus als eines von Täter und Opfer. Anknüpfend an Hegel, der das Prinzip der Liebe zum ganzen Menschen von der »Weiblichkeit« und das Prinzip der staatlichen Unterordnung von der »Männlichkeit« vertreten läßt, entwirft Max Horkheimer in »Autorität und Familie« (1936) das Panorama der Konstitutionsbedingungen des autoritären Charakters. Die Familie erscheint hier einerseits als eine ebenso übergeschlechtliche wie vom Willen der Individuen unabhängige Agentur der Gesellschaft, durch die die Sozialcharaktere von Mann und Frau gleichermaßen ausgestanzt werden:

»Die Familie besorgt, als eine der wichtigsten erzieherischen Mächte, die Reproduktion der menschlichen Charaktere, wie sie das gesell-

---

[4] Die Beantwortung der Frage, inwieweit die Arbeitsteilung der Geschlechter eine Geschichte erklärende Zentralkategorie ist oder inwiefern sie nur ein Epiphänomen unterhalb beispielsweise der Arbeitsteilung von Stadt und Land (vgl. K. Eder, 1973: 28) bildet, ist selbst abhängig von der zukünftigen wissenschaftlichen und politischen Interventionskraft des feministischen Diskurses. Es ist offensichtlich, daß die herrschende wissenschaftliche Diskurs diese Frage ausblendet: Schaeffer-Hegel gibt hierfür viele einleuchtende Beispiele. Freilich ist das Ausgeblendete und Verdrängte nicht darum schon das »Eigentliche« oder Wahre, weil es ausgeblendet und verdrängt ist.

Nach C. Meillasoux (1960, 1975) kann, wenn überhaupt, nur in den kleinen, nicht-seßhaften Jäger- und Sammlergesellschaften, also den frühesten archaischen Subsistenzgesellschaften, vollkommene Geschlechtersymmetrie geherrscht haben. Obwohl alle »höheren« oder komplexeren und geschichtlich jüngeren Vergesellschaftungsformen in irgendeiner Form mit dem o. g. *patriarchalischen Funktionsmechanismus* zu operieren scheinen, bleibt dieser bei K. Eder (1973), um nur einen neueren Autor zu zitieren, ganz ausgeklammert. Eder sieht die »Arbeitsteilung zwischen Stadt und Land« und die politische Stellung der städtischen Schichten als den entscheidenden Faktor in der Herausbildung der Hochkulturen an. Thompson (vgl. bei mir Kap. 1, Anm. 20) deutet dagegen die Arbeitsteilung Stadt/Land als Reflex auf die innere Dynamik der Geschlechtspannung in den nicht-patriarchalischen frühen Ackerbaugesellschaften.

schaftliche Leben erfordert, und gibt ihnen zum großen Teil die uner-
läßliche Fähigkeit zu dem besonders gearteten autoritären Verhalten,
von dem der Bestand der bürgerlichen Ordnung in hohem Maße abhängt« (Horkheimer, 1936: 49f.).

Andererseits ist für Horkheimer die »Verzweiflung von Frauen und
Kindern, der Raub an ihrem Lebensglück« bedingt durch »die materielle und psychische Ausbeutung infolge der ökonomisch begründeten Vormachtstellung des Vaters« (ebenda: 56). Der Mann in seiner
Eigenschaft als Vater und die Frau in ihrer Eigenschaft als Mutter
treten sich hier nicht nur als *Protagonisten* der bürgerlichen Familie
mit je unterschiedlichen, gesellschaftlich determinierten Funktionen
gegenüber, sondern als *Antagonisten* in einem tödlichen Kampf zwischen Glück und Herrschaft. Die Herausbildung des autoritären
Charakters, in der Folge eine der zentralen Kategorien der Kritischen
Theorie, wird nicht so sehr als Resultat eines spannungsvollen Zu-
sammenspiels der Geschlechter unter den Bedingungen kapitalistisch
entfalteten Warentauschs erkannt, sondern verdankt sich nach Horkheimer letztlich »dem Druck des Vaters« (ebenda: 59). Der Mann
produziert – in dieser Sicht – den autoritären Charakter, die Frau reproduziert ihn nur:

»Für die Herausbildung des autoritären Charakters ist besonders entscheidend, daß die Kinder unter dem Druck des Vaters lernen, jeden
Mißerfolg nicht bis zu seinen gesellschaftlichen Ursachen zurückzu-
führen, sondern bei den individuellen stehen zu bleiben und diese
entweder religiös als Schuld oder naturalistisch als mangelnde Begabung zu hypostasieren... Das Ergebnis der väterlichen Erziehung
sind Menschen, welche von vornherein den Fehler bei sich selbst suchen... Dadurch, daß die Frau sich dem Gesetz der patriarchalischen
Familie beugt, wird sie selbst zu einem die Autorität in dieser Gesellschaft reproduzierenden Faktor« (ebenda: 59 u. 69).

Wir begegnen an dieser Stelle einem für die Kritische Theorie typischen – unzulässigen und unvermeidlich zu empirischen Fehlurteilen
führenden – sozialpsychologischen Kurzschluß. Dieser stellt sich –
das hat gerade Adorno (1955) im Prinzipiellen herausgearbeitet – immer dann ein, wenn psychoanalytische Begriffe in soziologischen
glatt aufgehen sollen und wenn Soziologisches mit Psychologischem
erklärt werden soll. Selbst wenn es in der von Horkheimer intendier-
ten idealtypischen Familie so gewesen sein sollte – woran zu zweifeln

ist –, daß der Vater den strafenden Überich-Druck personifizierte und die Mutter die Ichideal-bildende, gewährende Güte, dann wird doch vom Kind in erster Linie eine vereinigte Eltern-Imago verinnerlicht – sei es, daß diese sich dann sozialpsychologisch als autoritärer Charakter oder als irgendeine andere empirisch beschreibbare Charakterformation niederschlägt.[5]

Wenn Horkheimer die hochbürgerliche Familie als einen Ort benennt, »wo sich das Leid frei ausgesprochen und das verletzte Interesse der Individuen einen Hort des Widerstands gefunden hat« (ebenda: 63), so sieht er »in der Geschlechtsliebe und vor allem in der mütterlichen Sorge« (ebenda: 63) die Hüterinnen dieses Ortes. Dabei wird die »völlige Entseelung der Welt« ebenso dem Mann zugeschlagen wie der »Hort des Widerstands« der Frau:

»Wenn somit die gegenwärtige Familie auf Grund der durch die Frau bestimmten menschlichen Beziehungen ein Reservoir von Widerstandskräften gegen die völlige Entseelung der Welt ausmacht und ein antiautoritäres Moment in sich enthält, hat freilich die Frau infolge ihrer Abhängigkeit ihr eigenes Wesen verändert« (ebenda: 67).

Konstitutiv für »Autorität und Familie« ist eine eschatologische Sicht des »Weiblichen«: Die Frau hat infolge ihrer Abhängigkeit vom Mann »ihr eigenes Wesen verändert« – welches offenbar, *als Wesen*, anders als das des Mannes, über die bestehenden Verhältnisse hinausweist. Diese Denkfigur – das »Weibliche« als Unterpfand utopischer Hoffnung – bestimmt Kritische Theorie und feministisches Denken, auch wo dieses mit jener nur mittelbar in Berührung gekommen ist, bis heute.

Die in »Autorität und Familie« nur angedeutete Sicht des Weiblichen erfährt in der »Dialektik der Aufklärung« (Horkheimer und Adorno, 1947) eine Radikalisierung, die in Remythologisierung umzuschlagen droht. Die Wege von Frau und Familie, die in »Autorität und Familie« noch eine sachlogische Einheit bilden, trennen sich für Horkheimer und Adorno unter dem Eindruck des Grauens von Auschwitz: Die bürgerliche Familie wird gleichsam dem Zerfall anheimgegeben, die Frau aber als »das Weib« (ebenda: 134ff.) als letzte

---

[5] Das habe ich im 1. Kapitel in verschiedenen Zusammenhängen betont. Hinzuweisen ist an dieser Stelle besonders auf eine Arbeit von Enid Balint, in der es heißt: »Die Qualität der Objektbeziehung zwischen Mutter und Vater, wie sie vom Kind gesehen und gefühlt wird… ist ein wichtigeres Introjekt als die Funktion jedes Elternteils für sich genommen, sowohl als Introjekt wie als äußeres Objekt« (Enid Balint, 1972: 123).

Stimme der geknechteten Hoffnung beschworen. Horkheimer und Adorno sehen jetzt die empirische Familie im Zuge ihrer fortschreitenden Vergesellschaftung immer mehr an das nackte Kapitalverhältnis sich angleichen; sie zerfällt. Als ihre Zerfallsprodukte entläßt sie aus sich einerseits die an die moderne Industrie angepaßten fungiblen Larven, die die Erbschaft des autoritären Charakters antreten. »Die Selbstachtung der Menschen wächst proportional mit ihrer Fungibilität« (ebenda: 129), lautet das vernichtende Urteil über diese Charaktere, zu denen auch »die ›berufstätige‹ Frau« (ebenda) zu zählen ist. Im Kontrast zu dieser Bestimmung des empirischen Mannes und der empirischen Frau scheint jetzt desto leuchtender das Bild der (transzendentalen) Frau als Bild »des Weibes« auf:

»Der Mann als Herrscher versagt der Frau die Ehre, sie zu individuieren. Die Einzelne ist gesellschaftlich Beispiel der Gattung, Vertreterin ihres Geschlechts und darum, als von der männlichen Logik ganz Erfaßte, steht sie für Natur, das Substratum nie endender Subsumtion in der Idee, nie endender Unterwerfung in der Wirklichkeit... Die Erklärung des Hasses gegen das Weib als die schwächere an geistiger und körperlicher Macht, die an ihrer Stirn das Siegel der Herrschaft trägt, ist zugleich die des Judenhasses. Weibern und Juden sieht man es an, daß sie seit Tausenden von Jahren nicht geherrscht haben. Sie leben, obgleich man sie beseitigen könnte, und ihre Angst und Schwäche, ihre größere Affinität zur Natur durch perennierenden Druck, ist ihr Lebenselement« (ebenda: 134f.).

Die Gleichsetzung des »Weibes« mit dem Unterdrückten schlechthin, die hier sich andeutet, wird, wenn sie wörtlich genommen wird, selbst zur Ideologie. Bereits in den modischen Fragestellungen der 80er Jahre, ob Frauen strukturell weniger antisemitisch sind als Männer oder wie sehr »die Frau« im Nationalsozialismus »degradiert« wurde, drückt sich eine Ignoranz aus, die die Opfer des deutschen Nationalsozialismus noch einmal verhöhnt. Als ob die Arbeitsteilung von Mann und Frau dort aufhörte, wo die Arbeit beginnt, zum Geschäft des Massenmords zu werden.

Eindringlich hat Niklas Frank, Sohn des NS-Generalgouverneurs von Polen, in seinem Buch »Der Vater« (1987) das Grauen dieser Arbeitsteilung beschrieben, deren Zeuge er als kleiner Junge wurde: Während der Vater die Juden von Warschau zusammentreibt, läßt sich die Mutter mit dem kleinen Niklas von der SS-Leibgarde des

Vaters mit dem Dienstwagen ins Getto chauffieren, um Dessous zu requirieren. »Kinder, rief sie bei der Rückkehr, nirgends gibt's schönere Korseletts als im Getto« (Frank, 1987: 104).[6]

»Das Weibliche« im Feminismus

In der Substantivierung weiblicher Eigenschaften und angeblich verborgener weiblicher Wesenskräfte zu »dem Weiblichen« kündigt im feministischen Denken die Mystifizierung dessen sich an, was in seiner Kritik der Verdinglichungsgeschichte der Frau zu Recht bloßgelegt wurde. Selbst Barbara Schaeffer-Hegel, sonst um eine möglichst rational-deduktive Argumentation bemüht, spricht von den »besonderen Lebensgesetzen des Weiblichen« (1984: 44) und von der »verborgenen geschichtlichen Kraft, die sich kulturell mit den Frauen verknüpft« (ebenda: 9). Um den Bogen zurückzuschlagen zu Marielouise Janssen-Jureits Definition des Patriarchats: Das Patriarchat, einmal installiert, ist ein soziales System, in dem auch die Frauen über die männliche Existenz zu ihren Gunsten verfügen. Die »verborgene geschichtliche« Kraft der Frau ist viel weniger verborgen und reicht vor allem viel tiefer und weiter, als der feministische Diskurs dies zugestehen darf. Diese Kraft, ich spreche lieber von Macht, ist freilich nicht so einfach in instrumentellen Daten (Lohn, Beteiligungsquoten, Bildungsgrad usw.) darstellbar wie die Macht des Mannes. Aber wie gesagt: An diesem Punkt scheiden sich die Geister.

Dieser Stagnationspunkt sollte durch die Einführung meiner *vier Relationen* (1. Kapitel, S. 7 ff.) getroffen und eine gedankliche Linie zu seiner Überwindung skizziert werden. Es war meine Absicht, »das Männliche« und »das Weibliche« aufzulösen in eine Reihe von elementaren Relationen, in denen die Beziehung von Mann und Frau sich allererst darstellen läßt. Diese Reihe erhebt keinen System-Anspruch[7].

---

[6] Das Thema »Frauen und Nationalsozialismus« stelle zur Zeit die größte Herausforderung für feministische Theoriebildung dar, sagt Karin Windaus-Walser in »Gnade der weiblichen Geburt? Zum Umgang der Frauenforschung mit Nationalsozialismus und Antisemitismus« (1988).
[7] Ulrike Schmauch hat in einer Kritik am 1. Kapitel dieser Arbeit das »wiederkehrende Sortieren und Numerieren« in meinem Text – vier Relationen in der Beziehung von Mann und Frau, drei Gesetze der Sexualität, vier Aktionen der Sexualität usw. – »als Indiz für eine untergründige Irritation durch das Thema« gewertet und darin eine Anstrengung erblickt, diese Irritation »im Untergrund zu halten und damit scheinbar zu beherrschen«. Neben vielen anderen Abmahnungen wurde mir vorgehalten, ich würde versuchen, »die wirkliche, um uns und in uns stattfindende Zersetzung der bürgerlichen, soziosexuellen Rollenunterschiede von Mann und Frau rückgängig zu machen« (Schmauch, 1987a: 432f.). Nun, über manche Rollenzerset-

Ihr liegt jedoch die Überzeugung zugrunde, daß man über keines der beiden Geschlechter als vom anderen getrennten, gleichsam als »getrennter Einheit« sprechen kann. Diese Überzeugung könnte als Gemeinplatz erscheinen. Aber wenn wir die Bezogenheit von Mann und Frau bis zu ihrer Naturbasis zurückverfolgen, wie ich dies im 1. Kapitel versucht habe, also bis zu der Formulierung »das Geschlecht erscheint in zwei Gestalten« (vgl. S. 46), dann lösen sich alle gemeinplatzhaften Übereinkünfte auf, und der Vorwurf des Biologismus steht drohend im Raum. Carol Hagemann-White hat diesen Vorwurf radikal zugespitzt, und zwar in einer feministischen Kritik am feministischen Denken, das ihr in der Frage der Zweigeschlechtlichkeit selbst der Ideologie des Patriarchats verpflichtet erscheint:

»Solange wir die Konstruktion der Zweigeschlechtlichkeit nicht erschüttern, wird jede Kritik an den konkreten Inhalten (= des Patriarchats, R. R.) ... willkürlich bleiben und daher gegen Funktionalisierung für patriarchalische Interessen widerstandslos... Die treibende Kraft der Befreiung wird aus dem Wissen um den Charakter der Zweigeschlechtlichkeit als historische Setzung entspringen. Zu den immanenten, daher dem Patriarchat unbewußt verpflichteten Thesen zähle ich die Auffassung, es gäbe von Natur aus eine spezifische Produktivkraft der Frau, die unterdrückt sei... Die traditionelle Strategie (= der Frauenbewegung, R. R.) war, daß die Geschlechter sich bemühen (sollten), sich gegenseitig zu verstehen, jedoch ihre Verschiedenheit handelnd bestätigen. Dagegen setze ich: auf die Erwartung zu verstehen« und verstanden zu werden verzichten (denn Männer und Frauen leben von Grund auf in verschiedenen Welten), aber gleich handeln...« (Hagemann-White, 1984: 139).

Hagemann-White ist bis jetzt den Nachweis schuldig geblieben, daß der Geschlechtsdimorphismus selbst eine »historische Setzung« ist und nicht zu den von Marx so bezeichneten »ewigen Naturnotwendigkeiten« gehört. Gerade darin, daß sie das Unzerstörbare zerstört, das biologische *factum brutum* zu negieren sich gezwungen sieht, weist sie *die* Aporie feministischen Denkens auf, die entstehen muß, wenn auf »das Weibliche« gepocht wird. Dieses »Weibliche« ist nichts

zungen in der bürgerlichen Gesellschaft freue ich mich, wo ich sie nur beobachten kann, über manche freue ich mich nicht – aber Geschlechtsrollen und ihre Zersetzungen sind ausdrücklich nicht der Gegenstand meiner Untersuchung. Aus Gründen, die ich noch streifen werde, habe ich mich der gesamten Thematik der Sozialisation von Geschlechtsrollen enthalten.

anderes als die sachlogische Entsprechung desjenigen »Männlichen«, mit welchem durch die Jahrtausende die natürliche Überlegenheit des Mannes begründet worden war. Daß diese Autorin vom Mythos des Weiblichen nur Abschied nehmen kann, indem sie zu einem neuen Mythos, dem der »zwei Welten«, Zuflucht nimmt, soll uns nicht weiter beschäftigen.

Gewiß dürfte die Zerstörung der biologischen Zweigeschlechtlichkeit inzwischen gentechnologisch »machbar« sein. Doch gerade hierin bestätigt sich, daß sie biologisch *ist*, daß sie zu dem zählt, was Marx die Naturbasis des Menschen nennt. Was Marx an der Kategorie der Arbeit entwickelt, gilt auch für die Zweigeschlechtlichkeit:

»...als nützliche Arbeit, ist die Arbeit daher eine von allen Gesellschaftsformen unabhängige Existenzbedingung des Menschen, ewige Naturnotwendigkeit, um den Stoffwechsel zwischen Mensch und Natur, also das menschliche Leben zu vermitteln... Von der mehr oder minder entwickelten Gestalt der gesellschaftlichen Produktion abgesehen, bleibt die Produktivität der Arbeit an Naturbedingungen gebunden. Sie sind alle rückführbar auf die Natur des Menschen, wie Race usw...« (Marx, 1867: 57 u. 535).

Wir würden dies für unseren Gegenstand so übertragen: Von der mehr oder minder entwickelten Gestalt der gesellschaftlichen Geschlechter-Beziehung abgesehen (Ausstanzung von sozio-sexuellen Rollen; ungleiche soziale Macht-»Verteilung« zwischen Mann und Frau; historisch sich entwickelnde Formen der Geschlechtsidentität als individuelle und kollektive Niederschläge verinnerlichter Objektbeziehungen; usw.), bleibt die Geschlechter-Beziehung an Naturbedingungen gebunden. Diese sind rückführbar auf die Natur des Geschlechtsdimorphismus. *Daß* dieser gesellschaftlich interpretiert und ausgestaltet wird, ist ewige Naturnotwendigkeit, *wie* dies geschieht, ist abhängig von Austauschprozessen, die bis heute *im Ganzen* theoretisch unbegriffen sind[8] – und zu denen ich mit der Einführung meiner *vier Relationen im Verhältnis von Mann und Frau* einen Beitrag

---

[8] Die Gestaltung des Sexuellen durch die gesellschaftliche Warenstruktur wurde zuletzt untersucht und in den Begriffen der Marxschen Kritik der politischen Ökonomie dargestellt von V. Sigusch: »Die Mystifikation des Sexuellen« (1984). Sigusch bezieht sich insbesondere auf die Arbeit von W. F. Haug: »Kritik der Warenästhetik« (1971). Doch bei Sigusch wie bei Haug bleibt der Begriff des Sexuellen, dem Untersuchungsgegenstand entsprechend, auf die gleichsam übergeschlechtlichen sexuellen Erscheinungsformen von Erregung, Glücksversprechen, Täuschung und Enttäuschung beschränkt und wird nicht auf die Zweigeschlechtlichkeit bezogen.

leisten wollte. Diese Position biologistisch zu nennen, nur weil sie auf Biologie rekurriert, ist ungefähr so dumm, wie die Psychoanalyse als solche psychologistisch oder die materialistische Geschichtsauffassung als solche ökonomistisch zu nennen.

Geschlechterspannung und Zweigeschlechtlichkeit

Die gesellschaftliche Erscheinungsform der Zweigeschlechtlichkeit des Menschen ist die *Geschlechterspannung.* Der Begriff der Geschlechterspannung hebt gleichermaßen ab auf eine *zwischen* den Geschlechtern und auf eine *im* einzelnen Individuum bestehende Spannung. Klaus Heinrich, der diesen Begriff in der hier gebrauchten Weise geprägt hat, stellt fest, daß die Geschlechterspannung das Individuum »geradezu definiert als mit sich identisch erst in einer diese Spannung lösenden Balance« (Heinrich, 1962: 24).[9]

Der Begriff der Geschlechterspannung ist insofern ein kritischer, als er die Möglichkeit intendiert, daß die Beziehungen zwischen den Geschlechtern entspannt sind und daß die Geschlechterspannung im Individuum eine Form der Gelöstheit annehmen kann. Das meint Balance. In allen uns bekannten Gesellschaften wird die Geschlechterspannung fixiert in mehr oder weniger starren *Geschlechtsrollen.* In ihnen wird die Männlich-Weiblich-Achse mehr oder weniger starr binär und polar ausgelegt (vgl. Kap. 1, S. 46f.).

In eine Diskussion der Universalität – und damit Naturnotwendigkeit – der Formung menschlichen Verhaltens zu Rollen kann ich hier nicht eintreten. Jedenfalls sind Geschlechtsrollen immer auch gesellschaftlich produzierte Erstarrungszustände – im Unterschied zu Ba-

[9] Das Begriffspaar Spannung und Balance ist konstitutiv für das gesamte Werk des Religionswissenschaftlers K. Heinrich. Vgl. besonders seine »Dahlemer Vorlesungen, Bd. 2 – anthropomorphe: Zum Problem des Anthropomorphismus in der Religionsphilosophie« (1986) – K. Heinrich weiter zur Geschlechterspannung: »Das Problem der Geschlechterspannung ist der Theologie und Philosophie heute weitgehend entfallen. Und doch ist, wie die Lektüre der Genesis oder der Schriften Sigm. Freuds erkennen lehrt, sie durchaus nicht Spezialität einer erotischen oder sexuellen Sphäre. Sie ist die Spannung des zweigeschlechtlichen Lebens in unserer Zivilisation, von der sexuellen Sphäre bis in die intellektuelle Sphäre, vom leiblichen bis zum wortsprachlichen Erkennen. Daß wir sie formen können und nicht bloß sie uns, definiert einen der einschneidenden Unterschiede zwischen tierischen Gesellungen und menschlicher Gesellschaft. Soweit wir auf frühere Zivilisationen zurückblicken können, sehen wir diese Spannung in wechselnden Geschlechterrollen geformt, und wir kennen keine Spannung zwischen Menschen (z. B. eine solche der in Klassen arbeitsteilig sich organisierenden und kontrollierenden Gesellschaft), die nicht auch in dieser Spannung steht und also auch in solchen Rollen einen Ausdruck findet« (Heinrich, 1962: 25).

lanceformen – ungelöster Geschlechterspannung. In ihnen ist das neurotische Potential einer Gesellschaft kollektiv fixiert als Anpassungsdruck und Anpassungsfähigkeit an die vorgeblichen und wirklichen Zwänge der Auseinandersetzung des Menschen mit seiner inneren und äußeren Natur. Geschlechtsrollen, wie soziale Rollen überhaupt, geben Auskunft über die Macht und damit den Schutz gegen die Bedrohung aller Arten von Ohnmacht und Auflösung, den sie ihren Trägern gewähren. Diese Seite wird psychoanalytisch formuliert als adaptive Funktion des Ich. Damit geben Geschlechtsrollen zugleich Auskunft über den Preis an neurotischer Fixierung – psychoanalytisch begriffen als Ich-Einschränkung –, der für diesen Schutz zu entrichten ist.

Ich habe die Geschlechterspannung vornehmlich nicht als Spannung zwischen Mann und Frau, schon gar nicht zwischen Männern und Frauen in ihrer Eigenschaft als Träger soziosexuell ausgestanzter Rollen, sondern als Spannung im Mann und als Spannung in der Frau untersucht. Dabei habe ich immer wieder auf die von Max Hartmann entwickelten *drei Gesetze der Sexualität* Bezug genommen und diese als Spannungsbogen interpretiert, in dem die Zweigeschlechtlichkeit dialektisch aufgehoben ist: Die allgemein bipolare Zweigeschlechtlichkeit wird durch die Dynamik der ihr gegenläufigen bisexuellen Potenz ausgestaltet zur relativen Stärke der männlichen und weiblichen Determinierung.

Diese Sichtweise habe ich im 1. Kapitel theoretisch begründet und in den Falldarstellungen an jeweils besonderen, klinisch geleiteten Fragestellungen verdeutlicht. Es bedarf keiner Begründung, daß sich die Falldarstellungen innerhalb eines in ihnen selbst stumm bleibenden Rahmens dessen bewegen, was in der Kultur, der diese Patienten angehören, eine Frau und was ein Mann ist und welche Rollen ihnen als normale zugeschrieben werden. Ich untersuche also nicht explizit den gesamten Bereich der soziosexuellen Rollenerwartungen, etwa an eine Stewardeß oder Heimleiterin, und der Rollenklischees, die in der Begegnung zwischen einer weiblichen Stewardeß oder Heimleiterin und einem männlichen Psychoanalytiker notwendigerweise den stumm bleibenden kulturellen Hintergrund bilden. Aber es bedarf der Begründung, warum in einer psychoanalytischen Untersuchung zur Geschlechterspannung rekurriert wird auf eine »allgemeine Sexualitäts- und Befruchtungstheorie« (vgl. 1. Kapitel, Anm. 2), auf eine biologische Theorie mithin, die die Sexualität ausschließlich unter dem Gesichtspunkt der Reproduktion betrachtet.

Die »vier Aktionen der Sexualität«

Dieser Rekurs, für das psychoanalytische Denken ebenso eine Zumutung wie für das soziologische, ist für mich wesentlich, weil er die, soweit ich sehe, einzig gangbare biologische Brücke schlägt zu den von Balint im Anschluß an Ferenczis paläobiologische Spekulationen herausgearbeiteten vier »Aktionen der Sexualität« – Befruchtung und Begattung, Entleerung und Vereinigung. Im 1. Kapitel hatte ich ebenso apodiktisch wie apokryph behauptet: Diese vier Aktionen (oder: Funktionen) bilden das Axiom für eine Theorie der Sexualität, die das biologische Substrat ebenso umfaßt wie die kulturell entwickkelten Beziehungen von Mann und Frau. Diese Behauptung wird durch meine Untersuchung wohl kaum eingelöst werden. Es seien aber wenigstens einige Linien ihrer Einlösung skizziert.

Die Geschlechterspannung im Individuum baut sich auf aus den Niederschlägen der verinnerlichten frühen Objektbeziehungen. Diese konstituieren sich immer aus »einer Frau« und »einem Mann«. In diesem »eine Frau und ein Mann« ist die gesamte Gattungsgeschichte als gesellschaftlicher Naturzusammenhang enthalten.

In der von Alfred Lorenzer herausgearbeiteten vorsprachlichen interaktionellen »Einigung« zwischen Mutter und Kind in der Mutter-Kind-Dyade ist der Vater, wie ich in meiner Darstellung des dyadischen Konflikts (1. Kapitel, S. 42) betont habe, als Repräsentanz in der Mutter enthalten.[10] Die letzte Formel, bis auf welche Lorenzers Begründung einer materialistischen Sozialisationstheorie gekürzt werden kann, lautet: »Die Mutter strukturiert als Teil des Gesamtarbeiters« (Lorenzer, 1972: 136). Wenn ich den Ableitungsschritten, die zu dieser Formel führen, grundsätzlich zustimme, so möchte ich doch betonen, daß die Dimension der Geschlechterspannung in Lorenzers Entwurf, der sonst die Naturbasis des Menschen in vorbildlicher Weise aufnimmt, keinen Ort hat.[11]

In der von mir immer wieder herangezogenen Formel »ein Mann

[10] Ulrike Schmauch verkennt die Bedeutung der psychoanalytischen Begriffe der Realität und des Realitätsprinzips ebenso wie die der Imago (oder Repräsentanz), wenn sie in ihren systematischen Beobachtungen zur frühen Geschlechtersozialisation aus der geringeren »realen« Anwesenheit des Vaters (im Vergleich zur Mutter) folgert, daß »der Sohn in früher Kindheit nur eine sehr vage Vaterimago entfalten kann, die als Sammelbecken wirklichkeitsentrückter Gefühle und phantastischer Idealisierungen fungiert« (Schmauch, 1987b: 119). Die Bedeutung von Imagines läßt sich aus der direkten Beobachtung kaum erschließen. Ganz gewiß nimmt die »Vagheit« einer Imago nicht proportional mit der realen Abwesenheit des imaginierten Objekts im täglichen Leben des Kindes zu.
[11] Auch Lorenzers späte und wie nebenbei eingeführte Erklärung, die »Geschlechtsdifferenz«

178

und eine Frau« setze ich darauf die Betonung, daß deren Spannungs-
beziehung nach den »vier Aktionen der Sexualität« – Befruchtung
und Begattung, Entleerung und Vereinigung – durchzudenken ist,
wenn anders der Begriff der Geschlechterspannung nicht ebenso sich
entleeren soll, wie dies den Begriffen der Kommunikation, der Inter-
aktion und der Beziehung immer schon droht.

In diesen *vier Aktionen* treten sich die Individuen als Mann und
Frau gegenüber, gleichgültig, als was sie sich sonst auch immer gegenübertreten wollen und müssen. Das sage ich nicht als Systemati-
ker einer biologisch begründeten Geschlechterlehre, der ich nicht
zu sein beabsichtige und an der mir gar nicht gelegen ist, sondern
um das Augenmerk auf den Doppelcharakter der Geschlechterspannung zu konzentrieren, von dem K. Heinrich (vgl. dieses
Kap., Anm. 9) gesprochen hat: daß wir durch die Geschlechterspannung nicht nur geformt werden, sondern sie auch formen können. Aber wir können sie, wie die Produktivität der Arbeit auch,
nicht beliebig formen, sondern müssen dies nach sachlichen Gesetzen tun, die Marx in den Begriff der Formbestimmtheit faßt. Diese
Formbestimmtheit der Geschlechterspannung harrt weiterhin der
Aufklärung.

Der Begriff der Zweigeschlechtlichkeit verführt schon sprachlich,
durch die Endsilbe -keit, zu einem Denken, das Anatomie und Physiologie zum Ausgangs- und Endpunkt des Geschlechts*wesens*
njmmt. Nicht ohne Grund steht Freuds Diktum »Die Anatomie ist
das Schicksal« (1924: 400) ungeschlagen auf Platz eins der von der
Frauenbewegung gegen die Psychoanalyse kritisch angeführten
Freud-Zitate. Die Geschlechterspannung lebt zwar nicht von der
Anatomie und Physiologie der Geschlechter an sich, aber sie läßt
auch nicht restlos in gesellschaftlich Gemachtes sich auflösen. Sie lebt

sei die zweite Dimension neben der »Spannung zwischen den Generationen« in einer psycho-
sozial geleiteten psychoanalytischen Krankheitslehre, vermag nicht zu überzeugen, weil sie
nur an der Aggression, also einem Partikularen, festgemacht wird (vgl. Lorenzer, 1987:
144 ff.). Im übrigen ist das Denken in einem Zwei-Achsen-Schema (Generationen- und Ge-
schlechterachse) der Psychoanalyse seit langem ebenso vertraut wie dem Soziologe. Es ist z. B.
konstitutiv für die Theorie der Perversion bei J. Chasseguet-Smirgel, wo es zum »Universalge-
setz« erklärt wird (1984, 1. Kap.). Dort wird es freilich nicht in einer die Geschlechterspannung klärenden Weise verwendet. – In der strukturell-funktionalen Theorie der Soziologie ist
das Zwei-Achsen-Schema sogar das Bezugsmodell schlechthin zur Erklärung pathologischer
Zustände. T. Parsons' psychoanalytisch inspirierte Verwendung dieses Schemas – Genera-
tionsachse = Machtachse = Dominanz/Subordination; Geschlechtsachse = Funktionsachse
= instrumentell/expressiv – führt freilich gerade weg von einem Begriff der Geschlechterspannung und hin zu universell festgeschriebenen Geschlechtsrollen (vgl. Parsons, 1954).

davon, daß Mann und Frau als geschichtlich produzierte Naturwesen einander beständig gegenübertreten müssen. Sie müssen – auch wo sie dies lebensgeschichtlich scheinbar erfolgreich vermeiden.

Das Besondere der Geschlechterspannung gegenüber anderen menschlichen Spannungen, etwa Klassenkämpfen oder Kriegen, besteht darin, daß sie wesentlich von der sexuellen Spannung im Individuum lebt, auch dort noch lebt, wo diese Spannung längst nicht mehr als sexuelle Erregung empirisch-soziologisch nachweisbar ist. In den Begriffen der vier Aktionen der Sexualität läßt diese Spannung so sich sichtbar machen:

Begattung steht für Trieb und Liebe, für das, was Sigusch in seiner sexualwissenschaftlichen Programmatik den »irreduziblen Sexualrest« nennt, »die Substanz des Sexuellen, die sich jeder *adaequatio* entzieht« (Sigusch, 1988: 14). *Befruchtung* steht für die biologische Erhaltung der Gattung, also für ihre Naturbasis und damit, ebenso abgründig wie vordergründig, für den Sinn des Lebens. »In allen Fällen wirkt die Reproduktion als Hauptprogrammierer der lebenden Welt«, schreibt der Molekularbiologe F. Jacob. »Einerseits setzt sie jedem Organismus ein Ziel, andererseits gibt sie der Geschichte der Organismen, ohne daß diese ein Ziel hätte, eine Richtung« (Jacob, 1970: 17). Daß das Ziel des Lebens die Reproduktion sei – das klingt nach so vielen Jahrhunderten, angefüllt von sexualfeindlicher Reproduktionsideologie, etwas gewagt. Und doch steht Befruchtung – biologisch und als Metapher unserer Sprache – für das Neue, das aus dem Alten entsteht, für Bewegung, letztlich für das Leben selbst.

Mit *Entleerung* meinen Freud und Ferenczi zunächst die »Entleerung der Geschlechtsprodukte« und die »Entlastung von den Sexualstoffen« – so die klassische Formulierung in den »Drei Abhandlungen zur Sexualtheorie« (Freud, 1905: 114). Entleerung und Entlastung stehen psychisch für die Projektion unerwünschter oder erwünschter, aber unerträglicher Selbstaspekte und der von ihnen ausgehenden Unlustspannung vom einen Geschlecht in das andere. Wir sind hier mit einem biologischen Kern der projektiven Identifizierung konfrontiert, also mit der Naturbasis derjenigen Aktion, die ich an den Anfang dieses Kapitels gestellt hatte: Die Frau macht sich ein Bild vom Mann, und der Mann macht sich ein Bild von der Frau. Ihre Bilder beziehen ihre Spannung aus der lustvollen Entleerung / Projektion derjenigen unlustvollen »Inhalte« in das jeweils andere Geschlecht, die dem eigenen Geschlecht bei sich selbst unerträglich sind.

180

Die immer wieder Unverständnis hervorrufende Formulierung aus den »Drei Abhandlungen«, wonach die sexuelle »Endlust« wesentlich aus einer »Unlustspannung« hervorgehen soll, findet so ihre Aufklärung: Was Lust bereitet, ist die Entleerung/Projektion der Unlust (eben der unerträglichen Selbstaspekte) des einen Geschlechts in das andere. Diese Aktion habe ich detailliert in der 5. Fallgeschichte dargestellt.

Was schließlich die sexuelle Aktion der *Vereinigung* betrifft, will ich versuchen, mich weiterer Kommentare zu enthalten und nur ein letztes Mal darauf hinweisen: Das Individuum – das bedeutet etymologisch »das Unteilbare« – geht hervor aus einer Teilung in Mann und Frau und einer Vereinigung von Mann und Frau. Die gattungsgeschichtlichen Derivate dieser biologischen Teilung/Vereinigung sind Arbeit und Ausbeutung, Liebe und Haß. Ferenczi und Balint hatten diese sexuelle Aktion bis zur Gametenfunktion zurückverfolgt:

»Es gibt also bloß zwei Urformen von Sexualfunktionen: Vereinigung und Entleerung. Die primitivsten Formen abgerechnet, ist für das Tierreich die *Vereinigung* charakteristisch geworden. Die Folgen davon sind: gute Beweglichkeit, starker sexueller Dimorphismus, entwickelte Sinnesorgane, scharf umrissene Individualität und Teilnahme des ganzen Lebewesens am Sexualakt, d. h., das Individuum imitiert die Gameten« (Balint, 1930: 25 f.).

Das Individuum imitiert die Gameten – der biogenetische Determinismus, der in dieser Geschlechterphilosophie sich ausdrückt, ist schon biologisch problematisch. Er führt u. a. dazu, die Frau als »primitiver«, verglichen mit dem Mann, erscheinen zu lassen, weil bei ihr »Vereinigung und Entleerung nicht synthetisiert worden sind« (Balint, 1930: 27). Von solchem biologischen Konkretismus sind die »vier Aktionen der Sexualität» zu befreien; sie sind auf ihn nicht angewiesen. Worauf wir angewiesen bleiben, ist die sexuelle Radikalisierung des psychoanalytischen Blicks auf das Subjekt. Diese von Balint und Ferenczi noch einmal aktualisierte Radikalität Freuds ist der Psychoanalyse seitdem abhanden gekommen.

Eros-Libido-Sexualität

Die »vier Aktionen der Sexualität« sind aufgehoben in Freuds letzter Formulierung des Triebbegriffs. Der wohl für immer problematisch bleibende Dualismus von Eros und Destruktionstrieb weist bekanntlich dem Eros das Ziel zu, »immer größere Einheiten herzustellen und so zu erhalten«, und dem Destruktionstrieb das hierzu polare Ziel, »Zusammenhänge aufzulösen und so die Dinge zu zerstören« (Freud, 1938: 71). Die Parallele zur sexuellen Metaphorik von Vereinigung und Entleerung liegt offen zutage. Aber gerade Freuds »Trieblehre« von letzter Hand, das nur knappe vier Seiten lange Kapitel aus dem »Abriß« (1938), wirft, wie oft festgestellt worden ist, mehr Fragen auf als sie Antworten gibt. So wird in ihr keine begriffliche Brücke mehr von der »Sexualität« zum »Eros« (wie dann wieder bei Ferenczi und Balint) geschlagen, sondern nur noch eine Brücke vom »Eros« zur »Libido« (»…Energie des Eros, die wir von nun an *Libido* heißen wollen«) und von der »Libido« zur »Sexualerregung« (»…unverkennbar, daß die Libido somatische Quellen hat«). Daß das Begriffsdreieck von Eros, Libido und Sexualität bis heute niemals sauber zu konstruieren gewesen ist, ist eines der vertracktesten und schönsten Rätsel, die uns Freud hinterlassen hat.

Ganz zu schweigen davon, daß der Destruktionstrieb im »Abriß« in ein biologisch-vitalistisches Dunkel gehüllt bleibt. Fast alle neueren metapsychologischen Überlegungen zur Triebtheorie kommen auf die eine oder andere Weise zu dem Schluß, daß man Libido und Aggression, wo überhaupt an ihnen als Begriffen festgehalten wird, nicht getrennt voneinander untersuchen und auch nicht getrennt voneinander begrifflich fassen kann. Stellvertretend sei hier nur das Übersichtsreferat von G. und R. Blanck (1979, 3. Kapitel) genannt. Und so sind auch alle gangbaren Wege zur Lösung des Rätseldreiecks Eros-Libido-Sexualität darauf angewiesen, das Element der Verdinglichung oder des Konkretismus im Dualismus der »zwei Grundtriebe« aufzubrechen und Eros und Destruktionstrieb (bzw. Libido und Aggression bzw. Lebens- und Todestrieb) aus *einer Matrix* hervorgehen zu lassen. Die Scheidung des Triebes in Libido und Aggression ist ebenso eine im Denken, wie die Scheidung in Ich und Es oder die in Primär- und Sekundärvorgang, nicht eine Scheidung in den Dingen.[12]

---

[12] Anläßlich der Einführung der Begriffe Primärvorgang und Sekundärvorgang hat Freud selbst davon gesprochen, daß der Primärvorgang ohne Sekundärvorgang undenkbar – »eine

Wir Psychoanalytiker haben es nicht leicht mit dem Sexuellen. Es ist uns nicht gestattet, das Sexuelle als ein *de facto* Daseiendes in unser Deuten und Denken einzusetzen, mit ihm als einem »Faktor« zu operieren, wie die Soziologie dies darf und auch dort noch tut, wo sie es ihrem Anspruch nach nicht dürfte. Talcott Parsons führt die Universalität des Inzesttabus bündig darauf zurück, »daß es den Zentralpunkt für die Regelung des erotischen Faktors darstellt« (Parsons, 1954: 134). Bei ihm regelt das Tabu, also die Norm, den Trieb, noch bevor dieser in der Theorie sich überhaupt zu Wort hat melden dürfte. Seine Soziologie, anspruchsvoll und elegant um eine Integration der Psychoanalyse in die Soziologie bemüht, gemeindet mit der Eingemeindung des Ödipuskomplexes in die Soziologie eben den Triebgrund aus, der im Zentrum der psychoanalytischen Lehre steht.

Das Gros jener Autoren psychoanalytisch inspirierter »sozialisationstheoretischen Ansätze«, das seinen Anteil am Erbe der Kritischen Theorie geltend macht, setzt den Ödipuskomplex am liebsten in Anführungszeichen (vgl. für viele H.-J. Busch, 1987: 115). Sie werden nicht müde zu versichern, daß »die Sozialisationsstrukturen« und nicht etwa die Triebe vorgängig seien. Habermas' »Aktor«, unbestrittener Haupterbe des Subjekts der Kritischen Theorie, handelt in seinen vom »System« entkoppelten »Lebenswelten« ohne Trieb und mit einer universalhistorischen Tendenz zu immer mehr kommunikativer Rationalität. Die triebhafte Irrationalität wird projiziert in die »losgelassenen Systemimperative« (Habermas, 1981, Bd. 2: 232). Habermas' Theorie der »Entkoppelung von System und Lebenswelt« koppelt die Psychoanalyse radikal von der Soziologie wieder ab. Wohl darum, weil die Psychoanalyse ebenso eigensinnig wie ohnmächtig darauf beharrt, daß das Subjekt mit seinen Triebwünschen und den gegen sie aufgerichteten Gegenbesetzungen die Institutionen beständig neu erschafft und ihnen beständig die Macht verleiht, von der es zugleich so anonym beherrscht wird.

Es ist uns auch nicht gestattet, das Sexuelle restlos in körperliches Substrat einerseits, beobachtbares Verhalten und Einstellungen andererseits zu zerlegen. So verfahren Verhaltensbiologie und positive Sexualwissenschaft, die damit beweisen, daß es altmodisch und überflüssig sei, am Begriff des Triebes festzuhalten (vgl. die Kontro-

theoretische Fiktion« (Freud, 1900: 609) – ist. Das gleiche gilt meines Erachtens auch für die Scheidung in Eros und Destruktionstrieb. Vgl. hierzu P. Passett (1986. 164 ff.).

verse zwischen V. Sigusch und G. Schmidt; dokumentiert bei M. Dannecker und V. Sigusch, 1984: 3–19). Und es ist uns schließlich nicht gestattet, das Sexuelle in ein *ultimum movens* philosophisch zu transformieren, wie Sigusch mit der Einführung des »irreduziblen Sexualrestes« (1988: 14) dies tut.

Das Sexuelle durch alle seine psychoanalytischen Umwandlungen und Auflösungen hindurch zu bewahren, ist nicht leicht. Die Psychoanalyse war von Anfang an mit einem Doppelcharakter sexueller Triebäußerungen konfrontiert: daß sie ebenso verdrängt wie in den Dienst von Verdrängung gestellt werden können. Freuds frühe Entdeckung, daß die Erinnerungen seiner hysterischen Patientinnen, in ihrer Kindheit sexuell verführt worden zu sein, auch auf Phantasien beruhen und mithin Abwehrphänomene repräsentieren konnten – daß also mit einem sexuellen Phänomen ein anderes, unter Umständen wiederum sexuelles Phänomen verdeckt wird –, diese Entdeckung bildet die Geburtsstunde der Psychoanalyse. Die Rückführung sexueller Oberflächenphänomene (Hemmungen, Symptome, Verhalten im weitesten Sinne) auf »Nicht-Sexuelles« nimmt in der psychoanalytischen Praxis einen ebenso großen Raum ein wie die Rückführung von vordergründig nicht-sexuellen Symptomen und Charaktereigenschaften auf die unbewußten psychosexuellen Dispositionen und Triebschicksale der frühen Kindheit.

Die Verflüchtigung des Sexuellen

Die Verflüchtigung des Sexuellen in der Psychoanalyse ist nicht nur eine ideologisch hergestellte, wie Parin behauptet (1986); sie ist zugleich wesentliches Moment der Selbstvertiefung der Psychoanalyse, sowohl im psychoanalytischen Prozeß als auch im Nachdenken über ihn und die psychoanalytische Methode. Alle Erscheinungsformen des Sexuellen sind zusammengefaßt im Orgasmus und drücken sich in derselben Erregung aus, die virtuell zum Orgasmus führt. Aber alle subjektiven Bedingungen sexueller Erregung verweisen auf basale »nicht-sexuelle« Beziehungsmodi und Identifizierungen, die für dies eine Individuum prägend sind. Ich habe »nicht-sexuell« in Anführungszeichen gesetzt, um hervorzuheben, daß es Nicht-Sexuelles in der psychoanalytischen Betrachtung des Menschen und der Kultur eigentlich gar nicht gibt. Das sei an einem einfachen Beispiel erklärt:

184

Ein solcher basaler *nicht-sexueller* Beziehungsmodus kann darin zum Ausdruck kommen, daß ein Mensch »nie Zeit hat«. Unbewußt richtet er auch seine *sexuellen* Partnerbeziehungen so ein, daß er »eigentlich keine Zeit mehr hat«, denn nur unter dieser Bedingung kann er – und diese Bedingung ist ihm selbst verborgen – zum Orgasmus kommen. Tiefere Bindungen zu einem Partner muß er meiden; sexuell würde sich hier, als Ausdruck der Verschmelzungsangst und der Wut gegen das primäre Objekt, Ejaculatio praecox einstellen. Aber das weiß dieser Mann noch gar nicht, denn er hat solche Bindungen bislang erfolgreich vermieden. Als basaler Beziehungsmodus in den primären Objektbeziehungen läßt sich rekonstruieren, daß die Mutter dem Kind vom 4. Lebensmonat an – als sie wieder schwanger wurde und untergründig in einen ihr selbst schwer faßbaren Panikzustand geriet – beständig vermittelte, daß es zwar überaus erwünscht ist und geliebt wird, aber daß es »doch einsehen muß«, daß die Mutter »keine Zeit hat«. Der dominante Beziehungsmodus, auf den das heranwachsende Kind sich dann einstellt, ist eine sein weiteres Leben strukturierende und dieses Leben unbewußt bestimmende Verknüpfung eines »nicht-sexuellen« Moments (»keine Zeit«, »einsehen«) mit einem ebenfalls nicht vordergründig sexuellen Moment (»erwünscht sein«, »geliebt werden«).

Wenn dieser Mann sich irgendwann entschließt, wegen eines diffusen Lebensgefühls der Gehetztheit und des Nichtgeschätztseins – also wegen »nicht-sexueller« Phänomene –, die er sich nicht erklären kann, weil er doch eigentlich genug Zeit hat und offensichtlich geliebt wird, einen Psychoanalytiker zu konsultieren, wird bereits im Erstinterview der beschriebene dominante Beziehungsmodus notwendigerweise auf den Analytiker übertragen; in der Gegenübertragung des Analytikers erscheint er möglicherweise in folgender Form:

Ich möchte diesem Patienten unter allen Umständen eine Behandlung anbieten, weil ich so von der Art seiner Darstellung eingenommen bin (»sehr erwünscht«), aber ich muß ihm irgendwie klarmachen, daß bei der Art seiner äußeren Lebensorganisation eine Psychoanalyse nicht möglich ist (»keine Zeit«), sondern eine limitierte Psychotherapie angebracht ist. In meinem vorschnell gemachten Angebot an den Patienten kann sich dann unter Umständen eine ideologisch hergestellte Verflüchtigung des Sexuellen ausdrücken: Ich unterwerfe mich ungefragt irgendwelchen äußeren Normen, die es nicht geraten erscheinen lassen, dem Patienten die Zeit zu lassen, derer er bis zur Erreichung seiner Grundstörung bedarf.

Während der Behandlung geht der Patient dann eine sogenannte ernste Beziehung zu einer Frau ein und entwickelt dabei vorübergehend das Symptom der Ejaculatio praecox, vorschnellen Samenerguß. Aber da sich der Patient und der Analytiker vorschnell darauf geeinigt hatten, »doch einzusehen, daß ich nicht mehr Zeit für dich habe« und daß eben hierin Liebe sich ausdrückt, verschwindet dieses Symptom nach einer gewissen Zeit – und beide sind wieder stolz aufeinander. Auf einem hohen kognitiven Niveau wird in dieser Behandlung noch vielerlei über Hingabe und Liebe und Zeit verhandelt, und dann wird die Beendigung der Behandlung verabredet. Was in der Behandlung nicht zum Tragen gekommen ist, was also nicht übertragen wurde, ist die Wut auf das primäre Objekt. Irgendwann erscheint sie lebensgeschichtlich wieder, eingesperrt in dem diffusen Lebensgefühl der Gehetztheit oder in irgendeiner anderen Gestalt. In dieses Lebensgefühl hat sich »das Sexuelle« verflüchtigt.

Aber auch und gerade, wenn der Analytiker seine initiale Gegenübertragungsreaktion als solche erkennen und erfolgreich bearbeiten kann, wird sich das Sexuelle notwendigerweise im Prozeß der psychoanalytischen Behandlung scheinbar verflüchtigen: Patient und Analytiker werden dann nämlich lange Zeit damit beschäftigt sein, den Beziehungsmodus miteinander durchzuspielen und durchzukämpfen, daß »Liebe« gerade darin sich ausdrückt, daß das geliebte Objekt eigentlich keine Zeit hat und daß das liebende Objekt ebendies einsehen soll.

Sexualverhalten, Triebkonflikte, Geschlechterspannung

Sexuelle Konflikte, sexuelles Verhalten und sexuelle Einstellungen sind gleichsam Ausführungsorgane von Triebkonflikten, von triebgesättigten unbewußten Beziehungsmodi. Ein und derselbe unbewußte Triebkonflikt kann zu gegensätzlichen Lösungen im gelebten Verhalten führen, also etwa zu einer besonderen sexuellen Hemmung oder aber zu extremem sexuellen »Ausleben«. Sexuelles Verhalten ist Resultante von:

1. biologischen Dispositionen im Individuum.
2. triebgesättigten unbewußten Dispositionen im Individuum, die auf die primären Objektbeziehungen verweisen.
3. gesellschaftlichen Steuerungskräften oder Dispositionen außerhalb des Individuums.

4. den als Über-Ich-Dispositionen verinnerlichten gesellschaftlichen Steuerungskräften.

Sexualität – in der alltäglichen Bedeutung des Begriffs – kann sichtbar gemacht werden nur als Spannungszustand, der sich irgendwie »äußert«. In allen mir persönlich oder literarisch bekannten Kulturen muß das Individuum danach trachten, sich nicht als Träger von sexuellen Konflikten zu erkennen zu geben. Sexuelle Konflikte müssen nach außen, und weitgehend auch nach innen, als nichtexistent bzw. als überwunden dargestellt werden. Die Spannung wird verborgen hinter einer Maske und erscheint, soziologisch formuliert, als Verhalten und Rolle. Maskiert werden in erster Linie die Scham über das, was nicht zu beherrschen ist, aber beherrscht werden soll und die Kränkung über das, was nicht zu lösen ist, aber als gelöst dargestellt werden muß.

Diese Masken sind Erstarrungszustände von unbewußten Triebkonflikten und den ihnen entsprechenden sexuellen Konflikten. Die modernen Anti-Typen, die diese Linie dadurch empirisch zu widerlegen scheinen, daß sie »ihren« sexuellen Konflikt offen als »mein Problem« kommunizieren, sei es in alternativer »Betroffenheit«, sei es in der Attitüde von »Portnoy's Complaint«, haben sich nur eine weitere Maske über die älteren konventionellen Masken gestreift; sie maskieren auch noch diese mit einer pädagogisierenden oder sexualisierenden Offenheitsmaske.

Die besondere Äußerungsform sexueller Spannung in der psychoanalytischen Behandlung ist die Übertragung. Auf diesen Bereich habe ich mich in den Falldarstellungen konzentriert und an ihm einige besondere Äußerungsformen der Geschlechterspannung im Individuum abgelesen. Wenn die sexuelle Spannung also *eine* Erscheinungsform der Geschlechterspannung ist, so haben sexuelle Spannung und Geschlechterspannung doch viele Erscheinungsformen, die mit der *Methode* der Psychoanalyse (vgl. 2. Kapitel) nicht genuin zu erfassen sind, sondern Untersuchungsgegenstand der Geschichts- und Literaturwissenschaften, der Soziologie und der Philosophie sein sollten.

Die Erscheinungsformen der Geschlechterspannung im Individuum und ihre affektive, historische und gesellschaftliche Realisierung im Verhältnis von Mann und Frau – das ist in der Tat ein Thema, das sich aus Sexualwissenschaft und Psychoanalyse ebenso verflüchtigt hat wie aus Soziologie und Philosophie.

Literaturverzeichnis

Adorno, Th. W. (1955): Zum Verhältnis von Soziologie und Psychologie. Gesammelte Schriften, 8. Frankfurt a. M.: Suhrkamp, 1980

Altmann, L.: Some vicissitudes of love. J. of the Am. Psychoanal. Ass. 25, 35–52, 1977

Argelander, H.: Das Erstinterview in der Psychotherapie. Darmstadt: Wiss. Buchges. 1970

Balint, E. (1972): Gerechtigkeit und gegenseitige Anerkennung als Erziehungsziele. Psyche 27, 118–128, 1973

Balint, M. (1930): Psychosexuelle Parallelen zum biogenetischen Grundgesetz. In: Ders., Urformen der Liebe und die Technik der Psychoanalyse. Frankfurt a. M.: S. Fischer 1969

Benz, A. E.: Der Gebärneid der Männer. Psyche, 28, 307–328, 1984

Berndt, R. M.: Excess and restraint. Social control among a New Guinea mountain people. Chicago: Chicago Univ. Press 1962

Bettelheim, B. (1954): Die symbolischen Wunden. Pubertätsriten und der Neid des Mannes. München: Kindler 1975

Bischof, N.: Biologie als Schicksal? Zur Naturgeschichte der Geschlechterrollendifferenzierung. In: N. Bischof und H. Preuschoft (Hrsg.): Geschlechtsunterschiede. München: Beck 1980

Blanck, G. und R. Blanck (1974): Angewandte Ich-Psychologie. Stuttgart: Klett-Cotta 1978

Blanck, G. und R. Blanck (1979): Ich-Psychologie II. Psychoanalytische Entwicklungspsychologie. Stuttgart: Klett-Cotta 1980

Borneman, E.: Das Patriarchat. Ursprung und Zukunft unseres Gesellschaftssystems. Frankfurt a. M.: S. Fischer 1975

Bovenschen, S.: Die imaginierte Weiblichkeit. Exemplarische Untersuchungen zu kulturgeschichtlichen und literarischen Präsentationsformen des Weiblichen. Frankfurt a. M.: Suhrkamp 1979

Britton, R.: Der Ödipuskomplex und die depressive Position. In: J. Stork (Hrsg.): Über die Ursprünge des Ödipuskomplexes. Stuttgart: Frommann-Holzboog 1987

Brunswick, R. M.: The preoedipal phase of the libido development. Psychoanal. Quart. 9, 293–319, 1940

Busch, H.-J.: Subjektgeschichte als Sozialisationsgeschichte. Notizen zur Genese der ›Institution‹ Individuum und ihrer Psychoanalyse. In: J. Belgrad u. a. (Hrsg.): Zur Idee einer psychoanalytischen Sozialforschung. Frankfurt a. M.: Fischer TB 1987

Chasseguet-Smirgel, J. (1964): Freud widersprechende psychoanalytische Ansichten über die weibliche Sexualität. In: Dieselbe (Hrsg.): Psychoanalyse der weiblichen Sexualität. Frankfurt a. M.: Suhrkamp 1974

Chasseguet-Smirgel, J. (1975): Das Ichideal. Psychoanalytischer Essay über die »Krankheit der Idealität«. Frankfurt a. M.: Suhrkamp 1981

Chasseguet-Smirgel, J. (1984): Kreativität und Perversion. Frankfurt a. M.: Nexus 1986

Chasseguet-Smirgel, J.: The feminitiy of the analyst in professional practice. Int. J. Psycho-Anal. 65, 169–178, 1984

Count, E. W.: Das Biogramm. Anthropologische Studien. Frankfurt a. M.: S. Fischer 1970

Cremerius, J.: »Die Sprache der Zärtlichkeit und der Leidenschaft«. Reflexionen zu Sándor Ferenczis Wiesbadener Vortrag von 1932. Psyche, 37, 988–1015, 1983

Dannecker, M. und R. Reiche: Der gewöhnliche Homosexuelle. Eine soziologische Untersuchung über männliche Homosexuelle in der Bundesrepublik. Frankfurt a. M.: S. Fischer 1974

Dannecker, M. und V. Sigusch (Hrsg.): Sexualtheorie und Sexualpolitik. Beiträge zur Sexualforschung, Bd. 59. Stuttgart: Enke 1984

Darwin, C. (1871): Die Abstammung des Menschen und die geschlechtliche Zuchtwahl. Stuttgart: E. Schweizerbart'sche Verlagsbuchh. 1902

Deserno, H.: Die Analyse und das Arbeitsbündnis. München: Verlag Int. Psychoanalyse 1990

Deutsch, H. (1969): Psychoanalytische Studie zum Mythos von Dionysos und Apollo. In: H. Deutsch, Ph. Greenacre und R. Waelder: Die Sigmund Freud-Vorlesungen. Frankfurt a. M.: S. Fischer 1973

Diamond, S. (1968): Kritik der Zivilisation. Anthropologie und die Wiederentdeckung des Primitiven. Frankfurt a. M. und New York: Campus 1976

Eder, K. (Hrsg.): Seminar – Die Entstehung von Klassengesellschaften. Frankfurt a. M.: Suhrkamp 1973

Eissler, K. R. (1963): Goethe. Eine psychoanalytische Studie. 2 Bde. Frankfurt a. M.: Stroemfeld / Roter Stern 1983 und 1985

Eliade, M.: Mythen, Träume und Mysterien. Salzburg: O. Müller 1961

Engels, F. (1884): Der Ursprung der Familie, des Privateigentums und des Staates, MEW, Bd. 21

Fenichel, O.: Über Angstabwehr, insbesondere durch Libidinisierung. Int. Z. Psychoanal. 20, 476, 1934

Ferenczi, S.: Versuch einer Genitaltheorie. Leipzig, Wien und Zürich: Int. Psychoanalytischer Verlag 1924. (Auch enthalten in: S. Ferenczi: Schriften zur Psychoanalyse. Hrsg. von M. Balint. Bd. 2. Frankfurt a. M.: S. Fischer 1972)

Ferenczi, S. und O. Rank: Entwicklungsziele der Psychoanalyse. Zur Wechselbeziehung von Theorie und Praxis. Leipzig: Int. Psychoanalytischer Verlag 1924

Fetscher, R.: Das Selbst, das Es und das Unbewußte. Psyche 39, 241–275, 1985

Fox, R. (1982): Bedingungen der sexuellen Evolution. In: P. Ariès und A. Béjin (Hrsg.): Die Masken des Begehrens und die Metamorphosen der Sinnlichkeit. Zur Geschichte der Sexualität im Abendland, 9–24. Frankfurt a. M.: S. Fischer 1984

Frank, N.: Der Vater. Eine Abrechnung. München: Bertelsmann 1987

Freud, S. (1895): Studien über Hysterie. GW I, 75–312

Freud, S. (1900): Die Traumdeutung. GW II/III

Freud, S. (1905): Drei Abhandlungen zur Sexualtheorie. GW V, 29–145

Freud, S. (1908): Die ›kulturelle‹ Sexualmoral und die moderne Nervosität. GW VII, 143–170

Freud, S. (1910): Beiträge zur Psychologie des Liebeslebens. GW VIII, 65–92

Freud, S. (1914): Erinnern, Wiederholen, Durcharbeiten, GW X, 126–136

Freud, S. (1915): Triebe und Triebschicksale. GW X, 210–232

Freud, S. (1917): Vorlesungen zur Einführung in die Psychoanalyse. GW XI

Freud, S. (1919): »Ein Kind wird geschlagen«. GW XII, 195–226

Freud, S. (1920): Jenseits des Lustprinzips. GW XIII, 3–69

Freud, S. (1923): Das Ich und das Es. GW XIII, 235–290

Freud, S. (1924): Der Untergang des Ödipuskomplexes. GW XIII, 393–402

Freud, S. (1925a): Einige psychische Folgen des anatomischen Geschlechtsunterschiedes. GW XIV, 17–30

Freud, S. (1925b): Selbstdarstellung. GW XIV, 31–96

Freud, S. (1927): Fetischismus. GW XIV, 309–318

Freud, S. (1928): Kurzer Abriß der Psychoanalyse. GW XIII, 403–428

Freud, S. (1932): Neue Folgen der Vorlesungen zur Einführung in die Psychoanalyse. GW XV,. 3–197

Freud, S. (1937a): Die endliche und die unendliche Analyse. GW XVI, 59–99

Freud, S. (1937b): Der Mann Moses und die monotheistische Religion. GW XVI, 103–246.

Freud (1938): Abriß der Psychoanalyse. GW XVII, 63–138

Freud, S. (1950): Aus den Anfängen der Psychoanalyse. Frankfurt a. M.: S. Fischer 1962

Freud, S. (1985): Übersicht der Übertragungsneurosen. Ein bisher unbekanntes Manuskript. Ediert und mit einem Essay versehen von Ilse Grubrich-Simitis. Frankfurt a. M.: S. Fischer 1985

Glasser, M.: Identification and its vicissitudes as observed in perversions. Int. J. Psycho-Anal. 67, 9–17, 1986

Glover, E.: The relation of perversion-formation to the development of reality sense. Int. J. Psychoanal. 15, 486–503, 1933

Glover, E.: Examination of the Klein system of child pathology. Psychoanal. Stud. Child 1, 75–118, 1945

Gottschalch, W.: Geschlechterneid. Berlin: Ästhetik und Kommunikation 1984

Greenacre, Ph. (1953): Certain relationships between fetishism and the faulty development of the body image. In: Greenacre 1971

Greenacre, Ph. (1958a): Early physical determinants in the development of the sense of identity. In: Greenacre 1971

Greenacre, Ph. (1958b): The impostor. In: Greenacre 1971

Greenacre, Ph. (1958c): The relation of the impostor to the artist. In: Greenacre 1971

Greenacre, Ph. (1960): Further notes on fetishism. In: Greenacre 1971

Greenacre, Ph. (1969): The fetish and the transitional object. In: Greenacre 1971

Greenacre, Ph. (1970): The transitional object and the fetish. In: Greenacre 1971

Greenacre, Ph. (1971): Emotional growth. Psychoanalytic studies of the gifted an a great variety of other individuals. 2 Vols. New York: Int. Universities Press 1971

Greenson, R. R. (1967): Technik und Praxis der Psychoanalyse. Stuttgart: Klett 1973

Greenson, R. (1968): Die Beendigung der Identifizierung mit der Mutter. In: Ders., Psychoanalytische Erkundungen. Stuttgart: Klett 1982

Grubrich-Simitis, I.: Metapsychologie und Metabiologie. Zu Sigmund Freuds Entwurf einer »Übersicht der Übertragungsneurosen«. In: Freud 1985

Grunberger, B. (1964): Beitrag zur Untersuchung des Narzißmus in der weiblichen Sexualität. In: J. Chasseguet-Smirgel (Hrsg.): Psychoanalyse der weiblichen Sexualität. Frankfurt a. M.: Suhrkamp 1974

Grunberger, B. (1971): Vom Narzißmus zum Objekt. Frankfurt a. M.: Suhrkamp 1976

Habermas, J., S. Bovenschen u. a.: Gespräche mit Herbert Marcuse. Frankfurt a. M.: Suhrkamp 1981

Habermas, J.: Theorie des kommunikativen Handelns. 2 Bde. Frankfurt a. M.: Suhrkamp 1981

Hagemann-White, C.: Die Kontroverse um die Psychoanalyse in der Frauenbewegung. Psyche 32, 732–763, 1978

Hagemann-White, C.: Thesen zur kulturellen Konstruktion der Zweigeschlechtlichkeit. In: B. Schaeffer-Hegel und B. Wartmann 1984

Hartmann, M. (1943): Die Sexualität. Stuttgart: G. Fischer 1956

Haug, W. F.: Kritik der Warenästhetik. Frankfurt a. M.: Suhrkamp 1971

Heinrich, K.: Geschlechterspannung und Emanzipation. Das Argument Nr. 23, 1962 (4. Jg., Heft 4)

Heinrich, K. (1966): Parmenides und Jona. Vier Studien über das Verhältnis von Philosophie und Mythologie. Basel und Frankfurt a. M.: Stroemfeld/ Roter Stern 1982

Heinrich, K.: Das Floß der Medusa. In: R. Schlesier (Hrsg.): Faszination des Mythos. Frankfurt a. M.: Stroemfeld/Roter Stern 1985

Heinrich, K.: anthropomorphe. Zum Problem des Anthropomorphismus in der Religionsphilosophie. Dahlemer Vorlesungen, 2. Frankfurt a. M.: Stroemfeld / Roter Stern 1986

Honegger, C.: Listen der Ohnmacht. Frankfurt a. M.: EVA 1983

Horkheimer, M.: Theoretische Entwürfe über Autorität und Familie. Allgemeiner Teil. In: Studien über Autorität und Familie (Forschungsberichte aus dem Institut für Sozialforschung). Paris: Felix Alcan 1936

Horkheimer, M. und Th. W. Adorno: Dialektik der Aufklärung. Amsterdam: Querido 1947

Irigaray, L.: Speculum. Spiegel des anderen Geschlechts. Frankfurt a. M.: Suhrkamp 1980

Jacob, F. (1970): Die Logik des Lebenden. Von der Urzeugung zum genetischen Code. Frankfurt a. M.: S. Fischer 1972

Janssen-Jureit, M.: Zur Rekonstruktion des Patriarchats. Thesen zu einer Theorie des Sexismus. In: B. Schaeffer-Hegel und B. Wartmann 1984

Jappe, G.: Die Lehranalyse – Analyse mit Apostroph. In: S. O. Hofmann (Hrsg.): Deutung und Beziehung. Frankfurt a. M.: Fischer TB 1983

Jost, A.: Becoming a male. In: G. Raspé (Hrsg.): Advances in biosciences. Oxford und New York: Pergamon 1973

Kerényi, K.: Die Mythologie der Griechen. Bd. 1. München: dtv 1966

Kernberg, O. F.: Ein konzeptuelles Modell zur männlichen Perversion. Forum der Psychoanalyse 1, 167–188, 1985

Kestenberg, J.: Paternity and maternity. Psychiat. Clin. N. America 61–79, 1980

Khan, M. M. R. (1979): Entfremdung bei Perversionen. Frankfurt a. M.: Suhrkamp 1983

Klein, M. (1958): Neid und Dankbarkeit. In: Dieselbe, Das Seelenleben des Kleinkindes. Stuttgart: Klett-Cotta 1983

Klein, M. (1960): Über das Seelenleben des Kleinkindes. In: Dieselbe, Das Seelenleben des Kleinkindes, 187–224. Stuttgart: Klett-Cotta 1983

Klüwer, R.: Agieren und Mitagieren. Psyche 37, 828–840, 1983

Knox, B. (1982): Die Freiheit des Ödipus. In: R. Schlesier (Hrsg.): Faszination des Mythos. Frankfurt a. M.: Stroemfeld / Roter Stern 1985

Kohut, H. (1971): Narzißmus. Eine Theorie der psychoanalytischen Behandlung narzißtischer Persönlichkeitsstörungen. Frankfurt a. M.: Suhrkamp 1973

Kohut, H.: Überlegungen zum Narzißmus und zur narzißtischen Wut. Psyche 27, 513–554, 1973

Kohut, H. (1977): Die Heilung des Selbst. Frankfurt a. M.: Suhrkamp 1979

Langer, S. (1942): Philosophie auf neuem Wege. Das Symbol im Denken, im Ritus und in der Kunst. Frankfurt a. M.: S. Fischer 1965

Laplanche, J. und J.B. Pontalis (1967): Das Vokabular der Psychoanalyse. Frankfurt a. M.: Suhrkamp 1972

Laufer, M.: Zentrale Onaniephantasie, definitive Sexualorganisation und Adoleszenz. Psyche 34, 365–384, 1980

Laviolette, P. und P.-P. Grassé: Fortpflanzung und Sexualität. Stuttgart: G. Fischer 1971

Lenk, E.: Pariabewußtsein und Gesellschaftskritik bei einigen Schriftstellerinnen seit der Romantik. Katabole 1, 44–58, 1981

Lewin, B. D. (1950): Das Hochgefühl. Zur Psychoanalyse der gehobenen, hypomanischen und manischen Stimmung. Frankfurt a. M.: Suhrkamp 1982

Lichtenstein, H.: Identity and sexuality, J. Am. Psa. Ass. 9, 179–260, 1961

Lincke, H.: Instinktverlust und Symbolbildung. Die psychoanalytische Theorie und die psychobiologischen Grundlagen des menschlichen Verhaltens. Berlin: Severin und Siedler 1981

Loewald, H. W. (1976): Das Schwinden des Ödipuskomplexes. Jahrbuch der Psychoanalyse, 13. Stuttgart: Frommann-Holzboog 1981

Lorenzer, A.: Zur Begründung einer materialistischen Sozialisationstheorie. Frankfurt a. M.: Suhrkamp 1972

Lorenzer, A.: »...gab mir ein Gott zu sagen, was ich leide« – Emanzipation und Methode. Psyche 40, 1051–1062, 1986

Lorenzer, A.: Aggression als notwendiger Kampf. In: K. Brede u. a. (Hrsg.): Befreiung zum Widerstand. Margarete Mitscherlich zum 70. Geburtstag. Frankfurt a. M.: Fischer TB 1987

Luquet-Parat, C. J. (1964): Der Objektwechsel. In: J. Chasseguet-Smirgel (Hrsg.): Psychoanalyse der weiblichen Sexualität, 120–133. Frankfurt a. M.: Suhrkamp 1974

Mahler, M. S. (1968): Symbiose und Individuation. Stuttgart: Klett 1972

Malan, D. H.: The frontier of brief psychotherapy. New York: Plenum Press 1976

Marcuse, H.: Natur und Revolution. In: Ders., Konterrevolution und Revolte, 72–94. Frankfurt a. M.: Suhrkamp 1973

Marx, K. und F. Engels (1848): Manifest der Kommunistischen Partei., MEW, Bd. 4

Marx, K. (1867): Das Kapital. Erster Band. MEW, Bd. 23

Masters, W. H. und V. E. Johnson (1966): Die sexuelle Reaktion. Frankfurt a. M.: Akademische Verlagsges. 1967

McDougall, J. (1978): Plädoyer für eine gewisse Anormalität. Frankfurt a. M.: Suhrkamp 1985

Meillasoux, C. (1960): Versuch einer Interpretation des ökonomischen in den archaischen Subsistenzgesellschaften. In: Eder 1973

Meillasoux, C. (1975): Die wilden Früchte der Frau. Frankfurt a. M.: Syndikat 1976

Mentzos, St.: Neurotische Konfliktverarbeitung. Einführung in die psychoanalytische Neurosenlehre unter Berücksichtigung neuer Perspektiven. München: Fischer Taschenbuch Nr. 42239

Meyer-Bahlburg, H. F. L.: Geschlechtsunterschiede und Aggression. Chromosomale und hormonale Faktoren. In: N. Bischof und H. Preuschoft 1980

Michelet, J.: Die Hexe. München: Rogner & Bernhard 1974

Mitscherlich, A.: Vom Ursprung der Sucht. Eine pathogenetische Untersuchung des Vieltrinkens. Stuttgart: Klett 1947

Mitscherlich-Nielsen, M.: Frauen und Aggression. In: P. Passett und E. Modena (Hrsg.): Krieg und Frieden aus psychoanalytischer Sicht, 198–219. Basel und Frankfurt a. M.: Stroemfeld / Roter Stern 1983

Morgenthaler, F.: Die Stellung der Perversionen in Metapsychologie und Technik. Psyche 28, 1077–1098, 1974 (auch in: Ders., Homosexualität, Heterosexualität, Perversion. Frankfurt a. M. und Paris: Qumran 1984)

Morgenthaler, F.: Homosexualität. In: V. Sigusch (Hrsg.): Therapie sexueller Störungen, 2. Aufl. 329–367. Stuttgart: Thieme 1980

Morgenthaler, F.: Sexualität und Psychoanalyse. In: M. Dannecker und V. Sigusch 1984

Murdock, G. P.: The universality of the nulear family. In: Ders., Social Structure, 1–11. New York: Macmillan 1949

Müller, K. E.: Die bessere und die schlechtere Hälfte. Ethnologie des Geschlechterkonflikts. Frankfurt und New York: Campus 1984

Nadig, M.: Der feministische Umgang mit der Realität und die feministische Forschung. In: K. Brede u. a. (Hrsg.): Befreiung zum Widerstand. Margarete Mitscherlich zum 70. Geburtstag. Frankfurt a. M.: Fischer TB 1987

Neumann, F.: Die Bedeutung von Hormonen für die Differenzierung des somatischen und psychischen Geschlechts bei Säugetieren. In: N. Bischof und H. Preuschoft (Hrsg.): Geschlechtsunterschiede. Mann und Frau in biologischer Sicht. München: Beck 1980

Parin, P.: Der Ausgang des ödipalen Konflikts in drei verschiedenen Kulturen. Kursbuch Nr. 29, 179–201, 1972

Parin, P.: Die Verflüchtigung des Sexuellen. In: P. Parin und G. Parin-Matthèy: Subjekt im Widerspruch. Aufsätze 1978–1985. Frankfurt a. M.: Syndikat 1986

Parsons, T. (1954): Das Inzesttabu in seiner Beziehung zur Sozialstruktur und zur Sozialisierung des Kindes. In: Ders., Beiträge zur soziologischen Theorie. Neuwied und Berlin: Luchterhand 1964

Passett, P.: Die Aufhebung des Widerspruchs in der Bewegung. Eine Auseinandersetzung mit Fritz Morgenthalers metapsychologischen Reflexionen zur Sexualität. In: Psychoanalytisches Seminar Zürich (Hrsg.): Sexualität. Frankfurt a. M.: Athenäum 1986

Pontalis, J.-B. (1965): Nach Freud. Frankfurt a. M.: Suhrkamp 1968

Portmann, A. (1944): Biologische Fragmente zu einer Lehre vom Menschen. Basel und Stuttgart: Schwabe 1969

Radó, S.: Die psychischen Wirkungen der Rauschgifte. Int. Z. Psychoanal. 12, 540–550, 1926

Ranke-Graves, R. v.: Griechische Mythologie. Bd. 1. Reinbek: Rowohlt 1960

Ranke-Graves, R. v.: Die weiße Göttin. Berlin: Medusa 1981

Reiche, R.: Ist der Ödipuskomplex universell? Kursbuch Nr. 29, 159–176

Reiche, R.: Sexualität, Identität, Transsexualität. In: M. Dannecker und V. Sigusch (Hrsg.): Sexualtheorie und Sexualpolitik. Ergebnisse einer Tagung, 51–64. Stuttgart: Enke 1984

Reinke-Köberer, E.: Zur heutigen Diskussion der weiblichen Sexualität in der psychoanalytischen Bewegung. Psyche 32, 695–731, 1978

Rudnytsky, P. L.: Freud and Oedipus. New York: Columbia University Press 1987

Sachs, H.: Zur Genese der Perversionen. Int. Z. Psychoanal. 11, 172–182, 1923

Sandler, J. und W. G. Joffe: Auf dem Wege zu einem Grundmodell der Psychoanalyse. Psyche 23, 461–480, 1969

Schadewaldt, W. (Hrsg.): Sophokles: König Ödipus. Frankfurt a. M.: Insel TB 1973

Schaeffer-Hegel, B. und B. Wartmann (Hrsg.): Mythos Frau. Projektionen und Inszenierungen im Patriarchat. Berlin: publica 1984

Schlesier, R.: Können Mythen lügen? Freud, Ödipus und die anstiftenden Mütter. In: B. Schaeffer-Hegel und B. Wartmann 1984

Schmauch, U. (1987a): Über Frauen und Männer. Eine Entgegnung auf Reimut Reiches ›Mann und Frau‹. Psyche 41, 432–447, 1987

Schmauch, U. (1987b): Anatomie und Schicksal. Zur Psychoanalyse der frühen Geschlechtersozialisation. Frankfurt a. M.: Fischer TB 1987

Schneirla, T. C.: The concept of development in comparative psychology. In: C. B. Harms (Hrsg.): The concept of development. An issue in the study of human behavior, 78–108. Minneapolis 1957

Schur, M. (1966): Das Es und die Regulationsprinzipien des psychischen Geschehens. Frankfurt a. M.: S. Fischer 1973

Schwarzer, A.: So fing es an! 10 Jahre Frauenbewegung. Köln: Frauenverlag Emma 1981

Sigusch, V.: Exzitation und Orgasmus bei der Frau. Stuttgart: Enke 1970

Sigusch, V., B. Meyenburg und R. Reiche: Transsexualität. In: V. Sigusch (Hrsg.): Sexualität und Medizin. Köln: Kiepenheuer und Witsch 1979

Sigusch, V.: Die Mystifikation des Sexuellen. Frankfurt a. M. und New York: Campus 1984

Sigusch, V.: Was heißt kritische Sexualwissenschaft? Z. Sexualforsch. 1, 1–29, 1988

Socarides, Ch. W. (1968): Der offen Homosexuelle. Frankfurt a. M.: Suhrkamp 1971

Starck, D.: Embryologie. Ein Lehrbuch auf allgemein biologischer Grundlage. Stuttgart: Thieme 1975

Stärcke, A.: Der Kastrationskomplex. Int. Z. Psychoanal. 7, 7–19, 1921

Steiner, J.: Turning a blind eye: The cover up for Oedipus. Int. Rev. Psychoanal. 12, 161–172, 1985

Stoller, R. J.: Sex and gender. Vol. 1: The development of masculinity and femininity. New York: Jason Aronson 1968

Stoller, R. (1975): Perversion. Die erotische Form von Haß. Reinbek: Rowohlt 1979

Thomä, H.: Auf dem Weg zum Selbst. Bemerkungen zur psychoanalytischen Theorieentwicklung in den letzten Jahrzehnten. Psyche 31, 1–42, 1977

Thomä, H.: Von der ›biographischen Anamnese‹ zur ›systematischen Krankengeschichte‹. In: S. Drews u. a. (Hrsg.): Provokation und Toleranz – Festschrift für Alexander Mitscherlich. Frankfurt a. M.: Suhrkamp 1978

Thomä, H. u. H. Kächele: Lehrbuch der psychoanalytischen Therapie. Band 1. Berlin: Springer 1985

Thompson, W. I. (1981): Der Fall in die Zeit. Stuttgart: Edition Weitbrecht 1985

Vangaard, Th. (Original): Phallos – Symbol und Kult in Europa. München: Kindler 1971

Waelder, R. (1965): Psychoanalytische Wege zur Kunst. In: H. Deutsch, P. Greenacre, R. Waelder: Die Sigmund Freud-Vorlesungen. Frankfurt a. M.: S. Fischer 1973

Wesel, U.: Der Mythos vom Matriarchat. Frankfurt a. M.: Suhrkamp 1980

Windaus-Walser, K.: Gnade der weiblichen Geburt? Zum Umgang der Frauenforschung mit Nationalsozialismus und Antisemitismus. Feministische Studien 7, 102–115, 1988

Winnicott, D. W. (1950): Die Beziehung zwischen Aggression und Gefühlsentwicklung. In: Ders., Von der Kinderheilkunde zur Psychoanalyse, 89–109. München: Kindler 1976

Winnicott, D. W. (1951): Übergangsobjekte und Übergangsphänomene. In: Ders., Vom Spiel zur Kreativität. Stuttgart: Klett 1973

Winnicott, D. W. (1956): Primäre Mütterlichkeit. In: Ders., Von der Kinderheilkunde zur Psychoanalyse, 153–160. München: Kindler 1976

Winnicott, D. W. (1971): Kreativität und ihre Wurzeln. In: Ders., Vom Spiel zur Kreativität. Stuttgart: Klett 1973

Wisdom, J. O.: Male and female. Int. J. Psycho-Anal. 64, 159–168, 1983

Wurmser, L.: The mask of shame. Baltimore: John Hopkins Universities Press 1981

Zetztel, E. R. (1953): Die depressive Position. In: Dieselbe, Die Fähigkeit zum emotionalen Wachstum. Stuttgart: Klett 1974

Namen- und Sachregister

Zusammengestellt von Bernadette Eckert

197

198

199

Das erste Kapitel ist 1986 in der Zeitschrift *Psyche* erschienen;
die dritte Fallgeschichte aus dem dritten Kapitel ebenfalls 1986,
in dem Sammelband »Sexualität« (hrsg. v. Psychoanalytischen Seminar Zürich,
Syndikat Verlag Frankfurt am Main).

Errata

Seite	Zeile	Berichtigung
18	7	*statt:* Thanotos
		richtig: Thanatos
73	7	*richtig:* nach „einstelle.": noch, daß ich mir selbst, wie Ödipus, die Augen aussteche.
113	31	*statt:* unemphathischen
		richtig: unempathischen
129	5	*statt:* Kornfeld
		richtig: Cornfeld
163	11	*statt:* Sexualität
		richtig: Sexualisierung
184	31	*statt:* verweisen auf
		richtig: verweisen zugleich auf
188	3	*statt:* Altmann
		richtig: Altman
192	4	statt: Honegger, C.
		richtig: Honnegger, C. und B. Heintz (Hrsg.)

MAURICE HURNI
GIOVANNA STOLL
DER HASS
AUF DIE LIEBE
Die Logik der perversen
Paarbeziehung

BIBLIOTHEK
DER PSYCHOANALYSE
PSYCHOSOZIAL-
VERLAG

1999 · 334 Seiten · Broschur
DM 48, – · öS 350,– · SFr 44,50
ISBN 3-932133-79-X

Perverse Paare entwickeln raffinierte Strategien, um Genuß in der Erniedrigung und Zerstörung des anderen zu finden. Hurni und Stoll liefern erstmals eine umfassende klinische Beschreibung dieser „perversen Logik" und verfolgen sie zurück auf frühe traumatische Erfahrungen, in denen das Selbstwertgefühl und die sexuelle Identität des Kindes zerstört wurden.

Maurice Hurni und Giovanna Stoll sind Psychiater und Psychoanalytiker. Sie arbeiten seit zwei Jahrzehnten als Paartherapeuten, zunächst in klinischen Einrichtungen, später in privater Praxis. Maurice Hurni leitet seit 1990 die Eheberatungsstelle des medizinisch-sozialen Zentrums von Pro Familia in Lausanne (Schweiz).

P🅢V
Psychosozial-Verlag

ANDRÉ GREEN
GEHEIME
VERRÜCKTHEIT
Grenzfälle
der psychoanalytischen
Praxis

BIBLIOTHEK
DER PSYCHOANALYSE
PSYCHOSOZIAL-
VERLAG

Mai 2000 · ca. 240 Seiten · Broschur
DM 69, – öS 504,– · SFr 62,50
ISBN 3-932133-99-4

Green untersucht im vorliegenden Buch – unter Bezug auf Winnicott, Bion und Rosenfeld und in klarer Abgrenzung zu Lacan – die Grenzen und Übergänge zwischen Somatischem und Psychischem, Innen und Außen, dem Selbst und dem Anderen. Er verläßt dabei das Neurosenmodell Freuds und plaziert die „Grenzfälle", die in mancher analytischen Praxis heute die Mehrzahl der Patienten stellen, in den Mittelpunkt seiner Theoriebildung: „Die Grenzfälle scheinen eine Position auf einer Kreuzung einzunehmen, auf einer Art Drehscheibe, von der aus sich sowohl Neurose wie Psychose, aber auch Perversion und Depression besser verstehen lassen". Der Analytiker hat es dabei oft mit Phänomenen zu tun, die einer „Logik der Verzweiflung" folgen: Selbsthaß zum Schutz des Objekts, Derealisierung und Psychose als Versuche der Rettung des Ichs vor dem Objekt.

Green zeigt auf, wie Leidenschaft und „geheime Verrücktheit" des Analysanden so aufgenommen und verstanden werden können, daß repetitive „endlose Analyse" ebenso vermieden werden kann wie destruktiver Abbruch oder sterile „Pseudoanalyse".

P🔲V
Psychosozial-Verlag

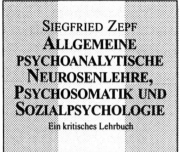

SIEGFRIED ZEPF
ALLGEMEINE
PSYCHOANALYTISCHE
NEUROSENLEHRE,
PSYCHOSOMATIK UND
SOZIALPSYCHOLOGIE
Ein kritisches Lehrbuch

BIBLIOTHEK
DER PSYCHOANALYSE
PSYCHOSOZIAL-
VERLAG

März 2000 · ca. 776 Seiten
gebunden mit Schutzumschlag
DM 99, – · öS 723,– · SFr 90,–
ISBN 3-89806-001-2

Lehrbücher verfolgen gemeinhin das Ziel, den Leser über den „state of the art" des Gebietes zu informieren, von dem sie handeln. Vorgetragen wird der aktuelle Kenntnisstand, die herrschende Lehrmeinung, die scheinbar von der Mehrheit der auf diesem Gebiet Arbeitenden geteilt wird, wobei oft eine kritische Diskussion des wissenschaftlichen „common sense" fehlt.

Dem gegenüber stellt das vorliegende Lehrbuch wesentliche psychoanalytische Konzepte kritisch dar und zeigt, welche emanzipatorischen Möglichkeiten der Psychoanalyse auch heute noch innewohnen, wenn man sie ihrer vielfältigen Ummäntelungen entkleidet. Als eine Anleitung zum Nachdenken über das Vorgedachte richtet es sich vor allem an diejenigen, die aus ihrer Beschäftigung mit der Psychoanalyse mit Fragen hervorgingen.

P⊞V
Psychosozial-Verlag